医療プロフェッショナルの経験学習

松尾 睦 編著
Makoto Matsuo

同文舘出版

はじめに

本書のねらい

　医療に携わる人々は，何らかの分野の専門職であり，独自の世界を築いている。専門外の者から見ると，その世界がどのようなものであるかを知ることは難しい。また，自分の分野であっても，必ずしもその実態を正確に把握しているとは限らない。

　本書は，さまざまな医療プロフェッショナルの成長プロセスを「経験学習」という切り口によって明らかにすることを目的としている。複数の専門家が協働している医療組織にあって，自分が関わる分野のみならず，他分野における「人の育ち方」を理解することは，より質の高いチーム医療を提供するうえで重要になると考えられる。また，他分野における成長プロセスと比較することによって，自分野の特徴を知ることができるだろう。

研究上の問い

　本書のキーワードは「経験学習」である。これまでの研究によれば，人材成長の大半は仕事上の経験によって決まる。つまり，どのような業務や課題に取り組み，そこから何を学んだかによって人材の成長が方向づけられる。そこで，本書では，次のような問い（リサーチクエスチョン：RQ）を立てた。

> **RQ**：各分野の医療プロフェッショナルは，キャリアの各段階で，どのような経験から，いかなる能力を獲得しているのか。

　医療に携わる専門家は，学校を卒業して組織に入った後，さまざまな仕事経験をとおして，専門技能，対人スキル，リーダーシップ，ものの見方・考え方を学んでプロフェッショナルへと成長する。そのプロセスを，キャリアの初期（1〜10年目）と後期（11年目以降）に分けて検討している点が本書の特徴で

ある（ただし章によっては，初期（1～5年目），中期（6～10年目），後期（11年目以降）の3段階に区分している）。若手時代，中堅時代，ベテラン時代といった異なるステージでは，積める経験も異なれば，学ぶ内容も異なるだろう。このように，本書は「経験→学び」の関係をキャリアステージごとに検討するアプローチをとっている。

　なお，「第9章　病院長のマネジメント：医療の質と経営効率の両立」だけは，上記の問いに答える形ではなく，病院長が組織をいかにマネジメントすべきかというテーマを設定している。人材成長の環境を整備する役割を持つ病院長が，どのような視点で組織をマネジメントしているかを知ることは，各医療プロフェッショナルの成長を考えるうえでも有効になる，と考えたためである。

本書の内容

　編者（松尾）は，医療の専門家ではないが，10年以上にわたり，医療プロフェッショナルの経験学習を調査・研究してきた。この本は，さまざまな医療プロフェッショナルの方々との共同研究に加え，私の大学院ゼミナールに所属していた方々の修士論文・博士論文や，私がアドバイスさせていただいた研究をまとめたものである。具体的には，看護師，保健師，薬剤師，診療放射線技師，救急救命士，病院事務職員，救急救命医師，公衆衛生医師，病院長を対象とした研究が含まれている。

　各章は，上記の問いを検討するという意味では共通しているが，データのタイプや分析方法はさまざまである。質問紙調査データとインタビュー調査データを組み合わせた章もあれば，インタビュー調査データのみを分析している章もある。ただし，いずれの章においても重視していることは，各プロフェッショナルの「生の声」を伝えるという点である。「生の声」をとおして，各領域の世界を感じていただきたい。

　なお，本書は研究書ではあるが，「読みやすさ」を重視しているため，各章においては，先行研究の文献レビューを最小限にしている。本書全体に共通した経験学習研究に関しては，「序章　本書のアプローチ：熟達と経験学習」において概要を説明しているので参考にしてほしい。

はじめに

本書の読み方

　ここで，本書の結論を先取りして示しておきたい．職種を越えた共通点，および職種ごとの違いは以下のとおりである．

共通点：各プロフェッショナルは，キャリア初期（最初の10年間）において「鍵となる経験」をとおして基盤となる能力を身につけ，キャリア後期（11年目以降）に，「挑戦的な経験」をとおして学習を深めていた．

相違点：ただし，キャリア初期における「鍵となる経験」，およびキャリア後期における「学習課題」は，職種によって異なっていた．

　本書の終章では，各章の分析結果をまとめ，上記の共通点と相違点について説明している．まず終章を読むと本書の全体像をつかむことができると思われる．また，各章のトビラには，ポイントとなる内容を簡単に解説しておいた．「キャリア初期において鍵となる経験は何か？」「キャリア後期における学習課題は何か？」に注意しながら読むと，内容を理解しやすいだろう．

　本書が，各分野の人材育成を考えるきっかけとなり，さまざまな医療プロフェッショナルの世界を知る入口となれば幸いである．

　2018年5月

著者を代表して
松尾　　睦

本書における各論稿は，各執筆者の個人の責任により，執筆および掲載しているものであり，各論稿中の個人の判断や見解に該当する部分は，各執筆者が所属する機関等とは一切関連ありません．

目次

はじめに　i

序章　本書のアプローチ：熟達と経験学習

1. 問題意識 ——————————————————— 2
2. 熟達プロセスとキャリア段階 ————————— 3
3. 成長を促す経験特性 ————————————— 4
4. 経験学習サイクル —————————————— 5
5. スキル・知識・能力・信念 —————————— 6
6. 本書における基本的な分析枠組み ——————— 8

第1章　看護師の経験学習プロセス

1. 問題意識 ——————————————————— 12
2. 看護師に求められる能力と熟達 ———————— 12
3. 看護師の経験学習 —————————————— 13
4. リサーチクエスチョン ———————————— 15
5. 研究方法 ——————————————————— 16
   (1) 調査手続　16
   (2) コーディングの手続き　17
   (3) 倫理的配慮　18
6. 分析結果 ——————————————————— 18
   (1) 初期（1〜5年目）における経験学習　20
   　◆**事例1**：「先輩からの指導」から「基礎的看護技術」を学ぶ　20
   　◆**事例2**：「難しい症状を持つ患者・家族の担当」から「専門的看護技術」を学ぶ　20

v

(2) 中期（6〜10年目）における経験学習　20
　◇事例3：「患者・家族との関わり（ポジティブな反応）」から「患者・家族とのコミュニケーション能力」を学ぶ　21
　◇事例4：「患者の急変・死亡」「難しい症状を持つ患者・家族の担当」から「死生観」を学ぶ　21
　◇事例5：「難しい症状を持つ患者・家族の担当」から「メンバーシップ」を学ぶ　21
　◇事例6：「困難な仕事の達成，業務の改善」から「リーダーシップ」を学ぶ　22
　◇事例7：「職場での指導的役割」から「リーダーシップ」を学ぶ　22

(3) 後期（11年目以降）における経験学習　22
　◇事例8：「患者・家族との関わり（ネガティブな反応）」から「患者とのコミュニケーション能力」を学ぶ　23
　◇事例9：「患者の急変・死亡」から「看護観」を学ぶ　23
　◇事例10：「職場での指導的役割」から「自己管理能力」を学ぶ　24
　◇事例11：「職場の同僚との関係」から「メンバーシップ」を学ぶ　24

7. 考察　24
　(1) 発見事実と理論的考察　24
　(2) 実践へのアドバイス　26
　(3) 今後の課題　26

第2章　保健師の経験学習プロセス

1. 問題意識　30
2. 保健師の業務　30
3. リサーチクエスチョン　32
4. 予備調査　33
　(1) 調査目的　33
　(2) 調査方法　33
　(3) 分析結果　34
5. 本調査　35
　(1) 調査の目的　35

（2）調査方法　36
　　（3）分析結果　37
　　（4）経験学習の事例　40
　　　◇**事例1**：「地域支援」から「保健師の役割」を学ぶ　40
　　　◇**事例2**：「困難事例の対応」から「地域連携力」を学ぶ　41
　　　◇**事例3**：「管理職の経験」から「マネジメント力」を学ぶ　41
　　　◇**事例4**：「困難事例の対応」から「関係構築力」を学ぶ　42
　　　◇**事例5**：「地域支援」から「地域連携力」を学ぶ　43
6. 考察 ─────────────────────────── 44
　　（1）発見事実と理論的意義　44
　　（2）実践へのアドバイス　46
　　（3）本研究の問題と今後の課題　46

第3章　薬剤部門長の経験学習プロセス

1. 問題意識 ───────────────────────── 50
2. 薬剤師の仕事 ──────────────────────── 51
3. 薬剤マネジャーの役割 ──────────────────── 51
4. リサーチクエスチョン ──────────────────── 53
5. 研究方法 ───────────────────────── 53
6. 定量分析の結果 ────────────────────── 56
　　（1）経験と能力の類型　56
　　（2）共分散構造分析の結果　57
7. 薬剤部門長へのインタビュー分析 ──────────────── 58
　　（1）発見事実1に関する学習プロセス　59
　　　◇**事例1**：薬剤費削減プロジェクトをとおした協働・提案力の獲得　59
　　　◇**事例2**：組織変革への参加と他職種マネジメント力の強化　61
　　　◇**事例3**：学会での指導的役割と幅広い視点の獲得　62
　　　◇**事例4**：薬剤部門における業務改革と新しい方向性の模索　63

◇事例 5：看護部門を巻き込んだ変革と薬剤部門の認知度アップ　64
◇事例 6：部門調整力と薬剤部門の変革　65
◇事例 7：事務部門で調整能力を獲得した後に他病院へ異動　66

（2）発見事実 2 に関する事例　68

◇事例 8：薬剤の専門知識習得とプロジェクトチームへの参加　68
◇事例 9：新規業務実施のための知識・技術の獲得と上司の評価　69
◇事例 10：薬剤専門知識の獲得と他組織への越境経験　70
◇事例 11：医師・看護師からのクレームと服薬指導　71
◇事例 12：医師からのクレームと薬剤専門知識の獲得　72
◇事例 13：研究会立ち上げと薬剤師の育成と方向づけ　73
◇事例 14：救援活動と多職種調整　74
◇事例 15：海外薬剤師との交流と薬剤部門の質向上　75

8. 考察 —————————————————————————— 75

（1）発見事実　75

（2）理論的意義　77

（3）実践へのアドバイス　77

（4）今後の課題　78

第4章　診療放射線技師の経験学習プロセス

1. 問題意識 ————————————————————————— 84
2. 診療放射線技師の業務 ———————————————————— 84
3. リサーチクエスチョン ———————————————————— 86
4. 研究方法 ————————————————————————— 86

（1）予備調査　86

（2）本調査　87

5. 分析結果 ————————————————————————— 88

（1）診療放射線技師に必要とされるスキル　88

（2）診療放射線技師のスキル事例　89

（3）経験がスキル獲得に及ぼす影響　92
　　　◇**事例1**：「モダリティのローテーション」から「テクニカルスキル」を学ぶ　94
　　　◇**事例2**：「部下・後輩指導の責任」から「テクニカルスキル」「ヒューマンスキル」を学ぶ　95
　　　◇**事例3**：「上司・先輩からの指導」から「テクニカルスキル」を学ぶ　95
　　　◇**事例4**：「他職種との関わり」から「ヒューマンスキル」「テクニカルスキル」を学ぶ　95
　　　◇**事例5**：「多様な患者，難しい患者の検査」から「テクニカルスキル」を学ぶ　97
6. 考察 ───────────────────────── 98
　　（1）発見事実と理論的意義　98
　　（2）実践へのアドバイス　99
　　（3）今後の課題　100

第5章　救急救命士の経験学習プロセス：医療専門職間の連携に注目して

1. 救急救命士の業務 ────────────────── 104
2. リサーチクエスチョン ──────────────── 106
3. 救急救命士の経験と能力獲得の関係性 ──────── 107
　　（1）方法　107
　　（2）予備調査　107
　　（3）本調査　107
　　（4）結果　109
4. 連携によってもたらされる経験学習のプロセス ─── 121
　　（1）方法　121
　　（2）分析の方法　121
　　（3）インタビュー調査の対象と倫理的配慮　122
　　（4）結果　122
5. 考察 ───────────────────────── 135

(1) 発見事実　136
(2) 理論的インプリケーション　137
(3) 実践的インプリケーション　139
(4) 本研究の限界と今後の展開　141

第6章　病院事務職員の経験学習プロセス

1. 問題意識 ——————————————————— 146
2. 事務職員の特徴と役割 ————————————— 147
3. リサーチクエスチョン ————————————— 149
4. 方法 ——————————————————————— 149
　(1) データの収集方法　149
　(2) 分析方法　150
5. 結果 ——————————————————————— 151
　(1) 病院事務職員が獲得した能力　151
　(2) 事務職員の経験学習プロセス　161
　　◇事例1:「患者・家族との関わり」から「対人コミュニケーション力」「仕事の信念・姿勢」を学ぶ(初期)　162
　　◇事例2:「同僚や他職種との関わり」から「職務関連の知識・スキル」「対人コミュニケーション力」を学ぶ(初期)　163
　　◇事例3:「管理職の経験」から「職務関連の知識・スキル」「組織マネジメント力」を学ぶ(中期)　164
　　◇事例4:「上司からの指導」から「対人コミュニケーション力」「仕事の信念・姿勢」を学ぶ(中期)　165
　　◇事例5:「できない上司への対応」から「組織マネジメント力」を学ぶ(中期)　166
　　◇事例6:「他施設との情報交換」から「対人コミュニケーション力」「職務関連の知識・スキル」を学ぶ(後期)　167
　　◇事例7:「学会発表,論文執筆」から「仕事の信念・姿勢」「組織マネジメント力」を学ぶ(後期)　167
　　◇事例8:「プロジェクトへの参加」「困難事例への対応」から「組織マネジメント力」を学ぶ(後期)　168

◇事例9:「困難事例への対応」から「職務関連の知識・スキル」「仕事の信念・姿勢」「組織マネジメント力」を学ぶ(後期)　170

(3) 考察　172

第7章　救急救命医師の経験学習プロセス

1. 問題意識 ──────────────────────── 178
2. 医師の熟達研究 ─────────────────── 179
3. 研究の枠組みとリサーチクエスチョン ─────── 180
4. 方法 ───────────────────────── 180
5. 分析結果 ──────────────────────── 182

(1) 救急医に求められる能力　182

(2) 救急医の信念　192

(3) 救急医の経験学習　198
◇事例1:母親の死から(患者の)家族の気持ちを学ぶ　200
◇事例2:「異動」から「専門的技術」を学ぶ　201
◇事例3:「管理的・指導的な業務」から「医療への姿勢」を学ぶ　201
◇事例4:「他者(指導医・上司・先輩)の影響」から「他者との関係管理」を学ぶ　202
◇事例5:「他者(指導医・上司・先輩)の影響」から「医療への姿勢」を学ぶ　202
◇事例6:「事業の立ち上げ」から「社会との関わり」を学ぶ　203
◇事例7:「異動」から「システム的視点」を学ぶ　203
◇事例8:「事業の立ち上げ」から「社会との関わり」を学ぶ　204

(4) 熟達支援　204

6. 考察 ───────────────────────── 210

(1) 救急医に求められる能力　210

(2) 救命医の信念　211

(3) 救命医の経験学習　211

(4) 救急医の熟達支援　213

(5) 本研究の課題　213

第8章 公衆衛生医師の経験学習と人材育成

1. 問題意識：知られざる公衆衛生医師の活動 ——————————— 218
2. 公衆衛生，保健所，公衆衛生医師 ————————————————— 219
3. リサーチクエスチョン ————————————————————————— 221
4. 研究方法 ——————————————————————————————————— 221
5. 分析結果 ——————————————————————————————————— 222
   (1) 公衆衛生医師の経験学習 **222**
   - ◇**事例1**：「上司（公衆衛生医師）の影響」から「保健所・公衆衛生医師の役割」を学ぶ **227**
   - ◇**事例2**：「統括的業務・プロジェクトへの参加」から「保健所・公衆衛生医師の役割」を学ぶ **228**
   - ◇**事例3**：「社会問題への対応」から「健康危機管理」を学ぶ **229**
   - ◇**事例4**：「社会問題への対応」から「プライマリ・ケア」「公衆衛生医師のネットワーク」を学ぶ **229**
   - ◇**事例5**：「社会問題への対応」から「公衆衛生医師のネットワークの重要性」「システム化」を学ぶ **230**
   - ◇**事例6**：「管理職の経験」から「マネジメント」を学ぶ **230**
   - ◇**事例7**：「越境経験」から「公衆衛生医師のネットワークの重要性」を学ぶ **232**
   - ◇**事例8**：「越境経験」から「地域づくり」を学ぶ **233**
   - ◇**事例9**：「本庁勤務・異動」から「組織における業務の流れ」を学ぶ **233**
   - ◇**事例10**：「本庁勤務・異動」から「システム化」を学ぶ **234**
   - ◇**事例11**：「組織上の葛藤・戸惑い」から「保健所・公衆衛生医師としての役割」を学ぶ **234**
   - ◇**事例12**：「組織上の葛藤・戸惑い」から「公務員としての役割」を学ぶ **235**
   - ◇**事例13**：「患者との関わり」から「保健所・公衆衛生医師の役割」を学ぶ **236**
   - ◇**事例14**：「他職種からの学び」から「保健所・公衆衛生医師の役割」を学ぶ **236**
   - ◇**事例15**：「他職種からの学び」から「地域づくり」を学ぶ **237**
   - ◇**事例16**：「健康教室」から「公衆衛生活動の楽しさ・確かさ」を学ぶ **237**
   - ◇**事例17**：「大学院」から「公衆衛生の基本的技術」を学ぶ **238**

   (2) 公衆衛生医師の信念とその形成過程 **238**

6. 人材の育成のあり方 ―――― 242
　（1）臨床の視点からの脱却と公衆衛生マインドの育成　242
　（2）人的ネットワークをとおして学ぶ　245
　（3）人材育成の難しさ　246

7. 考察 ―――― 248
　（1）発見事実　248
　（2）理論的インプリケーション　248
　（3）実践的インプリケーション　249
　（4）今後の課題　250

第9章　病院長のマネジメント：医療の質と経営効率の両立

1. 問題意識：医療の質と経営効率のはざまで ―――― 254
2. 医療の質と価値 ―――― 256
3. 医療サービスのマネジメント ―――― 257
4. リサーチクエスチョン ―――― 259
5. 研究方法 ―――― 260
6. 分析結果 ―――― 262
　（1）発見事実の概略　262
　（2）経営の権限と責任　263
　（3）基本理念・ミッション・ビジョン　267
　（4）人材　270
　（5）成長　278
　（6）医療の質　283
　（7）経営効率　288

7. 考察 ―――― 293
　（1）発見事実と理論的貢献　293

(2) 実践へのアドバイス　294
　　(3) 本研究の課題　295

終章　医療プロフェッショナルの経験学習

1. 共通した学習プロセス ─────────────── 298
　　(1) 能力獲得の順序性（技術→対人→概念）　298
　　(2) 10年を境とした学習深化　299
2. 職種ごとに異なる学習プロセス ─────────── 300
　　(1) 鍵となる初期経験　300
　　(2) キャリア後期の学習課題　301
　　(3) 他者からの学習の形態　304
3. 実践へのアドバイス ──────────────── 305
4. 本研究の問題点と今後の課題 ──────────── 306

　おわりに　309

本書のアプローチ：
熟達と経験学習

松尾 睦

1. 問題意識

　職業人の成長は，仕事経験によって大きな影響を受けると言われている (Lombardo and Eichinger, 2010)。これまで，民間企業のマネジャーを対象とした研究をとおして，リーダーの成長を促す経験特性が明らかにされてきた (e.g., Dragoni et al., 2009；金井，2002；松尾，2013；McCall et al., 1988；McCauley et al., 1994)。しかし，医療専門職を検討した研究は必ずしも多いとは言えず，また専門分野ごとの違いも検討されてこなかった。本書の目的は，さまざまな分野で働く医療プロフェッショナルの経験学習プロセスを分析し，共通点と相違点を明らかにすることにある。

　医療専門職の成長プロセスを検討することの意義として次の2点を挙げることができる。第1に，日本の医療政策が医療費の増大を抑える供給抑制型へと方向転換したため，各医療組織は経営効率や患者満足を高めつつ（島津，2005)，人材も育成しなければならない状況にある。つまり，「効率・患者満足・人材育成」を同時に達成することが求められており，そのためには，医療専門職がどのようなプロセスによって成長するかを理解する必要がある。

　第2に，医療組織は伝統的に多元的な特性を持つと言われており (Denis et al., 2001)，医師，看護師，各種技師，事務スタッフが独自の価値観や信念のもとで働いている。つまり，各医療専門職は，それぞれ異なる役割・スキルを持つため，成長のプロセスにも独自性があると予想される。したがって，医療専門職の人材育成プログラムを整備する際には，分野ごとの特色を考慮しなければならない。

　以上2点を踏まえ，本書は，医療に携わるさまざまな専門職の経験学習プロセスを明らかにする。具体的には，看護師，保健師，薬剤師，診療放射線技師，救急救命士，病院事務職員，救急救命医，公衆衛生医師が，どのような経験から，いかなる能力を獲得しているかを分析する。「はじめに」でも述べたが，本書における基本的なリサーチクエスチョン（RQ：研究上の問い）は次のとおりである。

> RQ：各分野の医療プロフェッショナルは，キャリアの各段階で，どのような経験から，いかなる能力を獲得しているのか。

　以下では，本書全体において基盤となる先行研究を概観する。具体的には，熟達プロセス，キャリア段階，成長を促す経験特性，経験学習プロセス，能力・スキル・知識・信念について説明したい。

2. 熟達プロセスとキャリア段階

　これまでの熟達研究では，さまざまな領域の実証研究に基づき，「各領域における熟達者になるには最低でも10年の経験が必要である」という10年ルール（10-year rule）が提唱されている（Ericsson, 1996）。また，Dreyfus（1983）は，初心者が熟達者になるまでのプロセスを5段階に分けている。すなわち，人は，初心者（novice），見習い（advanced beginner），一人前（competent），中堅（proficient），熟達者（expert）の5つの段階を経て成長するという。最終段階である「熟達者」に至るまでに最低10年の準備期間が必要であるとしたら，Dreyfusモデルにおける第1段階から第4段階までの期間は最低10年であると考えられる。

　本書は，10年ルール（Ericsson, 1996）および熟達の5段階モデル（Dreyfus, 1983）に基づき，医療専門職の熟達プロセスをいくつかの段階に分けて検討している。たとえば，看護師，救急救命医，病院事務職の研究では，1〜5年目を初期，6〜10年目を中期，11年目以降を後期とし，保健師，薬剤師，診療放射線技師，救急救命士の研究では，1〜10年目を初期，11年目以降を後期として，それぞれの期間における経験学習を検討している。

　図表0-1に示すように，一般的には，学校を卒業し，組織に入ってから5年以内に，とりあえず一人前（独り立ちできる状態）となり，その後，中堅に成長した後，11年目以降に熟達者へと進むものと考えられる。

図表 0-1 キャリア段階と熟達

1～10年		11年以降
1～5年	6～10年	
初心者 見習い 一人前	中堅	熟達者

3. 成長を促す経験特性

　Dewey（1938）によれば，経験は「人間と外部環境との相互作用」である。経験学習を分析するうえで McCall et al. (1988) は，「出来事（event）」と「教訓（lesson）」を区別している。すなわち彼らは，出来事としての「経験」と，そこから抽出された「教訓」を分けたうえで経験学習を捉えているのである。本書は，McCall et al. (1988) の枠組みに基づき，出来事としての「経験」と，そこから得られる「知識・スキル（能力）」を区別する形で経験学習を捉える。

　従来の経験学習研究では，主に企業人として大きく成長するきっかけとなった仕事経験の特性が検討されてきた。金井（2002）は，こうした経験を「一皮むけた経験」と呼んでいる。たとえば，企業管理職を対象に大規模なインタビュー調査を実施した McCall et al. (1988) は，成功した管理職が「課題（最初の管理職経験，プロジェクト，ゼロからのスタート，事業の立て直し，より広い範囲のマネジメント等）」「苦難（キャリア上の挫折，仕事内容の変化，ビジネス上の失敗等）」「他者（上司等）」という3つのカテゴリーに関して多様な経験を積み，バランスのとれた教訓を得ていたことを発見している。同様の枠組みに沿って日本企業の管理職を分析した研究においても，一皮むけた経験特性に大きな日米差は見られなかったことが報告されている（金井, 2002；金井・古野, 2001）。

　その後の研究では，上記の特性を持った経験は「発達的挑戦（developmental

challenge)」と呼ばれ (DeRue and Wellman, 2009；McCaulley et al., 1994)，「不慣れな仕事（異動）」「変化の創出」「高いレベルの責任」「境界を越えて働く経験」といった次元から構成されると考えられている。

　しかし，上記の経験特性は，あくまでも企業の管理職を対象とした研究によって抽出されたものであるため，医療専門職の場合には，各分野において独自の仕事経験が成長に関わると予想される。

4. 経験学習サイクル

　人が経験からいかに学んでいるかをモデル化したのがKolb (1984) である。図表0-2は，Kolbが提唱する経験学習サイクルを簡易化したものである。このモデルによれば，人は，①経験をして，②その経験を振り返り，③何らかの教訓を引き出して，④次の状況に応用することで学習している。

　上述した管理職の経験学習研究 (e.g., McCall et al. 1988) では，「出来事（event）」と，そこから得られた「教訓（lesson）」を分析しているが，これは①と③のステップに対応している。これに対し，②のステップである経験の内省プロセスは明示的には検討されていない。

図表0-2　経験学習サイクル

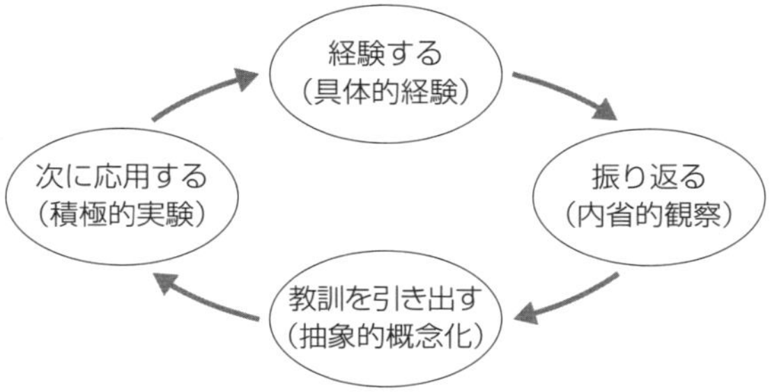

経験する（具体的経験）→ 振り返る（内省的観察）→ 教訓を引き出す（抽象的概念化）→ 次に応用する（積極的実験）→（経験する に戻る）

出所：Kolb（1984）を修正．

本書は，回顧的手法（過去の出来事を思い出してもらう手法）を用いているため，当時の内省プロセスを分析することは難しい。そこで，先行研究と同様，「経験」と「獲得された能力（知識・スキル）」の対応関係を主な分析対象とし，内省プロセスについては明示的に取り扱わないことにする。

5. スキル・知識・能力・信念

　本書では，「AはBである」のように言語化しやすい「事実としての知識」を「知識」とし，技術や技能のように言語化しにくい「やり方に関する知識」を「スキル」と考えている。そして，知識とスキルを合わせたものを「能力」と呼ぶ。ただし，従来の研究では，知識とスキルを含んだ能力に相当する概念を「スキル」と呼ぶこともある。したがって本書では，「知識・スキル」「スキル」「能力」を同義の用語として用いている。以下では，管理職のスキルについての主要なモデルを概観した後，信念について説明する。

　管理職のスキルを検討した研究の多くはKatz（1955）のモデルに依拠している。彼は，マネジャーのスキルを「ヒューマンスキル，テクニカルスキル，コンセプチュアルスキル」の3つに分類している。「ヒューマンスキル」とは，部下・同僚・上司と協力しながら仕事をする能力であり，コミュニケーション，動機づけ，育成に関するスキルを含む。つまり，他者とうまく協働するための対人能力がヒューマンスキルである。「テクニカルスキル」は，会計，財務，生産，物流，販売などの専門領域における方法やプロセスに関する専門知識や技術である。「コンセプチュアルスキル」とは，組織全体や外部環境の動きを見極める能力であり，環境を探査する力や戦略的に意思決定する力を指す。

　このKatzモデルをさらに詳細に検討したMumford et al.（2007）は，マネジャーのスキルを「認知的スキル，対人スキル，ビジネススキル，戦略スキル」の4つに分類している。Katzモデルとの比較は，図表0-3に示したとおりである。「認知的スキル」とは，話す，聴く，書く，読むといった基本能力，批判的思考力，情報の収集・分析・共有などの情報処理に関する能力である。「対人スキル」は，社会共感性，協力，交渉，説得など，対人関係を構築したり，維

図表0-3　マネジャーのスキル類型

カッツ (Katz, 1955)	マンフォード他 (Mumford et al., 2007)	スキルの内容
ヒューマンスキル	対人スキル	部下・同僚・上司と協力しながら仕事をする能力 (動機づけ，コミュニケーション，支援，育成，共感，調整，交渉，説得)
テクニカルスキル	ビジネススキル	専門領域における方法・手続・プロセス・技能 (オペレーション・物的・人的・財務的資源のモニタリング・統制・管理)
コンセプチュアルスキル	認知的スキル	話す，聴く，書く，読むといった基本的能力，批判的思考力，情報処理に関する能力
	戦略スキル	組織全体の動きを見極める能力，組織と外部環境の関係を把握する能力 (環境の探査，情報収集・分析，プランニング，問題解決，戦略的意思決定)

出所：松尾（2013）。

持するための能力である。彼らの研究によれば，これら2つのスキルは，マネジャーとしての基盤的能力である。

　一方，上位の階層になるにつれて重要になるのがビジネススキルと戦略スキルであったという。「ビジネススキル」とは，オペレーション分析，人的資源のマネジメント，財務資源のマネジメント，物的資源のマネジメント等，事業を運営するうえで必要となる専門的なスキルであり，「戦略スキル」とは，環境の変化の原因を理解したうえで，組織をシステムとして捉え，長期的な視点から戦略のベースとなるビジョンを提示する能力である。

　図表0-3にあるように，「ヒューマンスキル」と「対人スキル」，「テクニカルスキル」と「ビジネススキル」はほぼ対応した概念であり，「コンセプチュアルスキル」は「認知的スキル」と「戦略スキル」を含むものであると考えられる。

　これらスキルに加えて重要な概念は，信念である。信念とは，個人としての理想や価値を含む主観的な概念であり（Abelson, 1979），新しい経験をどのように解釈するかを導き，行動を方向づける「トップダウン」的な働きをすると

言われている (Eichenbaum and Bodkin, 2000)。たとえば，松尾 (2006) は，営業担当者および IT コンサルタントを調査し，「目標達成の信念」と「顧客志向の信念」という二種類の仕事の信念が，長期的な経験学習を促進していることを明らかにしている。

6. 本書における基本的な分析枠組み

以上の先行研究を踏まえて，本書では図表0-4に示すような枠組みに沿って分析を行う。つまり，さまざまな分野における医療専門職が，キャリアの段階ごとに，どのような経験から，いかなる能力（知識・スキル）を獲得したかについて検討する。

ただし，各章によって，定量データを用いている研究もあれば，定性データを検討している研究もあり，その目的や分析のフォーカスは異なる。たとえば，能力だけでなく，信念を分析対象に組み込んでいる章もある。図表0-4は，あくまでも，本書における基本的な考え方を示したものにすぎない。

なお，第9章の「病院長のマネジメント：医療の質と経営効率の両立」だけは，この分析枠組みに沿ったものではなく，各医療専門職の成長を支援する立場の病院長が，どのような視点に立って医療組織をマネジメントしているかを検討している。

図表0-4　基本的分析枠組み

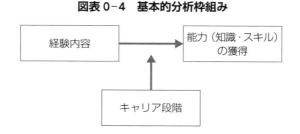

〈参考文献〉

Abelson, R.P. (1979) Differences between belief and knowledge systems. *Cognitive Science*, 3: 355-366.

Denis, J., L. Lamothe and A. Langley (2001) The dynamics of collective leadership and strategic change in pluralistic organizations." *Academy of Management Journal*, 44 (4) : 809-837.

DeRue, D.S. and N. Wellman (2009) Developing leaders via experience: The role of developmental challenge, learning orientation, and feedback availability. *Journal of Applied Psychology*, Vol. 94, No. 4, 859-875.

Dewey, J. (1938) *Experience and education*. Kappa Delta Pi.（市村尚久訳『経験と教育』講談社，2004年）

Dragoni, L., P.E. Tesluk and I. Oh, (2009) Understanding managerial development: Integrating developmental assignments, learning orientation, and access to developmental opportunities in predicting managerial competencies. *Academy of Management Journal*, 52, 731-743.

Dreyfus, S.E. (1983) How expert managers tend to let the gut lead the brain. *Management Review*, September: 56-61.

Eichenbaum, H. and J.A. Bodkin (2000) Belief and knowledge as distinct forms of memory. In: D.L. Schacter and E. Scarry (Eds.), *Memory, Brain, and Belief*. Harvard University Press.

Ericsson, K.A. (1996) The acquisition of expert performance: An introduction to some of the issues. In K.A. Ericsson (Ed.), *The road to excellence*. Mahwah, NJ: LEA.

金井壽宏（2002）『仕事で「一皮むける」』光文社.

金井壽宏・古野庸一（2001）「「一皮むける経験」とリーダーシップ開発：知的競争力の源泉としてのミドルの育成」『一橋ビジネスレビュー』(SUM) : 48-67.

Katz, R.L. (1955) Skills of an effective administrator. *Harvard Business Review*, January-February, p.33-42.

Kolb, D.A. (1984) *Experiential Learning: Experience as the Source of Learning and Development*. New Jersey: Prentice-Hall.

Lombardo, M. M. and R. W. Eichinger (2010) *The career architect: Development planner (5th ed.)*. Minneapolis, MN: Lominger International.

松尾睦（2006）『経験からの学習：プロフェッショナルへの成長プロセス』同文舘出版.

松尾睦（2013）『成長する管理職：優れたマネジャーはいかに経験から学んでい

るのか』東洋経済新報社.

McCall, M. W., M. M. Lombardo and A. M. Morrison (1988) *The lessons of experience: How successful executives develop on the job.* New York, NY: Free Press.

McCauley, C.D., M.N. Ruderman, P.J. Ohlott and J.E. Morrow (1994) Assessing the developmental components of managerial jobs. *Journal of Applied Psychology*, 79, 4, 544–560.

Mumford, T.V., M.A. Campion and F.P. Morgeson (2007) The Leadership skills strataplex: Leadership skill requirements across organizational levels. *Leadership Quarterly* 18, 154–166.

島津望（2005）『医療の質と患者満足：サービス・マーケティング・アプローチ』千倉書房.

看護師の経験学習プロセス

松尾　睦
正岡　経子
吉田真奈美
丸山　知子
荒木　奈緒

　看護師にとっての中核的な経験は「患者・家族との関わり」である。注目したいことは，看護師が，6〜10年目のキャリア中期に「患者・家族とのポジティブな関わり（感謝の言葉等）」をとおしてコミュニケーション力を獲得していたのに対して，11年目以降のキャリア後期では「患者・家族とのネガティブな関わり（苦情等）」をとおしてコミュニケーション力を向上させていた点である。この結果は，ネガティブな経験から学ぶためには，最初の10年間で能力的基盤を形成する必要があることを示唆している。また，経験11年以上のベテラン看護師は，患者の急変・死亡をとおして看護観を，また，職場での指導的役割をとおして自己管理能力を身につけていた。これらの結果は，キャリア後期（11年目以降）に，看護師としての学びが深まることを意味している。

1. 問題意識

　医療の高度化，診療報酬の改定，医療財政の長期的逼迫，少子高齢化の進展により，看護師や看護管理者に求められる能力と役割が拡大され，その結果，人材の効果的・効率的な育成が必要になっている（吉川ほか，2008）。看護管理者の能力開発の方法は研修が中心であるが，リーダーシップ力や組織変革力を研修のみによって開発することには限界があり，仕事経験を応用した能力開発方法の構築が求められている（倉岡，2016）。

　そのためには，看護師の熟達過程を理解したうえで，教育・支援システムを構築する必要がある。臨床現場における経験は看護師の熟達において重要な役割を果たすと言われているが（Benner, 2001），その学習プロセスは十分に解明されているとは言えない。この点を踏まえ，本研究は，10年以上の経験を持つ看護師が，どのような経験をとおして看護の知識やスキルを獲得しているかを明らかにすることを目的としている。

　以下では，看護師の能力，熟達，経験学習に関する先行研究をレビューした後で，リサーチクエスチョンを提示する。次に，自由記述方式の質問紙調査に基づく内容分析の結果を示し，自由記述データを交えて，看護師の経験学習プロセスについて考察する。

2. 看護師に求められる能力と熟達

　人は，どのようなステップを踏んで熟達者になるのだろうか。Dreyfus（1983）によれば，人は，初心者（novice），新人（advanced beginner），一人前（competent），中堅（proficient），熟達者（expert）の5つの段階を経てスキルを獲得する。看護領域における代表的な熟達研究者であるBenner（2001）も，Dreyfus（1983）の発達段階モデルをベースに，看護師の熟達プロセスを検討している。

　この点に関係し，日本看護協会は，看護師のクリニカルラダーの枠組みを提

示している（日本看護協会，2017）。まず，看護の核となる実践能力を「看護師が論理的な思考と正確な看護技術を基盤に，ケアの受け手のニーズに応じた看護を臨地で実践する能力」と定義したうえで，実践能力を「ニーズを捉える力」「ケアする力」「協働する力」「意思決定を支える力」に分解し，次の5つのレベルに分けている。

Ⅰ　基本的な看護手順にしたがい必要に応じ助言を得て看護を実践するレベル
Ⅱ　標準的な看護計画に基づき自立して看護を実践するレベル
Ⅲ　ケアの受け手に合う個別的な看護を実践するレベル
Ⅳ　幅広い視野で予測的判断を持ち看護を実践するレベル
Ⅴ　より複雑な状況において，ケアの受け手にとっての最適な手段を選択し，QOLを高めるための看護を実践するレベル

こうしたクリニカルラダーに沿って能力を伸ばしていくためには，現場において経験から学ぶことが欠かせない。次に，看護師の経験学習に関する先行研究を概観したい。

3. 看護師の経験学習

　看護の領域において，経験学習はどのように研究されているのだろうか。鈴木ほか（2004）は，職業経験を「職業の継続を通した個々人の経験であり，主体としての人間が，社会的分業の一端を担い，個性を発揮し，環境との相互行為を通して一定の収入を得る過程において知覚した人間と環境との関連の仕方やその成果の総体である」と定義したうえで，看護師の職業経験の質に関して，6次元から構成される尺度を開発している。6つの次元とは「仕事を続ける中で，自分に合った日常生活を築く行動」「看護実践能力を獲得し，多様な役割を果たす行動」「他の職員と関係を維持する行動」「看護職としての価値基準の確立につながる行動」「発達課題の達成と職業の継続を両立するための行動」

「職業の継続を迷ったときの行動」である。この尺度で測定された職業経験の質は，経験年数，職位，年収，仕事への満足，同僚への満足等の要因と正の関係にあることが報告されている（舟島ほか，2005）。

　鈴木らの開発した尺度は経験の質を測定する点では有用であると考えられるが，経験と獲得される知識・スキルとの対応関係を検討するには問題がある。なぜなら，この定義には「人間と外部環境の相互作用」と「獲得された知識・スキル」の双方が組み込まれているため，両者を区分することができないからである。経験の特性と，そこから獲得される知識・スキルは必ずしも対応しているとは限らないため，経験学習プロセスを検討するうえで，両者を概念的に区別する必要がある。

　また，グレッグ（2005）は，組織コミットメントを促す経験を質的分析により検討し，「仲間との良好な関係」「チームケアへの満足」「能力発揮のチャンス」「充実感・やりがいの実感」「病院理念への共感」「良い評価」といった経験が，組織コミットメントを高める働きをしていることを報告している。この研究においても，経験と獲得された知識・スキルが分離されておらず，「満足」「やりがい」「共感」といった主観的な評価が経験のなかに含まれている点に問題がある。

　さらに，吉川ほか（2008）は，中間看護管理職に対する質的調査をもとに，「組織化された人材育成体制」「辛苦の出来事との遭遇」「チャレンジ」「初期の管理者経験」「メンターからの支援」が，さまざまな学びと結びついていることを明らかにしている。同様に倉岡（2016）も，優れた看護管理を実践している看護師長を対象に質的研究を行い，経験と獲得スキルの関係を分析している。具体的には，看護師長は，「変革を成し遂げた経験」をとおして「人を巻き込むスキル」を獲得し，「管理部署の変化の経験」から「信頼を構築するスキル」を得ており，「窮地に立った経験」をとおして「問題の本質をつかむスキル」を獲得していたことが報告されている。これらの研究結果は興味深い知見を有しているが，定量的な分析によっても再検討されるべきであると考えられる。

4. リサーチクエスチョン

　看護師の経験研究では，獲得された知識・スキルと経験が概念的に分離されておらず，経験と知識・スキルの対応関係が定量的に検討されていない。このため，看護領域における先行研究と，経営学の領域における先行研究を比較することは難しい状況にある。また，看護領域における研究では，キャリアの発達段階が研究モデルに取り込まれていないという問題も存在する。

　これらの点を踏まえて，本研究は，経験と，そこから得られる知識・スキルを区別したうえで，キャリアの発達段階ごとに，看護師の経験学習プロセスを解明する。本研究モデルは，図表1-1のとおりである。すなわち，松尾（2006）に基づいて，キャリアの発達段階を，初期（1～5年目），中期（6～10年目），後期（11年目～現在）に分け，そのうえで，（職務上の）「経験」と，その経験をとおして獲得された「知識・スキル」を明らかにする。

　キャリアの発達段階の3区分は，熟達の10年ルールおよびDreyfus（1983）やBenner（2001）の5段階モデルに対応している。すなわち，キャリア発達段階の初期はDreyfusのモデルにおける「初心者」「新人」「一人前」，中期は「中堅」，そして後期は「熟達者」に相当すると考えられる。

　10年の経験を積めば自動的に熟達者になるわけではなく，熟達の速さにも個人差はあるが，この3段階の区分は一般的人材の発達プロセスから大きく外れるものではないと考えられる。星野ほか（2003）によれば，臨床経験4～5年目の看護師は，周囲から一人前あるいは中堅としての役割を期待される時期である。つまり，個人差を考えたとしても，遅くとも6年目以降のキャリア中期の看護師は，中堅看護師としての発達段階にあると言える。

　上記の研究枠組みに基づき，本研究では，以下のようなリサーチクエスチョン（RQ）を提示する。

> **RQ**：看護師は，キャリアの発達段階において，どのような仕事上の経験をとおして，いかなる知識・スキルを獲得しているのか。

なお，本研究では「AはBである」のように言語化しやすい「事実としての知識」を「知識」と呼び，技術や技能のように言語化しにくい「やり方に関する知識」を「スキル」と呼ぶ。たとえば，医学的な知識や，看護師はどうあるべきかという看護観は「知識」であり，注射の技術や患者とコミュニケーションする力は「スキル」である。そして，知識とスキルが能力を構成すると考えた。また，本研究では，経験によって知識・スキルに変化が生じることを「学習」と定義する。

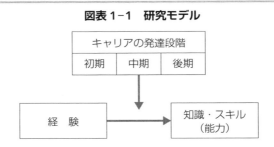

図表1-1　研究モデル

5. 研究方法

(1) 調査手続

　札幌市内の3病院に勤務する看護師117名に対して，自由記述方式の質問紙調査を実施した（平成18年2月～3月）。3病院のうち2組織が公立病院（900床以上），1組織が民間病院（300床以上）である。調査対象者は，10年以上の経験を有する看護師である。調査対象者の年齢構成は，30代が50.0％，40代が44.6％，50代が5.4％であり，看護師としての平均経験年数は17.7年であった（10～43年，標準偏差5.74年）。また，転職経験がある看護師は全体の32.2％であった。
　質問票では，次の3つの設問について自由に回答する形式を採用した。すなわち，キャリアの初期（1～5年目），中期（6～10年目），後期（11年目以

降）において，看護の知識・技術・考え方を身につけるうえで印象に残った経験，および，それぞれの経験から学んだ知識・技能について回答を求めた。回答された質問票は封筒に入れたうえで，各病院の看護部をとおして回収された。

(2) コーディングの手続き

自由記述方式の質問紙調査によって得られたデータについて，内容分析を行った。内容分析を用いた理由は，テキストからなる定性的データを定量的データとして分析することを可能にする研究方法だからである。内容分析は，Babbie（2001）をもとに，次のような手順で行った。

① 自由記述の内容をすべてコンピューターの文書ファイルに変換した。その際，データは，キャリア段階ごと（初期，中期，後期）に，「経験」，および「(経験から得た) 知識・スキル」に分けてまとめた。
② 複数の経験が記述されている回答は，個別の経験に分割した。
③ 「経験」「知識・スキル」それぞれについて，看護学修士号を持つ看護管理者と研究者の1人が協議し，類似性に基づいてデータをカテゴリー化した。看護の知識・技術・考え方を身につけるうえで「経験」は10カテゴリーに，「知識・スキル」は8カテゴリーに分類された（図表1-2参照）。
④ ③で作成したカテゴリーリストに基づき，コーダー2人（看護学修士号を持つ研究者）が独立した形でデータをコーディングした。
⑤ コーディング結果の一致率は，経験のコーディングでは85.83％，知識・スキルのコーディングでは83.56％であった。
⑥ 一致しなかったデータについては，2人のコーダーが協議のうえ，決定した。
⑦ コーディングの結果，特定カテゴリーについて記述がある場合には「1」を，記述がない場合には「0」を入力した。

図表 1-2　看護師の経験と知識・スキル

経　験	知識・スキル（能力）
部署・施設の異動 患者・家族との関わり 　（ポジティブな反応：感謝等） 患者・家族との関わり 　（ネガティブな反応：苦情等） 患者・家族との関わり 　（患者の急変・死亡） 高度な仕事の取り組み 　（難しい症状を持つ患者・家族の担当） 高度な仕事の取り組み 　（困難な仕事の達成，業務の改善） 先輩からの指導 職場の同僚との関係 　（話し合い，サポート，対立） 職場での指導的役割 　（学生後輩の指導，管理的職務） 研修・研究活動	基礎的看護技術の習得 　（看護師の一般的技術・知識） 専門的看護技術の習得 　（各科・各分野特有の技術・知識） 患者・家族とのコミュニケーション能力 看護観 　（看護のあり方，仕事のやりがい，患者観，家族観等） 死生観 自己管理能力 　（ストレス管理，モチベーション管理，目標管理，自己能力の認識，自信） メンバーシップ 　（スタッフ間の人間関係，他部署との調整・連携） リーダーシップ 　（学生指導，新人指導，コーチング，集団の管理，業務の改善等）

（3）倫理的配慮

　本研究の対象者となる看護師には，研究目的および倫理的配慮に関する説明書を添付した質問票を配布した。説明書には「今回の研究は，看護師はどのような経験をとおして看護の知識や技能を獲得しているかを明らかにすることが目的であること」，「データは大学において分析し，人事査定や評価などに活用されることはないこと」「個人情報を厳重に管理すること」を明記した。また本調査では，質問票の返送をもって回答者から同意を得たとみなした。

6. 分析結果

　どのような経験をしたときに，いかなる知識・スキルを獲得しているかを明らかにするために，キャリア段階（初期，中期，後期）ごとに，経験変数（10カテゴリー）と知識・スキル変数（8カテゴリー）の関係性を，クラメールの

第1章
看護師の経験学習プロセス

図表1-3　経験と知識・スキル（能力）の対応関係（分析結果の要約）

初期 （1〜5年目）	中期 （6〜10年目）	後期 （11年目以降）
先輩からの指導 →**基礎的看護技術**	患者・家族との ポジティブな関わり →**コミュニケーション**	患者・家族との ネガティブな関わり →**コミュニケーション**
・難しい症状を持つ患者 　家族の担当 ・研究・研修活動 →**専門的看護技術**	・患者の急変・死亡 ・難しい症状を持つ患者 　家族の担当 →**死生観**	難しい症状を持つ患者 家族の担当（−） →**リーダーシップ**
	難しい症状を持つ患者 家族の担当 →**メンバーシップ**	・患者の急変・死亡 ・職場での指導的役割（−） →**看護観**
	困難な仕事，業務改善 職場での指導的役割 →**リーダーシップ**	職場での指導的役割（−） →**専門的看護技術**
		職場での指導的役割 →**自己管理**
		職場の同僚との関係 →**メンバーシップ**

注1：四角の上段は経験を示し，→の太字は得られた知識・スキルを示している。
注2：（−）は負の相関を表している。

ファイ係数を用いて分析した。その結果を要約したものが図表1-3である。

　クラメールのファイ係数は，カテゴリーデータから成る2つの変数の関係性を算出するものであるが，該当するケースの数が少ない場合でも関係性が有意となることもある。一部の経験と知識・スキルの対応関係については，該当するケースの数が少なく，関係性が疑われる結果が見られた。本章では，特定の経験のケース数が少ない場合（ケース数が5以下）や，自由記述において関係性が認められない場合には，その関係性は見せかけのものであると判断し削除する方針をとった。

　経験学習の記述に際しては，具体的な経験内容が理解しやすいケースを選択し提示した。なお，記述の文体はなるべく原文（自由記述データ）を尊重したが，一部読みにくい部分，語尾，専門用語についての略語は，筆者が補足・修

正した。ただし，内容については一切変更していない。

(1) 初期（1〜5年目）における経験学習

初期（1〜5年目）において，看護師は，先輩からの指導によって看護の基礎技術を習得し，そのうえで，難しい症状を持つ患者・家族の担当や研修・研究をとおして専門的看護技術を積み上げていた。このことは，キャリアの初期段階における看護師の学習は「技術的側面」に焦点が当てられていることを示している。具体的なケースを2例紹介する。

◇事例1：「先輩からの指導」から「基礎的看護技術」を学ぶ

心臓血管外科病棟へ3年間勤務。患者さんに胸が苦しいと言われたとき（勤務して2ヵ月くらいのとき）に，指導者にただ胸が苦しいと言っていますと報告して，「じゃあどうしたらいいの」と言われたことが忘れられません。いまならバイタルを測り，胸苦時の指示を確認し，処置する流れがわかりますが，そのころは自分が新人で看護師の自覚が不足していた。このとき，患者さんにとって経験年数は関係なく，プロとして対応しなければならないことを自覚しました。

◇事例2：「難しい症状を持つ患者・家族の担当」から「専門的看護技術」を学ぶ

NICU（新生児特定集中治療室）における超低出生体重児のケアと家族のケア，および奇形児出産前後の精神的ケア（無頭蓋児）を経験した。これによって，出生時週数と体重によるリスクやその後の経過の違い，母児分離された母の精神的フォローの重要性，切迫管理がいかに大事であるかを学んだ。

(2) 中期（6〜10年目）における経験学習

6〜10年目のキャリア中期における経験学習の特徴は，患者との関わり（患者・家族とのポジティブな関わり，難しい症状を持つ患者・家族の担当，患者の急変・死亡）による学習が活性化する点である。技術的な学習が中心であった初期段階とは異なり，中期には「患者・家族とのコミュニケーション能力」

「メンバーシップ」「リーダーシップ」といった対人能力を身につけている。事例からもわかるように，看護師は，患者とのポジティブな関わりをとおしてコミュニケーション能力に対する自信をつけ，高度な仕事の取り組み（難しい症状を持つ患者・家族の担当，困難な仕事の達成，業務改善），職場での指導的役割を経験することで，医師との連携やチームワークの重要性，新人・学生指導のあり方について学んでいた。また，死生観の変化といった概念的な学習が見られるのもこの時期の特徴である。ケースは以下のとおりである。

◇事例3：「患者・家族との関わり（ポジティブな反応）」から「患者・家族とのコミュニケーション能力」を学ぶ

　　仕事中急変した患者さんを看取ったとき，娘さんから「あなたでよかった」と言われたこと。病院にとっては多くの亡くなっていく人の1人であるが，家族にとっては，唯一の肉親の死であることを忘れてはいけない。家族にとっては看取りのシーンがそのまま記憶に残るものだと体験をとおして学んだので，残される家族が納得できる，不快感の残らないような親身なケアをしていこうと考えた。

◇事例4：「患者の急変・死亡」「難しい症状を持つ患者・家族の担当」から「死生観」を学ぶ

　　高校生，30代後半の母など，若い患者さんの死に何度も立ち合う。ターミナル期（終末期）の痛みのコントロール，死の受容，家族との関わりを持った。しかし，自分から踏み込んで，これからのこと，患者さんご自身のいまの状況など聞くことはできなかった。これから死んでいく人に対しての心の動き，家族の受け止めなどに対しての自分の心がまえができず，踏み込んで話ができなかった。自分のなかでの死生観が大事と考えました。

◇事例5：「難しい症状を持つ患者・家族の担当」から「メンバーシップ」を学ぶ

　　特に多発的外傷や合併症が多い重症患者の複雑な病態や治療内容を十分に理解して看護するのが容易ではなく，そのつど外に確認し把握に努めた。看護師間だけ

でなく，医師との密な連携の大切さを学んだ。

◇**事例6**：「困難な仕事の達成，業務の改善」から「リーダーシップ」を学ぶ

　新人看護師の指導や看護研究，部署の業務整理をし，マニュアル化するなど責任をもたされることが増えた。自分のことばかりではなく，新人の育成や部署の運営などにも目を向けていく必要性を学んだ。

◇**事例7**：「職場での指導的役割」から「リーダーシップ」を学ぶ

　教育的な関わり（学生指導をとおし，人を育てることは自己の成長があった）。チームリーダーで患者の目標達成のために，カンファレンスなどで話し合ったり，患者家族と話し合いながら頑張れたこと。プライマリーナースとして，患者目標を達成できたこと。こうした経験によって，学生指導者としての役割（教育することと）や，リーダーシップとは何かを学んだ。

(3) 後期（11年目以降）における経験学習

　11年目以降のキャリア後期では，中期に引き続き，看護師は，患者との関わりの経験を中心にして，「患者・家族とのコミュニケーション」「メンバーシップ」「リーダーシップ」といった対人能力を学んでいた。ただし，中期と異なり，後期では「患者・家族との関わり（ネガティブな反応）」をとおしてコミュニケーション能力を習得していた。後期における看護師は，苦手な患者との関わりや，クレームや叱責を受けることで，笑顔の大切さや詳細なアセスメントの重要性について学習していた。これは，中期における学びをベースとして，後期には，ネガティブな事象をとおしてより深い患者とのコミュニケーションのスキルを習得する準備状態ができているためであると考えられる。

　後期におけるもう1つの学習上の特徴は，「職場での指導的な役割」をとおして「自己管理能力」を学んでいるという点にあった。この時期の看護師は「内省・振り返りの大切さ」「自らの知識，技術，考え方を高める必要性」「学習意欲を持ち続けることの重要性」を学んでいた。これは，10年の経験によってある程度のレベルに達し，指導的役割を担うようになった看護師は，さらに知識・

スキルを高めるために自分を管理することが必要になるためであると考えられる。自己管理能力と関係して，この時期には，経験をとおして看護観を学んでいることから，10年を経過した段階で自分を振り返り，さらなる成長のために自分をマネジメントしていくことの重要性が高まるのであろう。具体的なケースは以下のとおりである。

◇**事例8**：「患者・家族との関わり（ネガティブな反応）」から「患者とのコミュニケーション能力」を学ぶ

　50歳代，白血病の男性。移植を受けて化学療法を数回繰り返し，一時退院となる。退院時「治療の副作用を詳しく教えてくれなくて，すごく不安だった。何もわからなくて不安ばかりで本当に辛かった，そのくらいわかって当然じゃないのか」と叱責を受ける。移植のため再入院となったときは，副作用等の詳細な資料を用意し渡した。その後不満の訴えはない。医師は詳細に説明しても，患者の日常生活に影響を与える点については，踏み込んで話していないことが多いため，患者の状況に応じた情報の提供が必要である。そのためには詳細なアセスメントを行い，何をどの程度知りたいかを把握した上で，患者の理解度に応じて情報提供することが重要になることを学んだ。

◇**事例9**：「患者の急変・死亡」から「看護観」を学ぶ

　未熟児として出生した子どもが治療の甲斐なく，亡くなってしまったときに母親が号泣し，泣き崩れてしまった。私は母親に声をかけることができずに一緒に泣くことしかできずにいた。母親として，子どもの死を悲しみ感情を表出することは当然のことと思いながらも，泣き崩れる母の側で私は言葉をかけることもできなかった。それまでも患者様の最期に立ち合うことは何度かあったが，一番つらいのは，「ご家族の方，看護師が一緒に悲しんではいけない。私たちは悲しんでいるご家族をどうサポートするか考えなくてはいけない」という考えだった。しかし，このときは悲しみを母親と共感することも必要なのではと感じた。辛い治療に耐え続けた子どもや，子どもを見守り，辛い時期を過ごした家族とともに気持ちを共感できるのは，一番側にい続けたわれわれ看護師なのではないかと感じた。

◇事例10：「職場での指導的役割」から「自己管理能力」を学ぶ
　　新しい病院，職場に異動したが，自分の経験上，スタッフから頼りにされることが多かった。一回りも違うスタッフと仕事をすると，毎日が新鮮で驚きがある。常に学ぶ姿勢を忘れず，ときには反省・振り返ることが必要であると感じた。

◇事例11：「職場の同僚との関係」から「メンバーシップ」を学ぶ
　　後輩の指導などをとおして初心を忘れてはいけないなと思った。全く部署が違う人たちにも親切にしてもらうことも多く（自分は他部署に行っても挨拶やその後の後片づけや，いろいろコミュニケーションをとる比較的愛想のいい人種だったようだ），いまは非常に助けてもらえることも多い。医師間との関係も良く円滑に仕事していると思う。そういうことにいまさら気づいた。

　なお，「職場における指導的役割」が「専門的看護技術」や「看護観」と負の関係にあった。これは，リーダー的な役割を担うほど，新人・スタッフ看護師の育成に時間をとられ，看護師としての自分の能力や考え方に注意を払う余裕がなくなるためであると解釈できる。また，「難しい症状を持つ患者・家族の担当」と「リーダーシップ」の間に負の関係が見られた。これは，患者・家族のケアを担当する割合が高くなるほど，スタッフ看護師の指導・育成の役割を担うことが少なくなるためであると解釈できる。

7. 考察

　本章の目的は，自由記述データを内容分析によって検討し，10年以上の経験を有する看護師の経験学習プロセスを明らかにすることにあった。以下では，発見事実と理論的な考察について説明した後，実践へのアドバイスと今後の課題について述べたい。

(1) 発見事実と理論的考察

　第1に，3段階に分けられたキャリアのうち，後期以降においても，経験と

知識・スキルの関係性が見られた。これは，「熟達者になるためには最低10年の経験が必要になる」という熟達の10年ルール（Ericsson, 1996）と矛盾するものではないが，10年という節目を越えてもなお経験学習が続くことを示している。この結果は，看護職が，高度な知識・スキルを要求され，かつ長期間学習が継続される職務であることを示している。熟達のパターンには，徐々にタスクの難易度を高める「段階的学習方法」と，初期から困難な課題を経験させる「非段階的な学習方法」があるが（Burton et al., 1984；生田，1987），看護師は段階的な学習によって学ぶ傾向があると言える。

　第2に，経験6〜10年目の中期以降に，患者・家族との関わりからの学びが活発化していた。これは，キャリアを積むほど，技術的な知識・スキルの獲得が進み，患者・家族との関わりのなかで学ぶ余裕が出てくるためであると解釈できる。注目すべき点は，看護師がコミュニケーション能力を獲得する際，中期においては「患者・家族との関わり（ポジティブな反応）」をとおして学んでいるのに対して，後期では「患者・家族との関わり（ネガティブな反応）」から学んでいた点である。これは，コミュニケーションの学習過程にも階層性が存在し，苦情等のネガティブな経験から学ぶためには，技術的な準備状態が整っていなければならないことを示している。松尾（2006）は，ITコンサルタントやプロジェクトマネジャーが，中期から後期にかけて「厳しい顧客」から学んでいることを報告しているが，顧客（患者）との関わりについての経験は，領域を超えて，学びの源泉として非常に重要な役割を果たすと考えられる。McCall et al.（1988）は，成功した管理職の経験を「上司」「課題」「苦難」というカテゴリーで分類しているが，看護師の学習においては「患者（顧客）とのポジティブおよびネガティブな関わり」が主要な経験カテゴリーとなるだろう。

　第3に，経験11年以上のベテラン看護師は，患者の急変・死亡をとおして看護観を，また，職場での指導的役割をとおして自己管理能力を学んでいた。「看護とはどうあるべきか」という看護観や，自分を管理する能力は，人間のより高次の能力であるメタ認知能力と関係するものである。メタ認知は，自分を理解するとともに，自分をモニタリングしたりコントロールする能力であり，

人間の活動全般をコントロールする司令塔的な役割を果たすと言われている（Flavell, 1978；Nelson and Narens, 1994）。看護における最初の10年間では，専門の知識・スキルやコミュニケーションといった対人能力を獲得するのに対し，10年を超えた段階では，自分を管理するメタ認知能力を身につけることが重要になると言える。

(2) 実践へのアドバイス

　上述した理論的な考察は，看護管理の実践においてどのようなインプリケーション（含意）を持つであろうか。まず，管理者は，キャリア段階ごとに獲得される知識・スキルを明確にし，その習得状況を考慮したうえでマネジメントする必要がある。初期には，看護技術を，中期にはコミュニケーションやリーダーシップを，後期では，看護観や自己管理能力の獲得に焦点を当て，経験を積ませることが効果的であると考えられる。

　次に，患者・家族との関わりからの学びが，看護師のキャリアの後期以降も続く点を考慮すべきである。患者・家族との関わりの経験は，キャリア中期から開始される傾向があることから，6〜10年目の中堅看護師に加えて，10年以上の経験を持つベテラン看護師に対しても，職務設計や教育制度等をとおして学習をサポートすべきであろう。なお，患者・家族とのポジティブな関わりを共有することは，6〜10年目の看護師の育成につながり，患者・家族とのネガティブな関わり（クレーム等）からの学びを支援することは，11年目以降の看護師の成長を促進すると考えられる。

(3) 今後の課題

　最後に，本研究の限界および今後の課題について述べたい。第1に，本研究は過去の出来事を回想してもらうことにより経験を測定しているため，回答に想起（認知）バイアスがかかっている可能性がある。ただし，主観的な経験を測定するには回想に頼る以外は方法がなく，先行研究も回想法を使用しているのが現状である。経験の測定方法についての問題は，経験学習研究全般に関わる課題であると言える。ただし，本研究では，「経験」と，そこから得られた

「知識・スキル」の対応を分析する際に，単に回答者からの記述に基づいているわけではない。本研究は，経験と知識スキルの関係を統計的に分析していることにより，因果関係に関する想起（認知）バイアスを抑制していると考えられる。今後は，定量的な方法で経験を測定・分析し，分析結果を比較するなど，多面的に研究を進める必要があるだろう。

　第2に，キャリア発達段階を，初期（1〜5年目），中期（6〜10年目），後期（11年目以降）の3区分としたが，初期と中期に比べて，後期の期間の幅が広いと言える。これは，熟達の10年ルールに基づいて10年以内の経験を重視したためである。10年以降の経験を，11〜20年目，20〜30年目というように区分することによって，後期における経験学習プロセスをより詳細に分析することができると思われる。

　第3に，今回の調査対象のうち，2組織が公立の大規模病院であったため，対象者の約7割が1つの組織において看護師のキャリアを積んでいた。これに対し，人員の入れ替わりが激しい中小規模病院の看護師を対象に調査を実施した場合には，経験の内容も異なる可能性がある。地域，規模，経営形態（公立・民間）に関して多様な病院における看護師を対象に研究することによって，より一般化可能な発見事実を引き出すことができるだろう。

〈参考文献〉

Babbie, S. (2001) *The Practice of Social Research* (9th ed.), Belmont, CA : Wadsworth/Thomson Learning.

Benner, P. (2001) *From Novice to Expert Excellence and Power in Clinical Nursing*. NJ : Prentice-Hall.（井部俊子監訳『ベナー看護論新訳版：初心者から達人へ』医学書院）

Burton, R.R., J.S. Brown and G. Fischer (1984) Skiing as a model of instruction. In B. Rogoff and J. Lave (eds.), *Everyday Cognition : Its Development in Social Context*. MA : Harvard University Press.

Dreyfus, S.E. (1983) How expert managers tend to let the gut lead the brain. *Management Review*, September : 56-61.

Ericsson, K.A. (1996) The acquisition of expert performance : An introduction to some of the issues. In K.A. Ericsson (ed.), *The Road to Excellence*. Mahwah, NJ: LEA.

Flavell, J.H. (1978) Metacognitive development: Structural process theories of complex human behavior. In J.M. Scandura and C.J. Brainerd (eds.), *Ayphen and Rijin*. The Netherlands: Sijtoff & Noordhoff.

舟島なをみ・亀岡智美・鈴木美和（2005）「病院に就業する看護職者の職業経験の質に関する研究：現状および個人特性との関係に焦点を当てて」『日本看護科学会誌』25(4)：3-12.

グレッグ美鈴（2005）「臨床看護師の組織コミットメントを促す経験」『岐阜県立看護大学紀要』6(1)：11-18.

星野磨利子・堀江香織・稲継明子ほか（2003）「臨床経験4・5年目看護師の自己成長を動機付ける先輩看護師の関わり」『日本看護学会論文集 看護管理』34：33-35.

生田久美子（1987）『「わざ」から知る』東京大学出版会.

倉岡有美子（2016）「仕事上の経験を通じた看護師長の成長に関する質的研究」『日本医療・病院管理学会誌』53(1)：41-49.

松尾睦（2006）『経験からの学習：プロフェッショナルへの成長プロセス』同文舘出版.

McCall, M.W., M.M. Lombardo and A.M. Morrison (1988) *The Lessons of Experience: How Successful Executives Develop on The Job*. NY: The Free Press.

Nelson, T.O. and L.N. Narens (1994) Why investigate metacognition? In J. Metcalfe and A.P. Shimamura (eds.), *Metacognition: Knowing about knowing*. Cambridge, MA: MIT Press.

日本看護協会（2017）「看護師のクリニカルラダー（日本看護協会版）」〈https://www.nurse.or.jp/nursing/jissen/〉.

鈴木美和・定廣和香子・亀岡智美ほか（2004）「看護職者の職業経験の質に関する研究：測定用具「看護職者職業経験の質評価尺度」の開発」『看護教育学研究』13(1)：37-50.

吉川三枝子・平井さよ子・賀沢弥貴（2008）「優れた中間看護管理者の「成長を促進した経験」の分析」『日本看護管理学会誌』12(1)：27-36.

第2章

保健師の経験学習プロセス

松尾　睦
岡本　玲子

　行政機関で働く保健師は，地域におけるボランティア活動や健康事業を推進する「地域支援」や，子ども・高齢者・障害者等が抱える問題の解決を支援する「困難事例への対応」の経験をとおして，「地域連携力」「関係構築力」「保健師の役割・専門性」を身につけていた。注目すべき点は，職場において同職種が少ない保健師にとって，他組織の保健師と学び合う「研修会」が重要な働きをしていることである。ネットワークをつくりながら学ぶ傾向は，公衆衛生医師の研究でも報告されている（8章）。また，学習内容は異なるものの，キャリア後期（11年目以降）に学びが活発化する傾向は，他章と共通していた。

1. 問題意識

　保健師は，あらゆる人々の健康や QOL を維持・改善する能力の向上，および取り巻く環境の改善を支援して，健康な社会を創ることに貢献する専門家である（佐伯，2015）。近年，行政機関で働く保健師（以下，保健師）が直面する健康課題は，生活習慣病，虐待，自殺，認知症など多種多様であり，これらの課題を解決するために保健師は，健康づくりから政策の企画立案まで幅広く多彩な能力を，日々の実践をとおして身につけなければならない（後藤ほか，2008；松村・渡辺，2008）。たとえば，保健師には，増加する子どもの虐待に対して，対象者の家庭を訪問し相談に乗るといった個別対応に加えて，住民や行政とネットワークを構築し，地域力を高めるためのコミュニティを支援するなどの活動が求められている（永谷，2009；豊福ほか，2006）。

　しかし，多大で広範囲な業務量に対し，職場において他者と十分に相談できない状況に置かれており，保健師業務に対する他職種からの理解が不足しているため，多くの保健師がバーンアウト（燃え尽き）状態にあるとも言われている（斉藤ほか，2016）。こうした厳しい環境で保健師の人材育成を進めるためには，保健師の成長プロセスの実態を明らかにする必要があるだろう。そこで本研究は，保健師が，どのような仕事経験をとおして，いかなる能力を学んでいるかを定性的・定量的分析によって検討する。

2. 保健師の業務

　以下では，保健師の活動，成果，求められる能力について簡単に説明したい。松下ほか（2008）は，市町村の自治体に勤務する保健師に対して自由記述式の調査を実施し，保健師が次のような活動をとおして住民の変化を感じていることを報告している。

- 基本健診の結果説明会・事後指導

- 生活習慣病予防のための教室
- 集団への健康教育
- 個別の保健指導
- 介護予防に関する事業・教室
- 地域組織や推進員・ボランティア活動への支援
- 住民の主体的活動を意図した地域づくり
- 自主グループ化支援
- 家庭訪問

　この結果を見ても，保健師が，基本健診，各種教室，地域の人々との関係構築，個別訪問といった多様な活動に携わっていることがわかる。では，こうした活動をとおし，保健師はどのような成果を挙げているのだろうか。松下ほか（2008）の調査によれば，保健師自身は，次のような点を活動の成果として捉えているという。

- 住民の意識・健康への関心・健康観が変化する
- 住民の健康増進に向けての行動が変容する
- 住民の主体的な活動が行われる
- 住民の喜び，安心，満足度が向上し，不安が減少する
- 医療費・介護保険料が減少する
- 住民および他職員に保健師の存在が認められる
- 住民のネットワーク・つながりができる，連携がとれている
- 疾病を予防できる
- 地域で安心して育児をすることができ，子どもが健全に育つ

　これらの成果のうち，数量的に捉えることができるのは「医療費・介護保険料の減少」であり，そのほかの指標は，主観的・質的に把握せざるを得ないと言える。つまり，保健師の業務は，重要ではあるものの，明確に測定しにくいという性質を持っているのである。上述した活動を遂行し，成果を挙げるため

に必要な能力として，大倉（2004）は7つの次元を提示している。

- 看護過程展開能力（看護過程を適用しながら地域課題やニーズを診断する能力）
- 地域保健活動展開能力（住民参画，地区組織化，自助グループ育成を促進する能力）
- ヘルスケア提供能力（効果的な家庭訪問・保険指導・健康教育技術や基礎的な看護ケア提供能力）
- マネジメント能力（関係機関・関係者とのコーディネート，効果的・効率的な活動評価能力，効果的なマネジメント能力）
- 情報活用能力（情報技術活用，研究・調査実践，統計活用に関する能力）
- 対人関係形成能力（効果的なカウンセリング，プレゼンテーション，コミュニケーション，面接技術）
- 豊かな人間性（楽天的・積極的な性質，柔軟な性質，自己併発力）

また，「施策化」に焦点を当てた鈴木・田高（2014）は，行政保健師の施策化能力には，「コミュニティパートナーシップ」と「地域診断サイクル」という2つの要素が含まれることを報告している。コミュニティパートナーシップとは，地域住民とパートナーシップの関係を築き，住民参加を促し，関係性を保ちながら施策化することを意味し，地域診断サイクルとは，地域において取り組むべき健康課題を明確化することを指す。さらに，福川ほか（2017）によれば，保健師は「課題の明確化→計画→実施→評価」といった一連のプロセスを展開しつつ，それらを地域住民や関係者に説明する責任を負っている。

3. リサーチクエスチョン

上述したように，保健師に必要とされる能力については研究が進められているものの，そうした能力が，どのような経験をとおして獲得されているのかについては解明されていないのが現状である。そこで，保健師の経験と能力の関

係を明らかにするために，本研究では次のリサーチクエスチョン（RQ）を検討する。

> RQ：保健師は，どのような経験から，何を学んでいるのか。

予備調査では，自由記述式の質問紙調査を実施し，本調査では，予備調査に基づいて質問票を作成し，定量的な質問紙調査を実施した。

4. 予備調査

(1) 調査目的

予備調査の目的は，保健師の「経験」および「獲得能力」についてのカテゴリーを明らかにすることにある。そのために，自由記述式の調査を実施した。

(2) 調査方法

2010年2月，某研修会の主催企業が，全国自治体の保健師に対して，研修会の案内状とともに自由記述式の質問票を送付した。その結果，研究会に参加意思を表明した54名のうち22名の保健師から質問票を回収した。回答はFAXにて研修会の主催企業へ返送してもらう形をとった。回答者の属性は以下のとおりである。年齢は，20代13.6％，30代36.4％，40代22.7％，50代以上27.3％，経験年数は2年～36年（平均16.3年），女性90.5％，男性9.5％であった。

質問票では，保健師として，知識・スキル・考え方が変化したり，向上したきっかけとなった経験を思い浮かべてもらい，「経験したこと」と「学んだこと」を区別して自由に記述するよう依頼した。

なお，質問票には，研究目的および倫理的配慮について明記した。具体的には，「今回の調査は，職場における現状や参加者のニーズを把握し研修会に役立てることを目的としていること」「データは学術的な研究に限って使用すること」「所属組織名，氏名は一切公表しないこと」「質問票の返送をもって調査へ

の同意を得たと判断すること」を明記した。

(3) 分析結果

自由記述式の質問紙調査によって得られた「経験に関するデータ」および「獲得能力に関するデータ」は,類似性に基づいて第一著者が類型した。すなわち,①複数の経験あるいは学びについて言及している記述は,単一の記述に分けたうえで,②内容が類似しているものをグループ化することでカテゴリーを抽出し,③カテゴリーに含まれる記述の数を計算し,調査対象者数(22名)で割り,割合を算出した(複数の経験あるいは学びを記述している対象者が存在していたため,割合の合計は100%ではない)。

図表2-1に示すように,保健師が挙げた経験は4つに類型することができた。最も多かった経験は,発達遅延や高齢者虐待等の問題を抱えた家族に対処する「困難事例の対応」(44.4%)であり,次に,地域の健康促進のためにボラ

図表2-1 保健師における経験の類型

経験の類型	割合	例
困難事例の対応	44.4%	・発達遅延の子どもを抱えた母親 ・高齢者虐待を疑う認知症ケース ・精神疾患への緊急対応
地域支援	33.3%	・高齢者に特化したボランティアグループ立ち上げ ・愛育委員の組織育成を担当 ・老人保健事業を担当
研修会への参加	18.5%	・事例検討の研修 ・中堅保健師研修会 ・国が主催する研修会
管理職の経験	11.1%	・さまざまな母体から出向している職員をまとめる管理職 ・地区の統括保健師
その他	7.4%	・保健分野から医療分野への異動 ・自身の出産・育児体験

注1:複数回答。
注2:愛育委員:市町村を住民にとって健康で明るく住み良い地域にするために,行政と協力しながら活動している健康ボランティア(岡山県,2017)。

ンティアグループを立ち上げるなどの「地域支援」（33.3％），そして「研修会への参加」（18.5％），「管理職の経験」（11.1％）が挙げられた。

また，図表2-2にあるとおり，経験から獲得した能力のなかで最も多かったのは，地域の健康課題を解決するために地域の住民や他職種と連携しながら進める「地域連携力」（55.5％）であり，次に，対象者の話を聞き，思いに寄り添うことで関係や信頼を構築する「関係構築力」（40.7％），「保健師としての専門性」（18.5％）「マネジメント力」（11.1％）「保健師の役割」（11.1％）が続いていた。

図表2-2　保健師における経験からの学び（獲得能力）

能力の類型	割合	例
地域連携力	55.5%	・地域の力を引き出し，地域で解決する ・地域の住民・他職種と連携・関係づくり ・1人で悩まず，他者と連携する
関係構築力	40.7%	・その人にあった解決策をともに考える ・対象者の話を聴き，思いに寄り添う ・指導ではなく助言・サポートする
保健師としての専門性	18.5%	・保健師として専門性を持って関わる ・感情ではなく，理論に基づいて整理する
マネジメント力	11.1%	・行政の仕組みを理解し納得させ予算をとる ・事前の計画・段取り
保健師の役割	11.1%	・保健師の業務とは何かを考えるようになる
その他	3.7%	・やってみなければできるかどうかわからない

注：複数回答。

5. 本調査

(1) 調査の目的

本調査の目的は，予備調査の結果に基づき定量的な質問紙調査を実施し，保健師の経験と獲得能力の関係を明らかにすることにある。

(2) 調査方法

2012年5月～6月に2カ所で行われた保健師を対象とした研修において質問紙調査を実施し，65名から回答を得た（ただし，欠損値を含むため，分析におけるサンプル数は65以下となっている）。なお，この調査データは第一著者の研究室において分析され，学術研究以外に活用されることはないことや，学術研究への活用を許可する場合にのみ質問票を事務局に提出してほしい旨を質問票に明記した。

回答者の属性は次のとおりである。すなわち，経験年数は10年未満16.9％，10～19年50.7％，20年以上32.4％（平均16.7年），年齢は20代8.3％，30代38.9％，40代33.4％，50代以上19.4％，役職は，一般59.2％，係長25.4％，課長5.6％，その他9.9％であった。性別としては女性が97.3％を占めていた。

経験に関する質問は，①困難事例の対応（例：発達遅延の子どもを抱えた母親，高齢者虐待を疑う認知症ケース，精神疾患への緊急対応），②地域支援（例：高齢者に特化したボランティアグループ立ち上げ，愛育委員の組織育成を担当，老人保健事業を担当），③研修会への参加（例：事例検討の研修，中堅保健師研修会，国が主催する研修会），④管理職の経験（例：さまざまな母体から出向している職員をまとめる管理職，地区の統括保健師）の4カテゴリーである。これらの経験にどの程度関与したか（あるいは関与しているか）を，「保健師になってから1～10年目」「11年目以降」のそれぞれの時期について5段階で回答を求めた（強く関与した[5]，関与した[4]，どちらとも言えない[3]，あまり関与しなかった[2]，全く関与しなかった[1]）。

獲得能力に関する質問は，①地域連携力（例：地域の力を引き出し，地域で解決，地域の住民・他職種と連携・関係づくり，1人で悩まず他者と連携する），②関係構築力（例：その人にあった解決策をともに考える，対象者の話を聴き，思いに寄り添う，指導ではなく助言・サポートする），③保健師としての専門性（例：保健師として専門性を持って関わる，感情ではなく理論に基づいて整理する），④マネジメント力（例：行政の仕組みを理解し納得させ予算をとる，事前の計画・段取り），⑤保健師の役割認識（例：保健師の業務とは何かを考えるよ

うになる）の5カテゴリーであり，こうした能力がどのくらい向上したか（または向上しているか）を，「保健師になってから1〜10年目」「11年目以降」のそれぞれの時期について5段階で回答を求めた（向上した［5］，ある程度，向上した［4］，どちらとも言えない［3］，あまり向上しなかった［2］，向上しなかった［1］）。

（3）分析結果

①経験と獲得能力の現状

まず，経験および獲得能力の現状を，キャリア段階別（1〜10年目，11年目以降）に見ていきたい。

図表2-3は，保健師の経験をキャリア段階別に示したものである。最も関与した度合いが強かったのは「困難事例の対応」であり，次いで「研修会への参加」，「地域支援」が続き，「管理職の経験」の関与度が最も低かった。

T検定の結果，キャリア段階別（1〜10年目，11年目以降）に差が見られたのは「研修会への参加」と「管理職の経験」であり，キャリアを積んだ保健師ほど，研修会に参加し，管理職を経験する傾向にあった（5％水準）。これに対し，地域支援や困難事例は，キャリアが浅い保健師もベテラン保健師も，同

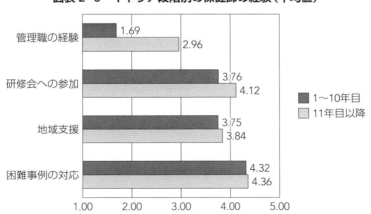

図表2-3　キャリア段階別の保健師の経験（平均値）

じ程度に経験していると言える。

　図表2-4は，キャリア段階別の獲得能力を示したものである。T検定の結果，関係構築力以外の変数において，1～10年目の保健師と11年目以降の保健師の間に統計的に有意な差が見られた（5%水準）。つまり，経験から獲得した能力については，キャリアによる差が顕著であると言える。

　ただし，「関係構築力」や「地域連携力」は，キャリア段階によって若干の差が見られるものの，比較的高いレベルで獲得されていた。これに対し，「マネジメント力」の獲得レベルは，キャリアの浅い保健師もベテランの保健師もともに低かった。この結果は，マネジメント力の獲得が，保健師全体の課題であることを示している。

　キャリアの違いにより大きな差が見られた獲得能力は，「保健師の役割」と「保健師としての専門性」である。経験の浅い（10年以下）保健師に比べて，ベテラン保健師（11年以上）は，保健師の役割および保健師としての専門性のスコアが高かった。この結果は，保健師の役割を理解し，専門性を高めるためには，10年以上の経験が必要になることを示唆している。

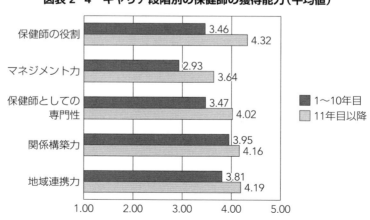

図表2-4　キャリア段階別の保健師の獲得能力（平均値）

②経験が能力に及ぼす影響

次に,経験が能力に与える影響を,キャリア段階別に検討する。図表2-5は,1～10年目において獲得した能力のそれぞれを従属変数に,4つの経験と年齢を独立変数として,重回帰分析を行った結果である(年齢は統制変数)。具体的には,研修会に参加しているほど,「地域連携力」および「関係構築力」を獲得する傾向にあり,地域支援を経験しているほど,「保健師の役割」を理解する傾向にあった。

図表2-6は,11年目以降の時期において獲得した能力を従属変数に,4つの経験と年齢を独立変数として,重回帰分析を行った結果である。分析結果を見ると,困難事例の対応を経験した保健師ほど,「地域連携力」を獲得する傾向にあり,研修会に参加している保健師ほど「関係構築力」が高まる傾向にあった。また,管理職を経験した保健師ほど,「関係構築力」,「保健師としての専門性」,「マネジメント力」を獲得していた。この結果は,管理職の経験が,保

図表2-5 経験と能力の関係(1～10年目)

注:統計的に有意な関係のみを表示。

図表2-6 経験と能力の関係(11年目以降)

注:統計的に有意な関係のみを表示。

健師にとって多くの学びの源泉であることを示唆している。

また，困難事例から学ぶためには，10年間の経験が必要になると言える。

(4) 経験学習の事例

次に，予備調査で実施したインタビューデータに基づいて，分析結果に関する事例を紹介したい。ただし，インタビューデータは定量分析の結果と完全に対応しているわけではない。

以下は，若手保健師（経験年数4年）が，「地域支援」をとおして「保健師の役割」について学んだ事例である。

◇**事例1：「地域支援」から「保健師の役割」を学ぶ**

[経験] 保健師的な視点を持たないといけないと言われたが，1年目，2年目のときにはわからず焦った。「何もできない自分」という思いがあり「いなくてもいいのかな」と思ったりもした。看護師は，病気になっている人を相手にし「治してほしい」と求めてくる患者さんを相手にするから結果も出やすいが，保健師の活動は予防的な視点が強いため，必ずしも対象者が求めていない場合や，活動が対象者のためになっているかどうかがわかりにくい場合が多い。就職して日々の業務に追われ，うまくいかないと感じ，何か事業に参加するたびに「自分の役割を持たないといけない」とか，「この会に参加することで何かを得ないといけない」と気負っていた。保健師だから「グループをつくらないといけない」とか，「保健師だからできないといけない」という焦りがあった。

[学び] 地域のためにただ一生懸命されている人々の姿に気づいた。ボランティアの人も障害を持った人も生き生きと活動していてその姿に気づいたとき「こういう人を地域にたくさんつくっていったらいいのだ」「自分が全部背負わなくていいのだ」ということがわかった。自分が思い描いているところに到達するには，生き生きと活動できる住民をたくさん育てていけばいいと思った。

次のケースは，中堅保健師（経験年数16年）が，「困難事例の対応」をとお

して，「地域・他者との連携」を学んだ事例である。

◇**事例2：**「困難事例の対応」から「地域連携力」を学ぶ
　[経験]　精神保健の担当になって，当事者やその家族と関わりながら地域の受け皿のないことに限界を感じている。会議を持ちながら，1人ひとりのケースをとおして，地域の理解を深めてもらうより方法はないと思っているが，精神障害というイメージが持つ偏見の強さにくじけそうになる。周りの理解や支えがあると地域で暮らすことができるケースでも，周りの偏見が家族のストレスになり，家族のストレスフルな状態が当事者の状態に影響して再入院となってしまうこともあり，精神保健における地域づくりの難しさを実感している。

　[学び]　若い保健師からの相談や疑問について話し合うなかで，地域づくりについて提案があるなど，一緒に同じ方向を向いて活動しようとするエネルギーをもらうことで対応できた。仲間に支えられていることがわかった。

　以下は，ベテラン保健師（経験年数29年）が，キャリアの後期（11年目以降）において，「管理職の経験」をとおして「マネジメント力」を学んだ事例である。

◇**事例3：**「管理職の経験」から「マネジメント力」を学ぶ
　[経験]　地域包括支援センター所長として配置されたとき，初めての管理職の経験に戸惑った。小さなことからすべてに判断を求められ，迷うことが多かった。また，新規事業の立ち上げでもあり私の職務上の立場も市職員として社会福祉協議会に派遣され，配属された職員も8法人から1人ずつ派遣されており，身分も職種も立場も違うメンバーの集まりであった。何かを判断するにも母体が違えば考え方も違い，同じ方向性を持って仕事をするために心を砕いた。専門職としての個別の判断は，いままでに積み上げてきたものがあるので困難な事例でも対処することができるが，組織としての判断つまり活動方針を決定することが必要であり，地域包括支援センターの役割と機能について十分な話し合いを持った。話し合いのときは，常

に地域包括支援センターの市における位置づけを問い続け，意見が言えない人には個別に話を聞くなど職種の違いやその役割の違いをお互いに確認しながら進めた。

[学び] それぞれが持つ感情に細心の注意を払いながら，役割や機能を各自が納得したうえで，仕事ができるように根気強く関わり，事業の実施は自分たちで決定することが重要になることがわかった。

なお，定量分析の結果とは異なるものの，キャリアの浅い若手保健師も，先輩のサポートを受けながら困難事例をとおして学んでいるケースも存在した。以下は，若手保健師（経験年数1年）が，「困難事例」から「関係構築力」を学んだ事例である。

◇事例4：「困難事例の対応」から「関係構築力」を学ぶ

[経験] 1歳半の健診のときに，発達遅延のお子さんとお母さんに関わった。お母さんは「ゆっくりではあるけども発達はしているので様子を見たい」と，子どもの状況にゆれながら，方針を出すための一歩を踏み出すことができないケースであった。「一歩踏み出すのに力が要る方じゃないかな」と感じながら，どのような支援をしたら一番良い方向に向かっていくことができるかを先輩に相談しながら関わった。本人のニーズに沿うことは教科書を開けば書いてあるが，手探りで四苦八苦しながら実際に体験して，振り返る機会を与えてもらって，先々の見通しがついたときには安心した。ただ，お母さんの悶々とする気持ちは理解できるけれど，いま1つ「どうして一歩が踏み出しにくいのか」が感覚としてストンと腹に落ちてこないところがあった。私自身がお母さんの問題や，その問題の周辺に目が行っていたからだと思う。しかし，お母さんのいままでの人生について伺うことで，「この人はこういう人なんだなぁ」と自分のなかである程度体感することができたとき，ストンと落ちた。そのことがあって，よりその人のペースに合わせられるようになった。保健師としての提案を受けて，お母さんが発達相談を受診してくれ，受診後お母さんが晴れやかな表情をしたとき，足一歩くらいは抜け出せたと思った。お母さんが「いいな」と思って一歩進んだとき私も安心することができた。

[学び]　保健指導では，実際に当事者が主役なので，その人たちのペースというのをいままで以上に重視していくことができるようになった。人生論や教科書に書いてあることの意味は，経験してみないとストンと落ちないことが多い。ご本人のニーズに沿うということがどのようなことかを実感した。この体験を通じて，見通しを持ちつつお母さんの思いに沿いながら一緒に歩んでいくということが理解できた。

次に，ベテラン保健師（経験年数30年）が，キャリアの後期（11年目以降）に直面した「地域支援」をとおして，「地域連携力」を学んだ事例を紹介する。

◇**事例5：「地域支援」から「地域連携力」を学ぶ**

[経験]　保健師が2人だったので高齢者が住みやすい安心して住める町づくりに力を入れた。補助金も得られ，担当課から何に取り組めばいいか相談を受けたこともきっかけとなり，高齢者の閉じこもりの問題について実態を調査した。その結果，住民の人たちとも話し合い，なじみの地域で定期的に集まることができる場（サロン）をつくることになった。ボランティアだけが頑張るのではなく，地域のほかの組織の人を巻き込んで継続して集まれる場を維持し，活動の活性化には年齢層の幅を広げ，母子クラブのお母さん達に協力してもらい，子ども達と高齢者が触れ合える場とした。

[学び]　保健師の活動を理解してもらうために，現場に出て行き住民とともに話し合いながら進めるのがベースである。これは，同職種との関係や他職種との関わりのなかでも言えることであり，しっかり話し合って「どういうところを目指すのか」，批判的な意見があっても「どこを目指しているか」を明確にするという作業を一緒にやっていくことが大切になる。

6. 考察

　本研究の目的は，地域において病気の予防や健康の維持・増進などの保健指導を行う専門家である保健師が，どのような経験から，何を学んでいるのかを明らかにすることにあった。以下では，定量的・定性的なデータの分析結果をもとに，発見事実，理論的意義，実践へのアドバイス，今後の課題について検討する。

(1) 発見事実と理論的意義

　第1に，保健師は，「困難事例への対応」「地域支援」「研修会への参加」「管理職の経験」を積むことで成長していた。とくに，予備調査・本調査をとおして，困難事例に関与する度合いが強かった。ここでいう困難事例は，McCall et al.（1988）が指摘している「苦難」に対応する経験であると言える。ただし，定量分析では，困難事例から学ぶには10年以上の経験が必要となることが示された。これは，保健師としての基礎力が身についていて初めて困難事例から学びを引き出すことができるようになるためであると思われる。ただし，事例でも紹介したように，先輩や上司の支援があれば，たとえ経験が浅くとも，困難事例から学ぶことは可能である。

　第2に，保健師に特徴的な経験は「地域支援」であった。地域支援とは，「高齢者に特化したボランティアグループ立ち上げ，愛育委員の組織育成を担当，老人保健事業を担当」などを含むものであり，マネジャーの経験における「プロジェクト型の仕事経験」「立ち上げの経験」（谷口，2009）とも近い内容であるが，地域に特化した活動である点に特徴がある。これは，保健師が，地域の健康づくりに関する政策の企画立案（後藤ほか，2008）といった管理的な業務に携わっていることと関係している。

　第3に，保健師の能力は「地域連携力」「関係構築力」「保健師としての専門性」「マネジメント力」「保健師の役割」に分類することができた。本章で抽出された「地域連携力」や「関係構築力」は，先行研究によって指摘されている

「地域保健活動展開能力」「対人関係形成能力」（大倉，2004）や「コミュニティパートナーシップ」（鈴木・田高，2014）と対応するものである。5つの能力のうち，キャリアを積んだ保健師ほど，地域連携力，保健師としての専門性，保健師の役割，マネジメント力を多く獲得する傾向にあったが，関係構築力については差が見られなかった。とくに，経験年数10年以下と11年以上の保健師の間に大きなギャップが存在していたのは，保健師の役割，保健師としての専門性，およびマネジメント力であった。このことは，保健師としての役割を理解し，専門性を高め，マネジメント力を獲得するためには，少なくとも10年の経験年数を要することを意味している。熟達論では，ある領域においてグローバルな業績水準に達するまでには最低でも10年の経験が必要となる「10年ルール」が確認されているが（Ericsson, 1996），保健師の熟達においてもこの10年ルールが適用できると考えられる。

　第4に，保健師の成長にとって，研修会の役割が大きいことが明らかになった。分析では，研修会に参加することにより，保健師の中核能力である地域連携力や関係構築力を身につけることができることが示された。職場に多くの同職種が存在する看護師と違い，同職種の同僚が少ない保健師は職場において相談できる他者が少なく（斉藤ほか，2016），同職種の上司から指導してもらう機会が少ないことと関係しているだろう。客観的に自分の活動を見直す研修会は，経験から学びを引き出すうえで重要な役割を果たすと考えられる。同様の結果は，主に保健所で働く公衆衛生医師の研究（8章）でも報告されている。

　第5に，保健師は，管理職としての経験を積むことで，さまざまな学びを得ていることが示された。具体的には，保健師は，管理職になることで，「関係構築力」「保健師としての専門性」「マネジメント力」を身につけていた。ここで注目したいのは，管理職の経験が，マネジメント力だけでなく，関係構築力や保健師の専門性の獲得を促している点である。これは，より高い責任を負うことによって，専門家としての対応が求められると同時に，各組織のキーパーソンや上位者と交渉するようになるためであると考えられる。

(2) 実践へのアドバイス

　以上の発見事実および理論的考察に基づき，実践へのアドバイスを述べたい。第1に，現場および教育機関では，保健師の中核能力である「地域連携力」と「関係構築力」を意識し，それらの能力を高めるための教育プログラムを開発すべきである。

　第2に，若手や中堅の保健師に対しては，研修会への定期的な参加を奨励することで，成長を促すことができると思われる。とくに，研修会においては，業務の振り返りを支援することで，地域連携力と関係構築力を向上させることができるだろう。

　第3に，保健師としての本格的な能力を身につけるためには少なくとも10年の経験が必要となることから，保健師として働き続けることができる労働条件面，精神面でのサポートを提供する必要がある。

　第4に，10年以上の経験者については積極的に管理職として登用することが保健師としての成長を促すと言える。そのためには，段階的にマネジメントスキルを高め，管理職としての準備をさせると同時に，ワーク・ライフ・バランスを確保できる体制をつくることも重要になる。

(3) 本研究の問題と今後の課題

　本研究が抱える問題点と今後の課題について述べたい。第1に，本研究は限られた調査対象者に対して実施された自由記述式の調査に基づいて経験や能力の次元を設定し，測定尺度を開発した。今後は，より広い対象者に対して調査を実施し，本研究で抽出することができなかったカテゴリーについても探求すべきであろう。

　第2に，重回帰分析に使用したデータのサンプル数が60以下であるため，多変量解析を実施するためのサンプル数として十分とは言えない。また，保健師を対象とした研修会をとおしてデータを収集しているために，データにバイアスがかかっている可能性もある。自治体等を対象とした質問紙調査を実施することで，研修会に参加していない保健師を含めたサンプルを収集・分析しなけ

ればならないだろう。

　第3に，行政保健師といっても，都道府県，政令市等，市町村と所属が違えば経験の内容も大きく異なり，それに応じて求められる能力も異なる。今後は対象数を増やし，所属別の検討も必要であろう。

　最後に，本章は質問紙調査を中心とした研究であるが，より対象者を増やす形でインタビュー調査を実施することが有効であると考えられる。各キャリア段階にある保健師にインタビュー調査をすることで，定量的分析では捉えることができない経験学習のメカニズムを明らかにすることができるかもしれない。

〈参考文献〉

Ericsson, K.A. (1996) The acquisition of expert performance: An introduction to some of the issues. In K.A. Ericsson (ed), *The Road to Excellence*. Mahwah, NJ: LEA.

福川京子・岡本玲子・小出恵子 (2017)「保健師による「活動の対象とめざる成果」の記述の実態」『日本公衆衛生雑誌』64(2): 61-69.

後藤順子・菅原京子・太田絢子・渡會睦子・柴田ふじみ・荒木京子・関戸好子 (2008)「山形県における行政保健師のキャリア開発に関する研究」『山形保健医療研究』11: 31-47.

McCall, M.W., M.M. Lombardo and A.M. Morrison (1988) *The Lessons of Experience: How Successful Executives Develop on The Job*. NY: The Free Press.

松下光子・大川眞智子・米増直美 (2008)「市町村保健師に有用な活動評価の方法」『岐阜県立看護大学紀要』9(1): 37-44.

村松照美・渡辺勇弥 (2008)「市町村新任保健師と熟練保健師の対話リフレクションの意味」『山梨県立大学看護学部紀要』10: 49-58.

永谷智恵 (2009)「子どもの虐待の支援に携わる保健師が抱える困難さ」『日本小児看護学会誌』18(2): 16-21.

大倉美佳 (2004)「行政機関に従事する保健師に期待される実践能力に関する研究：デルファイ法を用いて」『日本公衆衛生雑誌』51(12): 1018-1028.

岡山県 (2017)「岡山県愛育委員連合会について」http://www.pref.okayama.jp/433923.html

佐伯和子 (2015)「公衆衛生看護の定義と一般社団法人としての本学会の発展」『日本公衆衛生看護学会誌』4(1): 1

斉藤尚子・山本武志・北池正（2016）「市町村保健師が健康で意欲的に仕事ができる職場環境に関する研究」『日本公衆衛生雑誌』63(8)：397-408.
鈴木由里子・田高悦子（2014）「行政保健師の施策化能力評価尺度の開発」『日本公衆衛生雑誌』61(6) 275-285.
谷口智彦（2009）『「見どころのある部下」支援法』プレジデント社.
豊福真由美・松尾和枝・酒井康江・竹内玉緒・蒲池千草（2006）「多様化するコミュニティ活動を支援するための保健師の役割」『日本赤十字九州国際看護大学』5：63-70.

　　　＊謝辞：予備調査におけるデータ収集において，上坂智子先生および橋本真紀先生に大変お世話になった。記して感謝申し上げたい。

第 3 章

薬剤部門長の経験学習プロセス

澤井　恭子

本章の特徴は，キャリア初期の経験学習が，キャリア後期の経験学習に与える影響を検討している点にある。分析の結果，キャリア初期（1〜10年目）に，薬剤に関する専門的な知識・スキル（テクニカルスキル）を身につけている人ほど，キャリア後期（11年目以降）に，変革や越境（組織や領域を越えた活動）の経験を積んでいることが明らかになった。また，こうしたテクニカルスキルは，医師や看護師等の同僚からクレーム（苦情）を受ける経験によって獲得する傾向が見られた。つまり，「クレーム経験→テクニカルスキル→変革・越境の経験」といった関係が存在していたのである。さらに，インタビュー調査において，薬剤マネジャーは，キャリア後期（11年目以降）に変革や越境の経験から深く学んでいることが示された。

1. 問題意識

　薬剤部門は，Cure（治療）と Care（看護・介護）のうち，Cure（治療）のウエイトが大きい部門であり（加賀谷, 2014），そこで働く薬剤師には，薬物治療の設計など専門知識を活用しつつ，医師と協働し患者の治療に貢献することが求められている。そのため，薬剤師の業務範囲は，調剤や医薬品の購入補完・管理に加え，患者に使用される医薬品の有効性や安全性まで守備範囲が広がっており，患者に対する薬物療法がより適正に行われるよう監視することも重要な責務とされている（加賀谷, 2014）。つまり，薬剤師は，薬品調達や調剤業務をとおして，医薬品の有効性・安全性を厳しく監視し，医師や看護師など医療専門スタッフと協働しながら，患者の治療に貢献する役割を担っているのである。

　一方，病院の薬剤部門は，総費用の約20％を占める材料費の医薬品を取り扱う部門であり（一般財団法人全国公私病院連盟, 2013；総務省地方財政局編, 2014），DPCと呼ばれる包括医療費支払制度下においては，包括となる医薬品費の削減や安価な後発医薬品の導入促進は病院経営にプラスの効果を与えるといわれている。つまり薬剤師は，医薬品の適正使用による医療の質を担保するだけでなく，薬品費削減の経営課題に対して重要な役割を果たしているのである。

　以上のように，治療の効果および病院の利益に貢献する薬剤部門の重要性はますます大きくなっているのにもかかわらず，薬剤部門長がいかに薬剤部をマネジメントしているかについては十分に検討されていない（赤瀬, 2014）。本研究の目的は，専門家集団を率いる薬剤マネジャーが，経験をとおしてどのようなマネジメント・スキルを獲得しているかを明らかにすることにある。以下では，薬剤師および薬剤マネジャーの特徴について説明し，本研究のリサーチクエスチョン（RQ）について述べる。

2. 薬剤師の仕事

　薬剤師は，主に病院で働く病院薬剤師と薬局で働く薬局薬剤師に分類される。院外処方箋化にともない，病院薬剤師が担っていた外来患者の処方箋の調剤は，主に薬局薬剤師が担っている。また医薬品は，医師から処方される医家向け医薬品と薬局で販売される一般薬品（OTC）に大きく区別されるが，病院薬剤師はこの医家向け医薬品を主に取り扱う。病院では専門的な治療が行われ，緊急を要することも多く，調剤・注射薬の取り扱いや調製・院内外の情報提供なども含むため，病院薬剤師の業務範囲は，薬局薬剤師よりも広い。したがって，ここでは病院薬剤師の仕事について解説する。

　病院薬剤師の業務は，「医薬品の購入・在庫管理・供給」「外来患者と入院患者の調剤」「院内製剤」「医薬品情報管理」など，薬品管理業務，調剤業務，製剤業務，医薬品情報・リスクマネジメント業務が中心である（稲葉，2014）。近年，医師の処方や指示，添付文書による調剤中心の技術的業務から，院外処方箋化が進むに従い，薬剤指導管理，無菌調製などの業務に診療報酬が認められ，薬剤師の業務範囲は「薬剤管理指導業務」「治療薬物モニタリング（TDM : Therapeutic Drug Monitoring）」「栄養管理」「外来化学療法の無菌調製」に拡大している（稲葉，2014）。また入院患者全体を対象とした「薬剤管理指導業務」は，「病棟薬剤業務」となり，投薬後の管理から投薬前も含んだ幅広い業務内容に広がっている（稲葉，2014）。具体的には，入院時の患者情報や持参薬情報の管理，患者情報の把握と処方の設計，投薬前の相互作用確認，投与ルート・剤形の最適化，副作用・効果のモニタリングなど多岐にわたっている。

3. 薬剤マネジャーの役割

　一方，薬剤マネジャーは薬剤師の仕事に加えて，管理的な仕事を行っている。その業務内容は，日常業務のスケジュール調整，業務の進行状況の確認，スタッフへの適切な指導やサポート，効率性の向上などの業務提案，部下と連

携した部門調整，他部門や経営陣との業務調整や交渉，業務遂行環境の整備等である（藤本, 2014）。

たとえば，一般の薬剤師が医薬品の購入や在庫管理・供給を行うのに対して，薬剤マネジャーは，購入の意思決定や在庫に関連しほかの部門に働きかけ，効率の良い医薬品購入を促すなど対外的な交渉も行う。また，調剤の最終確認を実施し，スタッフへ適切な薬学的指導を行い，サポートするなど，薬剤マネジャーには，幅広く深い専門知識が求められる。

加えて，新薬の知識や処方について効果的な計画を確立し（Zilz et al., 2004），薬剤の専門家として専門知識を維持向上させるだけでなく，獲得した専門知識を活用し，計画を立案するなど薬剤マネジメントを行うことが求められる。その他の薬剤マネジャーの仕事として，調剤システムの自動化など業務効率の提案だけでなく，投資の計算（Zilz et al., 2004）や予算書の作成（船越, 2014）などの財務に関する業務，新しいマネジメント手法の実行（Zilz et al., 2004）を挙げることができる。

つまり，薬剤マネジャーは，投資計算，マネジメントの実践などの「管理」業務を行うだけでなく，新薬の知識や調剤・機器に関する専門知識に基づいた薬剤治療のマネジメントにも従事しているのである。つまり，マネジャーであっても，一般職の薬剤師と同様に新たな薬剤知識や技術を習得することが求められているところが特徴的である。

こうした薬剤マネジャーは，スペシャリスト・スタッフの長として，組織における専門情報を扱うエキスパート・マネジャーとして位置づけられる（Mintzberg, 1973）。エキスパートとは，「ある領域における長い経験から，高いレベルのパフォーマンスを発揮できる人」であり（楠見, 2012；松尾, 2006；Srasvathy, 2008），「特定の領域で専門なトレーニングや実践的な経験を積み，特別な知識や技能を持っている人」を指す（Chi, 2006；Ericsson, 2006）。本研究では，エキスパート・マネジャーを「専門的な訓練課程を経て，特別な知識や技能を持つマネジャー」と定義し，薬剤マネジャーはエキスパート・マネジャーに含まれると考える。

4. リサーチクエスチョン

本研究の目的は，薬剤マネジャーの経験学習プロセスを明らかにすることにある。分析においては，経験年数1〜10年目を「キャリア初期」，経験年数11年目以降を「キャリア後期」とし，キャリア段階を2つに区分したうえで，以下の2つのリサーチクエスチョンを検討した。

> RQ1： 異なるキャリア段階において，薬剤マネジャーはどのような経験から，いかなる能力を獲得しているのか
> RQ2： 薬剤マネジャーがキャリア初期において獲得した能力は，キャリア後期の経験にどのような形で影響を与えているのか

こうした問いを立てた理由は，①キャリア段階が異なれば，経験から学ぶ内容も異なると予想され，②若いころに，主要な能力を獲得するほど，中堅期以降の経験が積みやすくなると考えられるからである。図表3-1は，上記のリサーチクエスチョンを図示した研究モデルである。

図表3-1 研究モデル

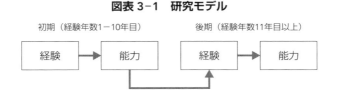

5. 研究方法

本調査を実施するに当たり，現役の病院薬剤部門長および部門長経験者6人に対するインタビューを実施し予備調査を行った（2013年9〜10月）。インタビューでは，キャリアの段階を3つに分けたうえで（①1〜10年目，②11

年〜20年目，③21年目以降），マネジメント・スキルが向上したと思われるエピソードについて質問した。インタビューは半構造化面接で行われ，質問内容について自由に語ってもらう形をとった。インタビュー内容は，調査協力者の許可を得たうえでICレコーダーに録音し，同時に面接の雰囲気等についてメモを取った。調査協力者の選定基準は，薬剤部門長として優れた能力を持った人物として，中堅薬剤師（40代）数名から推薦を受けた薬剤師とした。調査協力者は，宮城県，神奈川県，静岡県，愛知県にある医療機関において薬剤部門長として勤務経験がある薬剤師であり，その内訳は大学病院3名，市立病院1名，公的病院2名であった。また，大学病院3名のうち2名は，民間病院の薬剤部門長経験者である。この予備調査をとおして，薬剤師の仕事経験については29項目，薬剤師の獲得能力・スキルについては24項目が抽出された。薬剤師の仕事経験および獲得能力・スキルの項目は，先行研究を参考にKJ法を用いて抽出し（川喜田, 1967），分類作業は，薬剤師2名と経営学研究者2名の合計4名で行った。

本調査は，経験年数11年以上の病院薬剤師を対象として，2013年11月8〜14日に質問紙法により実施された。調査対象者は，インターネット調査会社に登録している33才以上の薬剤師である。本調査は，薬剤師の熟達化プロセスを明らかにすることであり，そのため大学薬学部卒業後11年目となる33才以上を対象とした。調査に回答した病院薬剤師は169名であり，最終的にこの169名を調査対象者とした。病院薬剤師の属性は，平均年齢が47.9才（標準偏差8.8年）であり，30代が36名（21.3％），40代が59名（34.9％），50代以上が74名（43.8％）であった。対象者の性別は男性102名（60.4％），女性67名（39.6％）であり，職位は技師41名（24.3％），主任技師42名（24.9％），技師長24名（14.2％），部長級40名（23.7％），その他22名（12.9％）であった。所属病院の病床規模は，1〜99床38名（22.5％），100〜199床40名（23.7％），200〜299床20名（11.8％），300〜399床20名（11.8％），400〜499床14名（8.3％），500〜599床14名（8.3％），600床以上23名（13.6％）であり，技師長および部長級以上の管理職以上が64名と全体の約38％となった。

回答に当たり，キャリア初期の「薬剤師経験1〜10年目」と，キャリア後

期の「薬剤師経験11年目以降から現在」を区別したうえで，それぞれの時期における経験と獲得した能力について回答するよう依頼した。経験については，提示した事象にどのくらい関与したかを5段階評価（強く関与した[5]，関与した[4]，どちらとも言えない[3]，関与しなかった[2]，全く関与しなかった[1]）によって測定した。また能力については，提示した能力がどのくらい向上したかを5段階評価（向上した[5]，ある程度向上した[4]，どちらとも言えない[3]，あまり向上しなかった[2]，向上しなかった[1]）によって測定した。

　次に定量分析の結果を検証するために，病院薬剤部門長のキャリア段階における経験と獲得能力の関係について定性研究を行った。定量分析において絞り込まれた発見事実に焦点を当て，インタビュー調査により，具体的な経験学習プロセスを検討した。調査は，2013年9月から2014年1月にかけて，高いマネジメント能力を発揮している薬剤部門長および元薬剤部門長10名を対象として実施した（予備調査6名を含む）。優れた薬剤部門長の選定については，各施設における中堅薬剤師の推薦があった薬剤部門長および元薬剤部門長を対象とした。推薦者には，薬剤部門長（マネジャー）として優れていると思われる人物，あるいは病院薬剤部門長として高業績を成し遂げている人物の推薦を依頼し，ヒアリングを実施した対象者からも，薬剤部門長として定評のある人物を推薦してもらった。調査協力者は，宮城県，神奈川県，静岡県，愛知県，三重県，大阪府にある医療機関において薬剤部門長として勤務経験がある薬剤師であり，年齢は30代1名，40代3名，50代2名，60代3名，70代1名，性別は男性8名，女性2名であった。インタビューの平均時間は1人当たり約2時間，インタビュー形式は質問項目について自由に語ってもらう，半構造化面接の形をとった。インタビューの内容は，対象者の許可を得てICレコーダーに録音し，同時にフィールドノートに記録した。また可能な限り職場を見学し，インタビュー内容が不明な場合は，後日メールにて内容の確認を行った。インタビュー内容は，定量分析における発見事実と対応する事例に関して，KJ法（川喜田，1967）を用いて分析した。

6. 定量分析の結果

(1) 経験と能力の類型

　因子分析を用いて質問紙調査データを分析したところ，薬剤マネジャーの経験と能力は図表3-2のように分類することができた。経験としては，部門内外における変革や業務改善に関する「変化の創出」，組織外部との連携や研究会・勉強会への参加等に関する「越境（境界を越える経験）」，患者，医師，看護師等からのクレームに関する「クレーム経験」が抽出された。一方，能力については，薬剤に関する専門知識や管理能力に関する「テクニカルスキル」，他部門や経営層との調整や，薬剤部門の理念・方針・成果を伝える「戦略的関係構築力」，患者，医師，看護師，その他コメディカルとの「業務コミュニケーション

図表3-2　薬剤マネジャーの経験と能力の類型

経験	能力
変化の創出 　革新的な業務の導入 　部門内の業務改善 　部門横断的な業務改善 　部門内の組織体制の変革 　組織全体の変革 **越境** 　学会・研究会への参加 　研究会・勉強会の立ち上げ 　外部の薬剤師との連携 　外部における情報発信・指導的役割 **クレーム経験** 　患者さんからのクレーム 　対応が難しい患者さんとの出会い 　医師からのクレーム 　看護師からのクレーム	**テクニカルスキル** 　調剤技術 　基本的な薬剤知識 　高度な薬剤知識 　服薬指導に関する能力 　薬剤情報を収集する能力 　薬品在庫を管理する能力 **戦略的関係構築力** 　他部門との調整能力 　経営層との調整能力 　組織の理念・方針を理解・伝達する力 　薬剤部門の理念・方針を策定・伝達する力 　薬剤部門の成果をアピールする力 **業務コミュニケーション力** 　患者さんとのコミュニケーション力 　医師とのコミュニケーション力 　看護師とのコミュニケーション力 　その他コメディカルとのコミュニケーション力

力」の3つが抽出された。

(2) 共分散構造分析の結果

キャリア段階を初期（1～10年目）と後期（11年目以降）に分けたうえで，各キャリア段階における経験と能力の関係，および初期の能力と後期の経験の関係を，共分散構造分析を用いて検討した結果が図表3-3である。この結果は，次の2つの発見事実に分けて要約することができる。

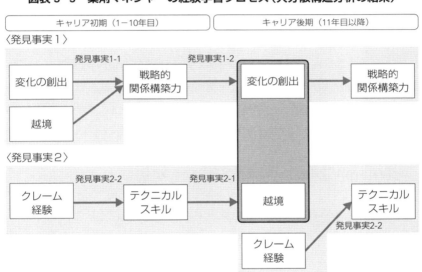

図表3-3　薬剤マネジャーの経験学習プロセス（共分散構造分析の結果）

注：業務コミュニケーションに関しては明確な結果が得られなかったため，図には掲載していない。

①発見事実1

キャリア初期に「変化の創出」や「越境」の経験を積むと，「戦略的関係構築力」の能力を獲得しやすくなり（発見事実1-1），「戦略的関係構築力」の能力を獲得している人ほどキャリア後期において「変化の創出」の経験や「越境」の経験を積みやすい傾向にある（発見事実1-2）。

つまり，薬剤師になってから10年以内に，変革・改善や組織外部と関わる

経験をしているほど，他部門や経営層と調整し，部門の方針や成果を伝える能力（戦略的関係構築力）が磨かれ，そうした力を持っている人ほど，11年目以降に変革・改善や組織外部と関わる経験を積むことができ，その結果として，さらに高度な戦略的関係構築力を身につけることができるのである。

②発見事実2

　キャリア初期において「テクニカルスキル」を獲得していると，キャリア後期に「変化の創出」や「越境」の経験を積みやすくなる（発見事実2-1）が，この「テクニカルスキル」は，「クレーム経験」を積むほど獲得しやすくなる（発見事実2-2）。

　すなわち，薬剤師になってから10年以内に，薬剤に関する専門知識や管理能力（「テクニカルスキル」）を身につけている人ほど，11年目以降に，変革・改善や組織外部との関わる経験を積みやすくなる傾向があり，そうした薬剤に関する専門知識や管理能力は，キャリア段階にかかわらず，患者，医師，看護師，コメディカルからクレームを受ける経験によって磨かれるのである。

7. 薬剤部門長へのインタビュー分析

　定量分析から導き出された主な発見事実について，病院薬剤部門長のインタビュー調査を行い，次の2点を検討する。第1に，定量分析で明らかになった関係を確認するとともに，より詳細に検討すること，第2に，病院薬剤マネジャーの経験学習プロセスを補足することである。

　上述した定量調査は，管理職を含んでいるものの，薬剤部門としての業績や評判，マネジメントについて評価されている薬剤部門長のみを対象としているわけではない。そこで，インタビュー調査データを用いて，優れた病院薬剤部門長が，経験からいかにマネジメント能力を獲得したのかを定性的に検討した。

　なお，インタビュー内容を紹介する際には，意味がとりづらい話し言葉は内容を変えずに可能な範囲で修正している。

(1) 発見事実1に関する学習プロセス

まず、発見事実1に関する事例を分析する。すなわち、定量分析では、キャリア初期において、変化の創出や越境の経験を積むと、戦略的関係構築の能力を獲得しやすくなり（発見事実1-1）、戦略的関係構築力を獲得している人ほどキャリア後期において、変化の創出経験や越境経験を積みやすい（発見事実1-2）ことが明らかになったが、以下ではこれらの発見事実に合致する事例を検討し、学習プロセスを示す。

①「変化の創出」から「戦略的関係構築力」を学ぶ（キャリア初期）

インタビューでは、キャリア初期における「変化の創出」経験として、薬剤費削減のプロジェクトや革新的な業務導入、組織の変革といった事例が語られた。薬剤部門長は、これらの経験から薬剤部門のアピールや他部門長との調整能力、経営層との調整能力を含む「戦略的関係構築力」を獲得していた。

◇事例1：薬剤費削減プロジェクトをとおした協働・提案力の獲得

この事例は、薬剤部門長が他部門と協働した業務改革の経験をとおして、薬剤部門の強みである薬学的アプローチから部門の存在意義を示し、戦略的関係構築力を獲得したことを示している。

A氏は、当時大学病院に勤務し、血液内科の担当薬剤師として病棟で薬剤管理指導業務を行っていた。担当していた血液内科は、病院に対して利益貢献ができておらず肩身の狭い立場にあったという。その理由は、第1に平均在院日数が長く、第2に標的臓器が血液であるために使用する薬剤が多く、かつ高額であり、第3に白血球が300〜400個／mm[1]に落ちるために感染症防止の抗菌剤使用量が多く、抗がん剤の副作用防止の薬剤費が高額になってしまうことであった。それゆえ、A氏は血液内科と協働して利益貢献をするためにはどうすれば良いのか、これまでの処方内容など業務を見直し、ある薬剤の使用を医

---

[1] 白血球数（WBC）は一般的に正常値が4000〜9000個／mm^{3}とされている（安藤, 1994）。

師に提案したとコメントしている。

　先生が「どんな魔法を使うのか」と聞いてきたが，「こんな魔法はどうですか」と提案した。治療薬の投与はレジメン[2]のとおりにするのだけど，（副作用が）結構きつい組み合わせで，（副作用防止のために）内服で必ず出てくるステロイド，抗菌剤，抗真菌薬，H2ブロッカー[3]，この4つが黄金の組み合わせ。何を使うかはその先生による。（その際に最も注意が必要なのが）ステロイドを使っているから，一番怖いのが消化管出血で，しかも血小板まで落ちているから，一度消化管出血すると大量吐血で，まずいことがあるので，H2（ブロッカー）が必ず出てくる。ガスター，ザンタック，タガメットと当時3つあった。当時はPPI[4]が出ていない時代。その際，気がついたのはH2（ブロッカー）の何を使っているかだけで，抗菌薬の使用量が違ってきていると気がついた。

　A氏は，抗菌剤の使用量削減には，H2ブロッカーという薬剤の種類が決め手になると考えた。しかし，薬品の作用や使用方法などが記載された添付文書には，抗菌薬の削減効果は記載されていなかった。そこで，A氏は文献調査を開始し，世界でも評価が高い医学雑誌から，タガメットという医薬品が，がん患者の生存率を上げるなど抗がん作用ともとれる報告を発見した。薬品が処方された患者の抗菌薬使用量を調査したところ，A氏はこの医薬品が処方された患者群では，抗菌薬の量がほかのH2ブロッカーを処方された群と比較して3分の1程度になっていることを突き止め，医師に提案したと言う。こうした薬学的裏付けによって，その後一時的に血液内科のH2ブロッカーの使用がタガメットになった。

　この経験から，A氏は薬剤師が持つ薬剤の知識を用いて病院経営に貢献できることを学び，病院全体の経営構造を知りたくなったと述べている。また，この処方提案は，病棟における医薬品費の劇的な軽減をもたらし，病院全体の医

---

[2] がん治療の計画書のこと。治療薬の種類，投与量，時間などが記載されている。
[3] ヒスタミンH2受容体拮抗薬のこと。消化器系に作用する薬剤の一種。
[4] PPIはプロトンポンプ阻害薬のこと。消化器系に作用する薬剤の一種。

薬品費の削減に貢献している。この事例は，病棟での薬剤指導管理業務において，薬剤師が医師と協働しながら，薬剤師の専門性を発揮し，薬剤部門の成果を病院の経営層に示した事例である。A氏は，服薬指導業務を通じて，医師や看護師など他部門の専門家に対して専門知識を活用しながらエビデンスを示し，薬学的アピールにより信頼を得ていた。一方，病院の経営層に対しては，薬品の適正使用によって得られる経済効果を数値で示し，薬剤師の貢献をアピールしていた。つまり，A氏は，キャリア初期の病棟薬剤業務の経験から，専門家として医療の質向上に貢献し薬剤部門の存在意義をアピールする能力である戦略的関係構築力を獲得していたと考えられる。

◇**事例2：組織変革への参加と他職種マネジメント力の強化**
　次に，当時勤務していた病院が変革期を迎え，キャリアの初期において薬剤師から事務部門へ異動を命じられた事例を紹介する。薬剤師の仕事が楽しく，毎日充実していたD氏は，突然，事務部長補佐に任命されたという。この経験から，D氏は全体を俯瞰して考えることや自ら動くことで周囲の人材を理解し，調整する能力を獲得していた。薬剤師の業務から離れ，経理，人事，総務，レセプトを作成することはしなかったが，そのほかの医療事務に関する業務は全部行ったとD氏は述べている。
　また，病院では薬剤部門の役割が大きく変化し，院外処方箋化のプロジェクトが同時に進められることになり，病院の薬剤師が12名から4名に削減された。組織再編と院外処方箋化のタイミングで，D氏は，先輩薬剤師と一緒に管理部門への移動となるが，この時期が一番辛かったと話している。
　組織が変更するなか，2年後には，管理部長の役職に就くことになるが，D氏が一番辛かったのは自分とは違う職種，異職種のマネジメントを行うことの難しさであったという。

　　　一番辛かったのは，やっぱり自分とは違う職種，異職種のマネジメントをしなきゃいけないじゃないですか。たとえば看護師のマネジメント，医療事務のマネジメント，それからあとは，強いて言えば，医師のマネジメントまでしなきゃいけな

いじゃないですか。それが一番やっぱり苦しかったです。

このときの経験から，D氏は病院全体の組織を俯瞰して考えること，自分が動かないと人が動かないことを学び，周囲の部門のスタッフを理解し調整する能力を獲得している。また，D氏は看護部門から患者中心の医療を学ぶことで視野が広がり，その後の業務において，専門知識を伝えるだけでなく，患者中心に薬剤を考える機会を得たと語っている。

② 「越境経験」から「戦略的関係構築力」を学ぶ(キャリア初期)
　キャリア初期における越境経験から戦略的関係構築力を獲得したケースとして，所属学会での委員を経験し，業界の情報を得るなど広い視野で薬剤部門を捉える能力を獲得していた事例を紹介する。

◇事例3：学会での指導的役割と幅広い視点の獲得
　薬剤部に入職して4年目に，B氏は県の病院薬剤会の学術員となり，これ以降，県の病院薬剤師会の仕事に関わることになった。後に日本病院薬剤師会の評議員も兼ね，中央の情報も入ってくるようになったという。たとえば，薬剤師の置かれている立場など環境の変化に対して薬剤師が今後どのようにすべきかという情報もいち早く流れてくるようになったとB氏は話している。

　　僕もやはり若いころから県病薬（県の病院薬剤師会）の学術（担当）として出させてもらっていたから。学術部員として初代薬局長，O先生が「おまえ行け，勉強してこい」と言って，本当に4年目か5年目ぐらいから学術部員としてずっとやっていました。それがやっぱり1つ大きかったですよね。だからいま考えれば初代のO先生が僕に対する期待というか，そういうのがあったから早めに外へ出したのかな。

　キャリアの早い段階で，外部組織の一員として認められ，B氏は，次第により上位の外部組織で中心的に活躍していった。つまり，この薬剤部門長は，初

期の越境経験から所属病院内では得られなかった外部情報の探索機会に恵まれ，より広い視点から組織の理念や方針，部門の理念や方針を理解する戦略的関係構築力を獲得していったと考えられる。

③「変化の創出」から「戦略的関係構築力」を学ぶ（キャリア後期）

　インタビューを実施した10名すべての薬剤部門長は，キャリア後期に「変化の創出」を経験していた。とくに，複数の病院を異動している対象者は，薬剤部門の立て直しのミッションを経営層から依頼された例が多く，周囲と調整しながら当該ミッションを達成する傾向にあった。

◇事例4：薬剤部門における業務改革と新しい方向性の模索

　院外処方箋化のプロジェクトにおいて，当時前出（事例3）のB氏の上司であったG氏[5]は，部門長として院外処方箋導入後の薬剤部門の方向性を打ち出す必要性に迫られた。

　この院外処方箋化の取り組みによって，各方面から注目が集まり取材が殺到する。G氏は，病院経営層が，処方箋の院外化にともない，単純に薬剤師の人員削減可能と考えていたのではないかと語っている。そこで，院外処方箋化によって得られた外来調剤の時間を，新規の業務にシフトさせたという。通常は，病棟における入院患者を対象とした服薬指導など薬剤指導管理業務を行うことが多いが，これらにプラスして，注射薬の混合業務（混注）がスタートしたのである。また，G氏によれば，B氏をはじめとする若手の薬剤師が業務改善をいろいろ考えていたため，部門長として応援するようにマネジメントを考えた。つまり，若手・中堅薬剤師を中心としたモチベーションが高い人材を活用するため，環境整備に着手しながら，革新的な業務を次々と導入し，経営層へどのようにアピールしたら良いのかを常に思考していたのである。

---

[5] G氏は，B氏の上司であり，当時，薬剤部門長の役職にあった。また，B氏は若手の薬剤師として同じ病院に勤務していた。

常に，若い人たちが，「このままではいけないだろう」と薬剤師の業務を考えていました。大事なのは，マネジメントにいる立場の者は，職場のなかにそういうことを考える薬剤師の存在や彼女らからの突き上げを大切にして，前に進まないといけないということ。中堅から若手の人たちが言ってくることを，それができるようにする，応援することがあっても良いかなと思いました。

　この事例は，革新的な業務変革を契機に，薬剤部門の方向性を模索し，モチベーションの高い人材を支援しながら，経営層や他部門に対して薬剤部門の成果をアピールしたケースであり，部門の存在意義を明確にさせるなど戦略的関係構築力を獲得したことを示唆するものである。

◇**事例5：看護部門を巻き込んだ変革と薬剤部門の認知度アップ**
　次に，看護部門からの業務改革提案を受ける経験から，薬剤部門の成果を経営層や組織全体にアピールするなど戦略的関係構築力を獲得した事例を紹介する。インタビューにおいて，多くの薬剤部門長は，看護師との関係の重要性を強調していたが，H氏も，パワーを持つ看護部門との連携が必要であると語っている。H氏は，当時の所属部門における看護部門のパワーを薬剤部門の支援に向けることができれば，薬剤部門の存在意義を，より経営層に認めてもらえたかもしれないと話している。

　（A大学で）衝突があったというわけではなく，もっとうまくいったんだろうなと思います。もっと薬剤部をね。やっぱりA大学病院の薬剤部というのは，絶対なければならない，いないといけない，薬剤師は重要な人だから大切にしなあかんとか，病院長・看護部門長のサポートがあると認識度が高まるじゃない。薬剤師の業務は見えないからね。患者からも見えないし。800～1,000人の看護師がいるでしょ，その人たちを味方につけることができなかったんです。

　その失敗から，キャリアの後期において，別の病院の薬剤部門長として異動したときには，この教訓を活用したという。そして，H氏は看護部からの業務

改革に関する提案を積極的に受け入れ，コミュニケーションを円滑にし，看護部門長と信頼関係を築きながら，交渉や調整を行っている．H氏はパワーを持つ看護部門と何でも言い合える関係を構築し，協力体制を構築したことで，看護部門から評価を受け，薬剤部門の存在を周囲に認めさせていったのである．つまり，この薬剤部門長は，パワーを持つ看護部門と協働する経験をとおして，間接的に薬剤部門をアピールする戦略的関係構築力を獲得したと考えられる．

④キャリア初期の「戦略的関係構築力」がキャリア後期の「変化の創出」につながる

定量分析においては，初期に戦略的関係構築力を獲得するほど，後期における変化の創出経験が積みやすいことが明らかになった．本章の事例においても，薬剤部門長はキャリア初期に部門内のさまざまな業務を経験することにより，部門全体を把握し，経営層や他部門との調整役を担っていることが示された．つまり，初期における戦略的関係構築力の獲得が，上司や経営層からの高評価につながり，キャリア後期に業務改革プロジェクトなど変化の創出経験を積みやすくしていると言える．

◇**事例6：部門調整力と薬剤部門の変革**

この事例では，薬剤部門内の業務異動が少ない大学病院において，I氏がさまざまな薬剤部門内での業務を経験する機会に恵まれ，部門内で最も薬剤業務に精通した人物となり，経営層をはじめとした他部門との調整や交渉窓口役を担ったことが語られている．その後，こうした調整や交渉力を獲得したI氏は，キャリアの後期において，経営層からの抜擢を受け，部門を代表する立場となり，薬剤部門の業務改革のリーダーとして活躍している．I氏は以下のように述べている．

結局，そこで薬剤部のなかのいろいろな仕事，だいたい全部回って，経験してないのは病棟ぐらいやなという感じに，7，8年目でなったんです，多分．そうする

と，調剤グループに残っている人たちはこういう問題点があるとか，DI[6]のメンバーはこんな問題点があるとか，注射補給にはこういう問題があるとか，業務量はこんなんだとか，だんだん身についてくるわけですよね。（いろいろな部署を）回ってるので。全部回った経験のある薬剤師が，多分3人か4人しかいないんですよ。先輩も含めて。

その後，薬剤部門内の問題点を指摘できるようになり，部門の変革時期と重なったため，I氏は，薬剤部門のルール策定に関わることになる。そして，業務手順書をつくる段階では自らの発言が薬剤部門のルールになったとコメントしている。キャリアの初期にさまざまな薬剤業務経験から，I氏は，部門全体を把握し，経営層や周囲との調整役を担うなど戦略的関係構築力を獲得していた。このキャリア初期の戦略的関係構築力の獲得によって，I氏はキャリアの後期において部門長として抜擢を受け，さまざまな業務改革の最終責任者として部門を率いるなど変化の創出経験を積むことができたと言える。

⑤キャリア初期の「戦略的関係構築力」がキャリア後期における「越境」経験につながる

定量分析においては，初期に戦略的関係構築力を獲得するほど，後期における越境経験が積みやすいことが明らかになった。インタビュー調査においても，キャリアの初期に，経営層や他部門との調整力など戦略的関係構築力を獲得することで，キャリアの後期に他病院の薬剤部門長に抜擢され，越境経験を積んでいるケースが存在した。

◇**事例7：事務部門で調整能力を獲得した後に他病院へ異動**

キャリア初期において病院薬剤師から事務部門に異動したD氏は，キャリア後期において薬剤部門長になっている。とくにD氏は薬剤部門から事務部門への異動で経営層や他部門との調整の経験を通じて戦略的関係構築力を獲得し，

---

[6] Drug Information の略。薬品情報のことを指す。薬剤部門内の1つのセクションであり，院内取り扱い医薬品についての情報はもちろん，すべての薬剤に関する情報が取り扱われる。院内の医療関係者のための薬剤に関する相談窓口の役割を果たす。

キャリアの後期において同病院の薬剤部門長だけでなく，40代半ばで大学病院薬剤部門長に抜擢された。大学病院の薬剤部門長への抜擢は，既存の組織を離れ，経営層や外部との連携や研究指導，あるいは外部における情報発信・指導的役割を強く求められるため，ここでは越境経験の事例として位置づけた。

　もう毎日辛かったですね。言っても聞いてもらえないんですよ。だから，たとえば病院から，「こういうことやったらどうだ」とか，「こういうこと考えなさい」とか言われて，自分なりに考えて組織のなかに提案をしていくんですけど，誰にも協力してもらえないという……。

　キャリアの初期から後期までの10年前後の期間で，D氏は薬剤師から事務部門長補佐という立場になり，病院を幅広い視点で見る機会に恵まれるが，薬剤師の仕事から離れることに相当抵抗感があったと語っている。また，他部門から寄せられるクレーム処理を行うため，関連部門に協力願いをするが賛同を得られないという経験もしている。ある日，D氏は病院上層部から外来の患者の待ち時間に対する工夫を指示され，待合室に観葉植物や熱帯魚の水槽などの導入を提案したという。しかし，生き物は手入れが必要なため，看護部に2日に1回は手伝ってほしいと要請したが，協力は得られなかった。そこで，D氏は自ら率先し，朝早く出勤して水槽のチェックと水遣りを担当したという。そうすると徐々に協力者が現れたとコメントしている。

　そこで結論なんですけど，自分のマネジメントの結論なんですけど，人に言うだけじゃ駄目だと。やっぱり自分が率先して，まず見本を見せるじゃないけど，やるということがやっぱり大事かなと思ったんですよ。

　この事例は，マネジャーはさまざまなことを皆に提案していくことも大切だが，人を動かすためには自らも動くという自律性や自発性が重要であることを示している。D氏は，この経験を活かして，看護部門・事務部門の業務内容をはじめとした他部門の業務理解と信頼の獲得をしていた。つまり，薬剤部門長

は，自律的かつ自発的に行動し，他部門からの信頼を獲得することで，部門を越えて活動することができたのである。

（2）発見事実2に関する事例

次に発見事実2に関する事例を分析する。定量分析の結果，キャリア初期においてテクニカルスキルを獲得していると，キャリア後期に変革の創出や越境の経験が積みやすくなり（発見事実2-1），このテクニカルスキルは，クレームを受ける経験を積むほど獲得されやすい（発見事実2-2）ことが明らかになった。以下ではこれらの発見事実に合致する事例を分析する。

①キャリア初期の「テクニカルスキル」がキャリア後期の「変化の創出」につながる

インタビュー調査では，キャリア初期に獲得された，調剤のスピードや正確性，豊富な薬剤知識などテクニカルスキルに関する能力が，キャリア後期において変化の創出や越境経験を積むことを可能にしていることが示された。

◇事例8：薬剤の専門知識習得とプロジェクトチームへの参加

キャリアの初期において，J氏は薬剤専門知識や技術に関して，他者よりも積極的に取り組み，周りからの評価が高かったという。

> 前職の病院に私が入ったときには院外処方に出しているので，そんなに枚数はなかったんですよ。そんなところから1日で1,000枚のところに行って，本当にやれるんかというのがあって。実際行ってみたらもうみんなすごいスピードで調剤してるんですよ。こんなん本当についていけるのかなって思って，これはいかんと思って，そっからもう必死でしたね。だからこの人らに追いつかないかん，追い越さないといけない。ただ出すだけじゃダメじゃないですか。やっぱりちゃんと処方見て。そこまで行きつくのに何年，やっぱり3年ぐらいかかりました。もうひたすら処方箋見たり。業務終わってからも見たりしました。（薬剤を調合し）出すのはもう本当慣れみたいなものなので，場所だけはしっかり覚えなければならない。最後には僕，本当もう，めっちゃたまってくるところを，1人で全部，ぶわーって片づけた

りしてました。

　キャリアの初期に，ある医師から，「これからの感染症には薬剤師が欠かせない」と説得され，J氏は，薬剤部門を代表する立場で，院内で感染症チームの立ち上げに参加し，中心的な役割を果たすことになった。しかし，プロジェクトを遂行する段階で，医師からの批判に遭うこともあり，J氏は薬剤部門の専門家として間違ったことを伝えてはいけないと考え，納得のいく説明方法について事前に準備し，説得にあたったという。また，業務を行うためには，認定資格が必要であり，資格取得に向けて必死に勉強したが，この一連の取り組みついて，J氏は所属組織の教授から高い評価を受け，キャリアの後期に薬剤部門長に抜擢されている。この事例は，キャリア初期において高度なテクニカルスキルを獲得していることが周囲に評価され，キャリア後期おいて薬剤部門長として変化の創出経験を積むことを可能にしていることを示している。

②キャリア初期の「テクニカルスキル」がキャリア後期の「越境」経験につながる
　定量分析では，初期にテクニカルスキルを獲得するほど，後期の越境経験が積みやすいことが明らかになった。次の事例では，キャリア初期において薬剤師の基本技術である調剤技術や薬剤に関する知識を高いレベルで獲得している人材は，上司や業界から評判を得られ，外部薬剤部門との連携プロジェクトの中心人物として抜擢される，あるいは薬剤部門の改革者として外部の病院における薬剤部門長として抜擢を受けるといった，越境の経験を積んでいることが示された。

◇事例9：新規業務実施のための知識・技術の獲得と上司の評価
　E氏は，キャリア初期においてTDM（薬物治療モニタリング）などを行うため，外部の機関に自ら志願して通い，高度なテクニカルスキルを身につけており，上司からも高い評価を受けていた。次のコメントにあるように，E氏のもとには，主任を飛び越え，薬剤部門長から仕事の指示や依頼がきていたという。

自分は若いころから「常に特別扱いされている」と当時の主任さんからやっかみで見られていたと思うんです。だから，仕事も主任を跳び越えて部長からとか，副部長から仕事がくるわけです。だから，自分も飛び越して部長や副部長に上申していろんなことを進めていました。

　E氏が勤務する病院は，全国に関連病院があり，管理職に昇進するためには他病院での経験が必要であった。その後，E氏は中部地区を離れ，キャリア後期において関東や東北地区において管理職や薬剤部門長として昇進し，引き続き他部門や外部と連携をとりながら，優れた薬剤部門長として役割を果たしている。

◇**事例10：薬剤専門知識の獲得と他組織への越境経験**
　事例7で紹介したようにD氏は，初期に薬の知識を誰よりも熱心に学び，自信がついてきたころに研究会や学会に参加し，これがきっかけとなり，キャリアの初期において，大学院に進学し，業務と並行で研究を行った。初期における薬剤の専門知識の獲得について，D氏は，以下のようにコメントしている。

　実は，僕，就職してからずっと自分で勉強してたんですけど，薬のね。毎日うちへ帰って。自分で言うのもなんですけど僕，卒業して，就職した日から毎日ノートに，その日，触った薬を全部ノートに書きためてたんですよね。どんな薬で，どんな作用があって。自分が今日，触って，記憶にある薬を全部書きためていったんですよね，ずっと。たとえば，胃薬なら胃薬，降圧剤なら降圧剤とか，血糖降下剤とかという分類に，ジャンルに分けて，自分が触った薬をその分野ごとに全部まとめていったんですよね。当然，名前，商品名，一般名，それから用法，用量，効能，効果。あとは作用機序，副作用，相互作用のある薬剤ね。本を調べて。そういう勉強を3年間やりました。だいたいそれで自信がついたんですよ。

　キャリアの後期においては学位も取得し，D氏は40代半ばで中規模の病院

薬剤部門長から大学病院の薬剤部長兼教授として抜擢を受けた。つまり、キャリアの初期において高度なテクニカルスキルを習得することで、D氏は上司や周囲から評価を受け、大学病院の薬剤部門長として新しい薬剤部門を率いるという越境経験を積むことができたと解釈できる。

③「クレーム経験」から「テクニカルスキル」を学ぶ（キャリア初期）

インタビュー調査において、薬剤部門長のクレーム経験は、患者との関係よりも医師・看護部門など院内のコンフリクトに関するものが多かった。薬剤師は、患者の薬物治療に関する専門家であるため、患者との関係については、キャリアスタート時点から意識的に取り組んでいることが多く、コンフリクトは少ない傾向にある。薬剤部門長は、他職種からクレームを受けた経験から、専門知識を活用し、コミュニケーションを通じて関連部門と調整することで問題解決を行っていた。とくに医師からのクレームに対しては、薬剤の専門知識を活用しながら対処しており、この経験をとおして、高度な薬剤の知識を獲得できたと語る薬剤部門長が多かった。

◇**事例11：医師・看護師からのクレームと服薬指導**

I氏の勤務する病院では、当時病棟における薬剤管理指導の業務が進まず、経営層は薬剤部に対して、早期に業務を開始するよう要望した。しかし、業務開始当初は医師や看護師からクレームともとれる扱いを受けたと話している。そこでI氏は、医師や看護師から受けたクレームから、薬剤部門の存在をどのようにアピールしたら良いのかを考えたと語っている。I氏ら若手薬剤師は、病棟へ行っても医師や看護師から受け入れてもらえないもどかしい気持ちを薬剤部門の部門長に相談したところ、医師でもある当時の部門長は次のように問いかけたと述べている。

> （部門長は）自分たちの仕事のアピールの仕方が足りない。「君たちに何ができるか」ということが相手には伝わっていない。何かメリットがないと、受け入れてくれるわけがないという話になりました。（中略）そこで病棟の看護師の仕事を見て、

「ここは薬剤師がこういうことができます」ということを見せていくようになりました。

　部門長から薬剤師のメリットを示すことの重要性を助言され，I氏は，薬剤師に採用されたときのことを思い出し，自分ができる分野を探すこと，そして相手のニーズを理解することが重要であると考え，若手の薬剤師とともに病棟薬剤業務を行ったとコメントしている。
　この事例は，医師や看護師からのクレームを受けた経験をとおして，薬剤師が本来得意とする薬剤の視点から，相手のニーズを探り，問題解決を行うことが重要であることを学んだケースである。また，I氏は，相手の立場に立ち，相手が望むことと自らの専門性を対比させながら業務に落とし込むという対応をとっていた。

◇**事例 12：医師からのクレームと薬剤専門知識の獲得**
　次に，薬剤師の業務内容について医師からクレームを受けた事例を検討する。医師に対してデータやエビデンスに基づいた提案をすることが重要であり，この裏付けがあれば，医者は必ず耳を傾けてくれるとB氏は語っている。

　　ある医者から，「薬剤師さんってほんとに責任がないよね」ということを言われたんですよ。たとえばね，簡単に言うじゃない。「この薬を増やしてください」とかね。「最後に指示出すのは俺だ」と（医師），それでもし病状が悪化した場合に，医者は全部責任をとるわけだ。「薬剤師さんってそこまで責任とれるの」ということを，いみじくも言われていたんですよね。要するに，薬剤師として責任のとれる提案をしなさいということね。ただ思い付きで言うんじゃなくて，もう提案するにはちゃんとした裏づけがある，エビデンスがあることを言っていかないと，やはり信頼は勝ち取れないよということ。

　キャリア初期において，B氏は，他職種からクレームを受ける経験をとおして，単にコミュニケーションで薬剤の専門知識を伝えるだけでなく，エビデン

スに基づいた提案を行い，責任を持つことで医師との信頼を勝ちとっていくことを学んだのである。

④「越境」経験から「戦略的関係構築力」を学ぶ（キャリア後期）

　定量分析においては指摘されなかったものの，インタビュー調査においては，キャリア後期における越境経験が戦略的関係構築力の獲得につながっている事例が数多く見られた。とくに，優秀な薬剤部門長は病院内での変革にとどまらず，自部門を越えて，リーダーシップを発揮する経験を積み，周囲と協働しながらプロジェクトを進めていた。また，後期における越境経験では，専門分野の薬剤知識を活用するという専門家の視点で活動が行われ，信頼関係を構築しながら，周囲と調整や交渉が進められていた。

◇事例13：研究会立ち上げと薬剤師の育成と方向づけ

　次に紹介するF氏は，自部門の薬剤部員および他病院の薬剤師を巻き込んだ勉強会を立ち上げ，外部薬剤師の指導的役割を担う経験から，リーダーとして他者と調整を行うなど戦略的関係構築力を獲得していた。立ち上げ時のエピソードについて，F氏は次のように振り返っている。

　　そのオンコロジー[7]研究会というのは，要するに底辺の教育，その発表があるので見てくださるとわかるけど，そのころの薬剤師というのは皆，すごい不満ばかりだったんです。何をやっていいかわかんないし，勉強会はあるけど全然身につかないじゃないか。こんなことをやっていて，いいんだろうかという人が多くて，自分たちがやれることをやりたいということだったので。参加型の勉強会を始めて，いろいろな疑問をみんなで解決する，それで論文を作る，学会発表するということをやりました。

　F氏が立ち上げたのは，意欲のある若手のための勉強会であったが，その

---
[7] Oncology. 腫瘍学のことを指す。がんなどの腫瘍の原因や治療を研究する学問分野。

きっかけとなった出来事は，当時A県の病院薬剤師会会長であったN大の薬剤部長から，がん専門の薬剤師を日本で広めるための研究会の立ち上げを依頼されたことであったと言う。F氏によれば，日ごろからの学会発表やさまざまな会での発言内容，がん患者に関する発表を聞いて自分に白羽の矢が立ったのではないかと話している。その後，自病院の薬剤部門だけでなく，指導者が不在で悩んでいる薬剤師，あるいは不満を持っている薬剤師のために，F氏は勉強会を立ち上げた。この勉強会は多くの薬剤師が参加し，100名を超える組織となった。F氏は，部門を越えた権威の及ばない先で，リーダーシップを発揮し，周囲と調整しながら，病院内参加メンバーだけでなく，病院外のメンバーもまとめていた。

◇**事例14：救援活動と多職種調整**

次の事例は，東日本大震災の救援活動を通じて，外部の薬剤師と連携し，医師やそのほかの医療従事者，関係者と調整しながら業務を行うなど戦略的関係構築力を獲得したことを示すものである。

I氏は，医師会からの要請で，東日本大震災の救援活動に参加した。所属のチームを越えて，救援活動に派遣されている所属も知らない医療メンバーと協働作業を行うなかで，I氏は，自然とリーダーとして活躍することになった。震災地では，医薬品が山のように届いていたものの，それら薬品の整理がされていないため，どういった効能を持つ薬品なのかがわからない状況であった。そこでI氏は薬品の整理を行い，患者の訴える医薬品を特定し，仮に同じ薬剤がなければ，後発品の提案をしていったと言う。震災現場では，被災者や救援部隊の言葉の訛りに苦労しつつ，患者が話すわずかな薬剤情報を頼りに，I氏は薬品を特定する作業を率先して進めた結果，I氏はいつの間にか救援場所の薬局長になっていたと述べている。震災の救援チームという非日常的な場面においても，I氏は薬剤の専門家の立場で，初対面の薬剤師をはじめ，そのほかの医療従事者からも頼りにされ，臨時の薬剤部門のリーダーとして活躍し，医師や看護師と調整しながら業務に当たることで戦略的関係構築力を獲得したと考えられる。

◇**事例 15：海外薬剤師との交流と薬剤部門の質向上**

　最後に，薬剤教育プロジェクトという組織を越えた新規プロジェクトの立ち上げ経験から，院内や院外の関係者と交渉や調整をする能力を獲得した事例を紹介する。C 氏は，厚生労働省からの研究補助金で，病院薬剤師の海外病院ベッドサイドでの研修や，指導および講演のためアメリカなどの臨床薬剤師を招聘するプロジェクトに参画し，日本の病院に対して海外の臨床薬学の導入を行った。また，発展途上国ヤングリーダーズ・プログラム（2003-2007 年）にも参画し，これらのプログラムのリーダー格となっていたため，自分の病院に毎年 2 名，計 20 名の優秀なアメリカの薬剤師を呼ぶことができたと言う。これまで培ってきた信頼をもとに，C 氏は大掛かりな薬剤師教育プロジェクトを立ち上げ，自病院の薬剤師だけでなく，県内，広くは国内外の薬剤師教育に関わった。こうした薬剤師育成の経験を通じて C 氏は，部門の成果が上がるよう薬剤師の質の向上を促し，経営層に向けた部門アピールにも成功するなど戦略的関係構築力を獲得したと考えられる。

8. 考察

　本研究は，「異なるキャリア段階において，薬剤マネジャーはどのような経験から，いかなる能力を獲得しているのか」「薬剤マネジャーがキャリア初期において獲得した能力は，キャリア後期の経験にどのような形で影響を与えているのか」というリサーチクエスチョンを，定量的・定性的データによって検討してきた。

(1) 発見事実

　分析の結果，次の 5 点が明らかになった。第 1 に，キャリア初期に「変化の創出」や「越境」の経験を積むと，「戦略的関係構築力」の能力を獲得しやすいことが明らかになった。これは，変化の創出の過程において，薬剤師としての専門性を発揮しながら他職種と協働する機会に恵まれ，越境経験によって，外部組織から部門を俯瞰したり，情報を収集することにより，他部門や他職種と

の調整能力や薬剤部門の方針・成果を伝達する能力である戦略的関係構築力が身に着くと解釈できる。

　第2に,「戦略的関係構築力」の能力を獲得している人ほどキャリア後期において「変化の創出」の経験や「越境」の経験を積みやすい傾向にあった。経験11年目以降における変化の創出は, 部門を代表するような変革プロジェクトの責任者を担うことが多く, 経営層の要望を受け入れるだけでなく, 他部門と調整や協働する能力が求められる。こうした戦略的関係構築力をキャリアの初期に獲得している人材は, 上司から高い評価を受け, キャリア後期に変化の創出経験を積むことができると考えられる。同様に, 調整力を獲得している自律的な人材は, 業界から評価され, キャリア後期において広範囲にわたる外部人材と連携する越境経験を積みやすくなると解釈できる。

　第3に, キャリア初期において「テクニカルスキル」を獲得していると, キャリア後期に「変化の創出」や「越境」の経験を積みやすくなる傾向が見られた。これは, 優れた薬剤知識や調剤技術を有する薬剤師は, 他職種から評価され, 専門知識が要求される変革プロジェクトのメンバーとして抜擢されやすくなるためであると考えられる。また, 難易度の高い外部薬局との連携プロジェクトや, 外部の薬剤部門改革の先導役を果たすためにも, 高度な薬剤知識やスキルが必要になることから,「テクニカルスキル→越境経験」という関係が見られたと解釈できる。

　第4に, そうした「テクニカルスキル」は,「クレーム経験」をとおして獲得されることが多いという結果が得られた。これは, クレームに対処するためには, 自らの薬剤知識をベースにして, 他職種にエビデンスを提示し, 説明・説得することが求められ, その結果として薬剤師としてのテクニカルスキルが向上するためであると考えられる。

　最後に, 定量分析においては指摘されなかったものの, インタビュー調査においては, キャリア後期においても, 越境経験が, 戦略的関係構築力を促進していることが示された。指揮命令系統という組織を超えたパワーが及ばない権威外の組織で活動することをとおして, 他者をまとめる調整力や部門をアピールする能力が養われると解釈することが可能である。

（2）理論的意義

　以上の発見事実には，次の2つの理論的意義があると考えられる。第1に，先行研究において，変化の創出や越境に関する経験は「発達的挑戦」と呼ばれ，マネジャーの成長を促すことが明らかになっており（DeRue and Wellman, 2009；McCall, 1998；McCauley et al., 1994；Ohlott, 1998），また，優れたマネジャーほどアジェンダ設定やネットワーク構築を含む戦略的関係構築力を持っていることが指摘されている（金井，1991；Kotter, 1982）。しかし，発達的挑戦と戦略的関係構築力の関係については十分に検討されてこなかった。この点に関して本研究は，薬剤師が「発達的挑戦」の経験をとおして「戦略的関係構築力」すること，さらに，「戦略的関係構築力」を持つことで「発達的挑戦」の経験を積めるチャンスが得られやすくなることを示したという点に理論的意義がある。すなわち，これら2つの要因は密接に結びつき，相互に規定しあいながらマネジャーの成長を促進しているのである。

　第2の理論的貢献は，薬剤マネジャーのようなエキスパート・マネジャーにとって，テクニカルスキルの獲得が「発達的挑戦」を積むうえで必須であり，そのためにはクレーム経験から学ぶ必要があるという点を発見したことである。これまでの管理者行動研究では，テクニカルスキルの重要度は軽視される傾向にあり（Dierdorff et al., 2009；Mumford et al., 2007；Pavett and Lau, 1985；Scullen et al., 2003），どのような経験がテクニカルスキルの獲得を促すかについては検討されていなかった。また，クレーム経験は，「発達的挑戦」の経験（DeRue and Wellman, 2009；McCall, 1998；McCauley et al., 1994；Ohlott, 1998）に含まれていない。すなわち，本研究は，薬剤部門長のようなエキスパートマネジャーの成長において「クレーム経験→テクニカルスキルの獲得→発達的挑戦」という経験学習プロセスが重要になることを示した点に理論的な意義があると考えられる。

（3）実践へのアドバイス

　次に，発見事実と理論的インプリケーションをもとに，実践へのアドバイス

について述べたい。第1に，上司は戦略的関係構築力をキャリアの早期に獲得できるよう「変革の創出」や「越境」の経験を部下に積ませるべきである。その際，変化の創出経験や越境経験を積ませても，必ずしも戦略的関係構築力が獲得できるとは限らないため，支援体制を組織的に構築する必要があるだろう。具体的には，上司は部下に，変革や越境の経験が戦略的関係構築力の獲得につながることを教え，早期にこれらの経験が積めるよう育成計画を策定することが重要である。そのうえで，この育成計画に従ってキャリア初期に部下を部門内や部門外の変革プロジェクトに配置する，あるいは越境の経験を積ませるため，定期的に学会や研究会への参加を促し，専門学位の取得ができるよう配慮すべきである。

第2に，クレーム経験をとおして学んだテクニカルスキルが，後期における発達的挑戦の基盤になることから，不可避的に生じるクレームを受ける経験から学習できる体制を整えることが必要である。具体的には，上司は部下に対してクレームを受ける経験から専門的な知識が獲得できることを明確に伝え，部下がクレームを受けた場合には，相談窓口となり効果的に専門的アドバイスを提供する体制を構築する必要がある。また，先輩や同僚などにも相談できるよう，たとえばメンター制を導入し，部下がネガティブな経験に対して前向きに取り組める支援体制を構築することが重要になる。また，クレームを受ける経験は，主として薬剤に関する内容が想定されるが，こうしたネガティブな経験に対応できるよう，継続的に病院内で専門知識獲得のための研修会を実施するべきである。

(4) 今後の課題

最後に，本研究の問題点と今後の課題について述べたい。第1に，本研究はキャリア初期（1－10年目）およびキャリア後期（11年目以降）における経験および能力獲得を測定するため，過去を振り返って回答する回顧的手法を採用していることから，データに想起バイアスがかかっている可能性がある。将来は，長期にわたる経験学習研究において，回顧的手法に頼らず経験や能力獲得を測定する手法を開発することが必要になるだろう。

第2に，キャリア初期と後期の年数設定は，Ericsson（1996）の熟達ルールをもとに10年で区分しているが，この基準を再検討する必要があるかもしれない。今後は，このキャリア区分を細分化させ，さらに効果的な経験学習のタイミングを検討することも必要である。

　第3に，本研究における定量調査の対象者は病院薬剤師の管理職と一般職であり，薬剤マネジャーに限定されてはいない。薬剤部門長を対象とした定性調査において，定量分析で明らかになった発見事実は確認されているが，今後は薬剤マネジャーのサンプルを増加させるなど，薬剤マネジャーに限定した調査データによって本研究の分析結果を確認する必要があるだろう。

　最後に，定量調査のサンプリングについて，インターネット調査会社に登録している薬剤師をサンプルにしているため，何らかのバイアスが存在する可能性は否定できない。最近は，多くの学術研究においてインターネット調査が利用されているが，今後は，病院薬剤師会や薬剤師会など関連学会をとおしてデータを収集し，本研究の結果を再検証する必要があるだろう。

〈参考文献〉

赤瀬朋秀（2014）『BSCを活用した病院薬剤部門・薬局の戦略的管理手法』薬ゼミファーマブック．

安藤幸夫（1994）『病院の検査がわかる　検査の手引き（増補改訂版）』小学館．

Chi, M.T.H. (2006) Two approaches to the study of experts' characteristics. In K. A. Ericsson, N. Charness, P. J. Feltovich and R. R. Hoffman (eds.), *Expertise and Expert Performance*. New York: The Cambridge Handbook, 21-30.

DeRue, D.S. and N. Wellman (2009) Developing leaders via experience: The role of developmental challenge, learning orientation, and feedback availability. *Journal of Applied Psychology*, 94(4): 859-875.

Dierdorff, E.C., R.S. Rubin and F.P. Morgeson (2009) The milieu of managerial work: An integrative framework linking work context to role requirements. *Journal of Applied Psychology*, 94(4): 972-988.

Ericsson, K. A. (1996) The acquisition of expert performance: An introduction to some of the issues. In K.A. Ericsson (ed.), *The Road to*

Excellence. Mahwah, NJ：LEA.

Ericsson, K.A. (2006) An introduction to cambridge handbook of expertise and expert performance：Its development, organization, and content. In K.A. Ericsson, N. Charness, P.J. Feltovich and R.R. Hoffman (eds.), *Expertise and Expert Performance*. New York：The Cambridge Handbook, 3-19.

藤本康嗣（2014）「コンプライアンスとガバナンスへの取り組み」赤瀬朋秀・湯本哲郎監修『薬剤部門のマネジメント』日本医療企画，148-158．

船越亮寛（2014）「予算書の作成方法」赤瀬朋秀・湯本哲郎監修『薬剤部門のマネジメント』日本医療企画，130-143．

稲葉健二郎（2014）「日常業務とコスト管理」赤瀬朋秀・湯本哲郎監修『薬剤部門のマネジメント』日本医療企画，28-45．

一般財団法人全国公私病院連盟，日本病院会（2013）「平成24年 病院経営分析調査報告」．

加賀谷肇（2014）「薬剤部門・薬剤師の役割」赤瀬朋秀・湯本哲郎監修『薬剤部門のマネジメント』日本医療企画，2-13．

金井壽宏（1991）『変革型ミドルの探求』白桃書房．

川喜田二郎（1967）『発想法：創造性開発のために』中央公論新社．

Kotter, J.P. (1982) *On What Leaders Really Do*. Bostn, MA：Harverd Business School Press.（黒田由貴子監訳『リーダーシップ論：いま何をすべきか』ダイヤモンド社，1999年）

楠見孝（2012）「実践知と熟達者とは」金井壽宏・楠見孝編著『実践知』有斐閣，3-31．

松尾睦（2006）『経験からの学習：プロフェッショナルへの成長プロセス』同文舘出版．

McCall, M.W. (1998) *High Flyers*：*Developing the Next Generation of Leaders*. Boston. MA：Harvard Business School Press.（金井壽宏監訳，リクルートワークス研究所訳『ハイ・フライヤー：次世代リーダーの育成法』プレジデント社，2002年）

McCauley, C.D., M.N. Ruderman, P.J. Ohlott and J.E. Morrow (1994) Assessing the deveopmental components of managerial job. *Journal of Applied Psychology,* 79(4)：544-560.

Mintzberg, H. (1973) *The Nature of Managerial Work*. New York：Happer Collins Published.（奥村哲史・須貝栄訳『マネジャーの仕事』白桃書房，1993年）

Mumford, T.V., M.A. Campion and F.P. Morgeson (2007) The leadership skills strataplex：Leadership skill requirements across organizational levels. *The Leadership Quarterly*, 18：154-166.

Ohlott, J.P.（1998）Job assignment. In C.D. McCauley, R.S. Moyley and E.V. Velsor（eds.）, *The Center for Creative Leadership：Handbook of Leadership Development*. New York：Josey-Bass, 130-162.（金井壽宏監訳, 嶋村伸明・リクルートマネジメントソリューションズ組織行動研究所訳『リーダーシップ開発ハンドブック』（「第4章　仕事の割り当て」）白桃書房，2011年）

Pavett, C.M. and W.A. Lau（1985）A comparative analysis of research and development managerial jobs across two sectors. *Journal of Management Studies*, 22(1)：69-82.

総務省地方財政局編（2014）「地方公営企業年鑑 第61集（平成25年4月1日～平成26年3月31日）」.

Scullen, S.E., T.A. Judge and M.K. Mount（2003）Evidence of the construct validity of developmental ratings of managerial performance. *Journal of Applied Psychology*, 88(1)：50-66.

Srasvathy, S.D.（2008）*Effectuation：Elements of Entrepreneurial Expertise*. UK：Edward Elgar.（加護野忠男監修, 高瀬進・吉田満梨訳『エフェクチュエーション：市場創造の実行理論』碩学舎，2015年）

Zilz, D.A., B.W. Woodward, T.S. Thielke, R.R. Shane and B. Scott（2004）Leadership skills for a high-performance pharmacy practice. *American Journal of Health-System Pharmacy*, 61：2562-2574.

第4章

診療放射線技師の経験学習プロセス

松尾　睦
武藤　浩史
小笠原克彦

医師が適切に診断するための画像を提供することが診療放射線技師の役割である。そのためには，多様な検査機器の操作，および解剖学や病理学の知識を身につけるとともに，患者・家族・同僚・他職種とのコミュニケーション力が必要となる。分析の結果，こうしたスキルを獲得するためのカギは，「上司・先輩からの指導」「部下・後輩への指導」「他職種との関わり」といった対人的な相互作用の経験であった。これは，日々進化する機器や解剖・病理学の知識を習得するために，技師同士が学び合い，医師を中心とした他職種から学び続けることが不可欠になるためであると考えられる。なお，他章と同様に，キャリア後期（11年目以降）に学びが深まる傾向が見られた。

1. 問題意識

　放射線技術はX線の発見から急速に発展し，現在の医療では，「放射線」抜きでは考えられないほど，必要不可欠な医療サービスとなっている。診療放射線技師は，その放射線を用いる専門職である（山下，1991）。近年，医療機関で扱われている放射線は，X線撮影検査，CT検査，血管造影検査，核医学検査，放射線治療など，多岐にわたって使用されており，診療放射線技師はそれらの検査や治療に携わっている。また，その専門性を活かして，MRI検査や超音波検査などの放射線を使用しない画像検査においてもその業務は及んでいる。

　質の高いチーム医療を推進するうえで，診療放射線技師は，画像診断における読影の補助を行い，放射線検査等に関する説明・相談を行うことが求められており，各種機器を用いた撮影後に一次読影レポートを作成することもある（高田，2012）。また，患者のなかには，医師には話さない病状を，日々接する診療放射線技師に伝えることも多く，患者・家族の状況を把握するうえで，診療放射線技師からの情報は欠かせない（井垣ほか，2013）。

　このように，チーム医療において重要な役割を果たしている診療放射線技師であるが，どのようなプロセスを経てプロフェッショナルへと成長しているかについては十分な研究が蓄積されていない。そこで本研究は，診療放射線技師の熟達プロセスを経験学習の観点から検討する。

2. 診療放射線技師の業務

　図表4-1は，診療放射線技師が携わる主な検査である。放射線を使用する検査としては，X線撮影（乳房撮影（マンモグラフィ）を含む），消化管造影検査，CT検査，血管造影検査（アンギオグラフィー），核医学検査，放射線治療

＊本章の原稿は，『日本診療放射線技師会誌』61(3)：269-276(2014年)に掲載された論文を加筆・修正したものである。

があり，放射線を使用しない検査としては，MRI検査，超音波検査（エコー），がある。

　診療放射線技師は，こうした検査を実施する際に，多様な放射線機器（モダリティ）を使用しているが，そうした機器は日進月歩で多機能化するとともに，操作や機能の複雑化等によって業務量も増加していることが指摘されている（五十嵐ほか，2009）。また，上述したように，一次読影レポートを作成し，医師をはじめとした他職種に報告することもある（高田，2012）。

図表 4-1　診療放射線技師が携わる主な検査・治療

検査の種類		検査・治療の内容
放射線を使用する検査・治療	一般撮影検査（乳房撮影を含む）	すべての部位に対して行われるX線を利用した検査
	消化管造影検査	バリウム等の造影剤を用いた臓器の検査
	CT検査	X線を用いた断層撮影法
	血管造影検査（アンギオグラフィー）	造影剤を用いた病変部の血管動態の検査
	核医学検査	微量の放射性医薬品を用いた検査
	放射線治療	放射線を病巣に直接当てる治療法
	骨密度検査	骨粗しょう症を予防するために骨密度を測定する検査 （検査によっては放射線を使用）
放射線を使用しない検査	MRI検査	強い磁石と電波を利用した断層撮影法
	超音波検査（エコー）	超音波を用いた臓器の検査

注：日本放射線技師会ホームページ（http://www.jart.jp/rent/）および東村（2008）を基に作成。

　さらに，診療放射線技師には，「画像診断技術」「撮影技術」「機器の構造・原理に関する知識」「個々の検査・治療の最適化に関する技術」等の専門的な知識・スキルだけでなく，業務を遂行するうえで，接遇やチーム医療における「コミュニケーション能力」や，組織における「目標管理能力」等の能力も必要とされている（東村，2008；堀尾，2007）。たとえば，診療放射線技師のコミュニケーションや接遇，および情報共有の促進姿勢は，患者への安心と信頼をと

もなう放射線治療につながり，がんにおける放射線のチーム医療の質を向上させることが指摘されている（五十嵐ほか，2015）。

　これまでの研究において，診療放射線技師の育成のあり方に関する研究（たとえば，崔ほか，2011；米田，2008）や，アイデンティティ形成に関する研究は見られるものの，診療放射線技師が，業務上の経験をとおして，どのような能力を身につけているかに関する研究は見当たらない。診療放射線技師を育成するためには，人材の成長の大半を決定すると言われる経験学習のプロセスを解明する必要があるだろう。

3. リサーチクエスチョン

　本研究は，これまでの熟達や経験学習の研究をベースに，診療放射線技師にどのような能力が求められるかについて分析したうえで，そうした能力をどのような経験をとおして獲得したかを，初期（1～10年目）と後期（11年目以降）の2ステージに分けて検討する。次に，活動を方向づけると考えられる信念について分析した後，診療放射線技師の熟達をいかに支援すべきかについて検討する。本研究のリサーチクエスチョン（RQ）は以下のとおりである。

> RQ：診療放射線技師は，どのような経験をとおして，何を学んでいるのか

4. 研究方法

(1) 予備調査

　診療放射線技師の経験および獲得能力を明らかにするために，札幌市，神戸市，姫路市にある8つの医療機関に勤務する10名の診療放射線技師に対して自由記述式の質問紙調査，およびインタビュー調査を実施した。対象者の属性は以下のとおりである。すなわち，女性2名，男性8名，診療放射線技師としての経験年数6年から30年，所属組織は，民間病院3名，大学病院2名，市

立病院2名，県立病院2名，検診センター1名である。また，10名中8名が係長以上の役職者であった。

自由記述式の質問紙調査では，キャリア段階を初期（1～5年目），中期（6～10年目），後期（11年目～現在）の3つに時期を分けたうえで，診療放射線技師としての知識・技術・考え方を身につけるうえで「印象に残る職務上の経験」を思い出してもらい，具体的な経験（エピソード等）と，その経験から何を学んだのかについて自由に記入するように依頼した。

次に，対象者の所属組織にて，自由記述式の質問票に基づく，半構造化されたインタビューを実施した。質問内容は，初期（1～5年目），中期（6～10年目），後期（11年目）の各段階における「経験」と「得られた能力（知識・スキル）」を具体的なエピソードとともに語ってもらった。インタビュー時間は平均80分であった。インタビュー内容は，対象者の許可を得たうえで録音し，文書化された。

グラウンデッド・セオリー・アプローチのコーディング手続きを参考に，インタビュー内容を整理したところ，診療放射線技師の経験は18カテゴリーに，能力は13カテゴリーに分類された（図表4-2，図表4-3参照）。

(2) 本調査

2013年の8月に経験年数11年以上の診療放射線技師を対象とした質問紙調査を実施した。調査対象者は，インターネット調査会社に登録している診療放射線技師である。調査会社が経験年数11年目以上の診療放射線技師に対して調査の参加者を募集したところ，179名から回答があった。そのうち，6名は診療放射線技師としての経験年数が10年以下と回答していたことから，分析から除外した。最終的に173名の対象者の回答を分析対象とした。

診療放射線技師としての経験年数は，11～41年であり，平均24.4年（標準偏差7.1年），年齢は36～64歳，平均47.5歳（標準偏差7.1年）であった。回答者の性別は，男性91.3％，女性8.7％，役職は，技師26.0％，主任技師42.2％，技師長23.7％，部長級3.5％，その他4.6％であった。回答者が所属している組織の規模は，医院12.7％，小規模病院（～99床）17.9％，中規模

病院（100−499床）46.2％，大規模病院（500床〜）17.3％，その他5.9％であった。

　診療放射線技師の経験および能力は，予備調査によって明らかになった項目によって測定した。具体的には，キャリア段階を，「医療組織に入職してから1〜10年目」と「11年目から現在」に分けたうえで，それぞれの時期における経験と獲得した能力について回答するよう依頼した。経験については，提示した事象にどのくらい関与したかを5段階評価によって（強く関与した［5］，関与した［4］，どちらとも言えない［3］，関与しなかった［2］，全く関与しなかった［1］），能力については，提示した能力がどのくらい向上したかを5段階評価によって測定した（向上した［5］，ある程度向上した［4］，どちらとも言えない［3］，あまり向上しなかった［2］，向上しなかった［1］）。

　このほか，回答者の経験年数（年），所属組織規模（①医院，②小規模病院（〜99床），③中規模病院（100−499床），④大規模病院（500床〜）），職位（①技師，②主任技師，③技師長，④部長級以上），性別（①男性，②女性）を測定した。

5. 分析結果

（1）診療放射線技師に必要とされるスキル

　経験が獲得能力に及ぼす影響をキャリア段階別に検討するに当たり，従属変数である獲得能力をキャリア段階ごとに因子分析（主因子法・バリマックス回転）にかけたところ，1〜10年目，および11年目以降いずれにおいても「テクニカルスキル」と「ヒューマンスキル」というまったく同じ構造の2つの因子が抽出された（図表4-2参照）。ただし，「学術研究の能力」「病院の位置づけ，地域医療のあり方の理解」は，両因子のどちらにも含まれないと判断したため，これらの項目を除くことにした。

　テクニカルスキルには，「診断に役立つ撮影技術」，「機器の操作・メカニズムの理解」，「ポジショニングのスキル」，「スピーディーで正確な検査技術」といった操作・撮影に関するスキルと，「解剖・疾患・治療の知識」，「読影力，診

断しやすい画像の理解」,「医師による診断を理解する力」といった診断や読影に関するスキルが含まれている。

一方,ヒューマンスキルには,「患者・家族とのコミュニケーション力」,「医師とのコミュニケーション力」,「同僚,他職種との連携・コミュニケーション力」といったコミュニケーション系のスキルと,「組織マネジメント力,リーダーシップ力」,「外部組織・人材とのネットワーク力」「部下・後輩を指導・育成する力」といったスキルが含まれている。

図表 4-2　診療放射線技師のスキル分類

テクニカルスキル	ヒューマンスキル
診断に役立つ撮影技術	患者・家族とのコミュニケーション力
機器の操作・メカニズムの理解	医師とのコミュニケーション力
ポジショニングのスキル	同僚,他職種との連携・コミュニケーション力
スピーディーで正確な検査技術	組織マネジメント力,リーダーシップ力
解剖・疾患・治療の知識	外部組織・人材とのネットワーク力
読影力,診断しやすい画像の理解	部下・後輩を指導・育成する力
医師による診断を理解する力	

(2) 診療放射線技師のスキル事例

次に,テクニカルスキル,ヒューマンスキルに関して,予備調査で実施したインタビューのなかからコメントを抜粋したい。

①テクニカルスキル

1）機器の操作・メカニズムの理解

同じ機能の2台の機械があったりしますが,メーカーが違うとメカニズムも違います。先生も好みの機械があり,写り方も違ってきます。レントゲンに関しては,いままで技術は変わっていませんが,CR(注:computed radiography(デジタルX線撮影))やMRIは,技術が変化していて,そのたびにボタンやパソコンの使い方が変わります。基本的なメカニズム,どういう仕組みになっているかは理解する必要があります。

2）ポジショニングのスキル

　初期は，レントゲンなどのポジショニングで苦労しました。普通の患者さんであれば問題ないのですが，固定されている人，足をつられている人など，どうやって関節を写すことができるのかを工夫しなければなりません。マニュアルに書いていないことは先輩に教えてもらっていました。

3）スピーディーで正確な撮影技術

　子どもの写真を撮るときは泣く，暴れる，動くで大変です。親御さんはわからないので，「そんなにまでしなければならないのですか」と心配になるので，事前に親御さんにしっかり説明することが大切になります。「泣いて大変なんですけど，すぐ済みますので」とすばやく伝えてスピーディーに済ませることも大事です。

　撮影中に呼吸をするとボケた写真になってしまいます。ボケがない写真を撮るためには，患者さんに息をとめてもらわなくてはならない。「息を吸ってください」と言うときも，その患者さんがどれくらい息を吸えるかを見極めることが大事です。息を吸えなさそうだったら，何回か練習してもらいます。

　新しい病気はどんどん出てくるので，疾患の知識が必要です。また，自分で経験できる範囲は限られていますし，医師が入れ替わるとオーダーも変わるので常に勉強しなければなりません。また，解剖がわかっていないと撮った写真が正しいのかがわかりません。CR や MRI の場合には，画像の余計な部分をカットして診たいものが診られるように加工しますが，大事な箇所をカットしてしまわないためにも解剖の知識が必要です。

　エコー検査はそのとき勝負です。そのときに見極めないといけません。エコー検査を始めたばかりのころは，ちょっとした手加減で変わってしまうため，どこを診ているのかわかりませんでした。100 人やって一人前と言われていますが，解剖学を立体視できるようになるとわかってきました。

ベテランと若手の違いは，画像の加工に表れます。写真を撮って，それを3Dのような画像を作るのですが，血管がどうなっているのかという臓器の知識が求められます。画像の加工は自動的にできるわけではなく，余計なものをとっていくごみ取りを自分の手で行います。大事なものをとってしまわないためにも，解剖や病気の知識が必要です。

4）読影力，診断しやすい画像の理解
　マンモグラフィについては，まず画像をつくるためのトータルな基礎知識，良く写るように乳房を位置づけるポジショニング，病理の知識，読影の力が必要になります。とくに読影は「いい画像は何か」に影響するので，きちんと診断ができると，良い画像をつくることができます。気になる場合にはレポートをつけておいて，検査の画像を見直します。読影の結果はどうだったのかについて，医師のレポートを自分でチェックして，「そうだったのか」と自分の判断と結果を照らし合わせると読影力がついていきます。

　次に，ヒューマンスキルに関する事例を，主に患者とのコミュニケーションを中心に紹介する。内容を見ると，ヒューマンスキルはポジショニングや撮影スピードなどのテクニカルスキルとも結びついていることがわかる。

②ヒューマンスキル
1）患者・家族とのコミュニケーション力
　患者さんは不安を感じていますが，こちらは効率良く仕事をするために流れ作業的になっていることがあります。急がせたい気持ちはあるのですが，患者さんに一言声をかけることで安心してもらえますので，コミュニケーションが大切です。

　ポジショニングの上手な人は，こういう乳房の場合にはこういうアプローチをするときちんと画像がとれるということがわかるので短時間で撮れます。うまい人は，受診者の方への話し方，接し方が良いので患者さんに安心感を与えるのです。

たとえば，MRIなど20～30分かかりますが，狭いところに閉じ込められた患者さんは心細いしストレスを感じます。若いスタッフはモニターばかり見ているので，声かけするように指導しています。すると患者さんは動かずに我慢してくれるので，画像も良くなります。

撮り直しはしないで，一発勝負にこだわっています。そのためには，患者さんの状況を見ることです。話すことで安心させたり，子どもを親が押さえている場合にはホールド感を確かめます。

不安な患者さんの話を聞いてあげると，安心し，落ち着いて検査ができます。なぜこの検査をするのかを理解してもらうようにしています。難しそうな患者さんの信頼感を得ることがやりがいにつながりますね。患者さんのメンタルの部分が画質に表れるからです。

2）同僚，他職種との連携・コミュニケーション力

他部署と常に良いコミュニケーションをとることが仕事を円滑に進めるうえで欠かせません。たとえば，外来の患者さんを撮るとき，外来の看護師さんから「患者さんは耳が遠いから」「先生は今日機嫌悪いよ」という情報をもらうことができ，ありがたいです。また，病院では一連の検査があるため，次にどこに行けばいいか患者さんに伝えますが，別の検査室のスタッフが「次はあそこですよ」と声をかけてくれると患者さんも楽になります。

（3）経験がスキル獲得に及ぼす影響

上述したテクニカルスキルとヒューマンスキルが，どのような経験をとおして獲得されるかを明らかにするため，キャリア段階ごとに，テクニカルスキルとヒューマンスキルを従属変数に，18の経験を独立変数として重回帰分析を行った（図表4-3参照）。なお，経験年数，所属組織規模，職位，性別の影響は統制している。

重回帰分析の結果を要約したものが図表4-4である。初期（1～10年目）に

おいては,「モダリティ(放射線機器)のローテーション」がテクニカルスキルを高め,「他職種との関わり」がヒューマンスキルを高めていた。また,「部下・後輩指導の責任」は両スキルの獲得を促進していた。

一方,後期(11年目以降)においては,テクニカルスキルの獲得を促していたのは,「多様な患者,難しい患者の検査」であり,ヒューマンスキルの獲得を促していたのは「部下・後輩指導の責任」であった。「上司・先輩からの指導」「他職種との関わり」は両スキルの獲得を促していた。

これらの結果から,対人的な相互作用の経験が診療放射線技師のスキル獲得に影響を及ぼしていることがわかる。

以下では,予備調査で実施したインタビューのなかから,経験と能力の関係に関する主要な発見事実に関するコメントを提示したい。なお,キャリアの初期,後期の区別はせずに事例を紹介する。

図表4-3 経験とスキルの関係(重回帰分析)

経　験
モダリティ(放射線機器)のローテーション 業務における失敗,うまくいかなかった経験 上司・先輩からの指導 部下・後輩指導の責任 組織(病院等)の異動 患者からの感謝 患者からの苦情 さまざまな病気との出会い 多様な患者,難しい患者の検査 医師との関わり 医師からの感謝 医師からの苦情 組織の変革,新しい部門・組織の立ち上げ 研修への参加 他職種との関わり 職場における対立や衝突 大学院での勉強,学会の参加,技師会への参加 他分野の専門家と連携するプロジェクトへの参加

テクニカルスキル

ヒューマンスキル

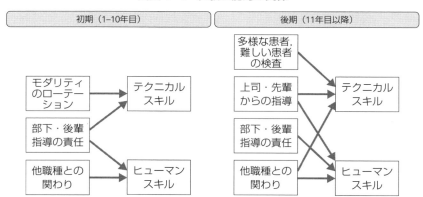

図表 4-4　経験と能力の関係

◇**事例1**:「モダリティのローテーション」から「テクニカルスキル」を学ぶ

　一般撮影であれば2〜3年，CTやアンギオを含めると修得には5年くらいかかります。うちでは，夜勤に必要な「一般，CT，血管造影，MRI」を半年で覚えさせていますが，先輩と組むので若い人でも大丈夫です。その後は，いろいろとローテーションしますが，柱となるモダリティは半年から1年単位でローテーションします。10年やれば2周くらいするのですが，10〜15年目の中堅以上の技師は特定のモダリティに固定させています。

　私のころは，そのときの状況によって配属が決まっていましたね。人によってCTだったり放射線治療だったりしますが，自分はRI（注：核医学検査）でした。そこに3〜4年いましたが，だいたい半年くらいでマスターします。次に放射線治療に3〜4年です。放射線治療は間違ったら大変なので緊張しますね。どこにどの角度から放射線を当てるかをプランニングし，放射線に弱い臓器に気をつけて3方向から当てて，通り道を考えるのです。臓器の知識がないとできません。その後でCTに移りました。いまは救急部門ができたので，救急でよく使う検査，たとえば一般，CT，心臓血管，MRIなどをとりあえず1年以内でできるようにしています。

◇事例2：「部下・後輩指導の責任」から「テクニカルスキル」「ヒューマンスキル」を学ぶ

　教えるためには，自分の知識を言葉にしなければならないので，知識を体系化する必要があります。教えることで自分の知識を確かめることもできるのです。後輩から聞かれると，ふいをつかれたりして，わかっているつもりでわかっていなかったことがわかり，考えるきっかけになります。

　この施設に来て後輩が増え，人材育成について考えるようになりました。スタッフは5名ですが，1人ひとり個性が違うので，それぞれに合った方法を考える必要があります。研究肌の人，細かい人など，性格にあった教え方をしないといけない。方向性に合ったものを見せて，選別してあげるようにしています。

◇事例3：「上司・先輩からの指導」から「テクニカルスキル」を学ぶ

　部署には25名ほどの技師がいますので，何かおかしいと気づいたら，技師の先輩を呼び，教えてもらいます。診療所や中小病院などの独り技師の職場だと不安を感じるらしく，技師の方が，うちの病院に来て学んでいます。

◇事例4：「他職種との関わり」から「ヒューマンスキル」「テクニカルスキル」を学ぶ

　6年目のときに，人口5千人の田舎町に技師長として半年赴任したことがあります。スタッフの数が少ないので，昼休みに食事をしながら全員で会議するなど，他職種との連携がとれるようになりました。大病院に戻ってからチーム医療がすんなりできるようになったので貴重な体験だったと思います。

　内科医院に転職したとき，最初は独り技師として，前の技師さんがやっていたことができるようになることを考えました。仕事ができてくると徐々に院長との信頼関係ができて，それまで医師がやっていた仕事を任せられるようになりました。たとえば，エコー検査はいままで大学から医師が来てやっていましたが，自分がやるようになりました。

個人差をバリエーションとして捉えるか，それとも病気として捉えるかを見極めるためにも，いろいろな患者さんを診る必要があります。最初は医師がチェックしてくれました。撮影した写真を診て，病気なのかガスなのかがわからない写真をピックアップしてもらい，もう1回撮るなどして，「どういう画像にすれば，きちんと病気として判断できるのか」を学びました。

　医師からの依頼書には，「〜症候群で腹の精査」と書いてあるのですが，われわれは医師が見たいものをイメージできないといけません。いろいろな医師がそれぞれの専門性を持っているので，幅広く多様な知識が必要になります。依頼書が来て，知らない病気だったりしたら，終わった後に調べます。いまは8割くらいの病気はわかりますが，2割はルーチンじゃないものなので勉強が必要です。

　他職種の人たちと普段会話していると仕事がやりやすいですね。医師に関しては，仕事の流れを共有していることが大事ですし，看護師は介助してくれたり，医師のコメントをフィードバックしてくれます。医師との関係が中心ですが，看護師がいないと困ります。

　救急病院として中核をなす機能を持つようになってきたころ，自分が担当していた検査モダリティの救急検査が入り，（応援技師の）呼び出しなしで対応したところ，「早期の診断治療が可能となって，救急搬送された患者様の予後も良く元気に退院された」と担当医師より感謝されたことがあります。救急患者様への迅速な対応は必要であるとは理解していましたが，この件がきっかけで，少しでも早い対応で多くの方が救われるのかと思い，救急はすべての検査に対応できる体制へと移行しました。

　病気をどうやったら見つけられるか，医師はどう考えているのかを考えます。「このへん撮って」と医師からオーダーが来たら，意図がわからない場合にはその理由を聞きます。撮影していて異常が見つかった場合には，「この角度の方がより鮮明

に写る」ということを医師に伝えることもあります。たくさん撮っているとどこが異常かわかってくるのですが，医師に的確に伝えるためにはどうしたらいいかを考えます。そのためには，医師をつかまえて話をしていくしかありません。

　新しい施設の設立準備室に入り，7名からなるプロジェクトに入りました。メンバー同士で勉強会を繰り返し，全国の施設に視察に行き，医師，薬学，物理学の人と話すことで，視野が広くなりました。県庁にある準備室では，事務官のような仕事もしましたが，ここで事務文書を書くスキルが身に着き，いまでも役立っています。また，日常業務においても，装置の問題点が出たときに，わかっている人に聞くことや，問題点を拾い上げるのがうまくなったような気がします。

◇**事例5：「多様な患者，難しい患者の検査」から「テクニカルスキル」を学ぶ**
　放射線治療の機械が1台しかないので，患者さんが並ぶことが多いのですが，ある入院患者さんが怒って「改善レポートを書け」といってきたので書きました。患者さんから学ぶことも多いですね。信頼関係ができれば，患者さんが遊びに来たり，相談しに来てくれますがそれがうれしいです。

　検査待ちの患者さんから遅いと苦情を受けます。スピードアップしているはずなのに苦情があるということはまだ改善の余地があるということです。患者さんの流れをスムーズにしたり，テレビや雑誌を置くなど，環境を改善することが，自分の仕事をスムーズにするためにも必要であることに気づきました。

　多重がんの患者さんの検査をしたことがあるのですが，なかなか思いどおりにいきませんでした。未知の画像を経験し，ボケた画像ではなく，キレイな画像を撮りたい。がんが1つしかわからないものより，3，4わかるものを撮りたい。成功したと思っても，もっと良い方法がないか，キレイに撮れても，この画像からもっと情報を得るにはどうしたらいいか，次の工夫を考えるようになりました。たとえば，5枚で切っていたものを10枚にするとか，道具はたくさんあるが何を使うか。時間は限られているし，余計なお金はかけられない。患者さんにとってはどうかなど，

いろいろと考えるようになりました。

6. 考察

　診療放射線技師は，チーム医療において重要な役割を果たしているにもかかわらず，プロフェッショナルへの成長プロセスは十分に研究されてこなかった。そこで本研究は，定性的・定量的データの分析をとおして「診療放射線技師は，どのような経験をとおして，何を学んでいるのか」という問いを検討した。

(1) 発見事実と理論的意義

　分析の結果，以下の点が明らかになった。キャリア初期である初めの10年間においては，「モダリティのローテーション」がテクニカルスキルを，「他職種との関わり」がヒューマンスキルを高め，「部下・後輩指導の責任」は両スキルの獲得を促進していた。一方，11年目以降のキャリア後期においては，「多様な患者，難しい患者の検査」「上司・先輩からの指導」「他職種との関わり」がテクニカルスキルの獲得を促しており，「上司・先輩からの指導」「部下・後輩指導の責任」「他職種との関わり」がヒューマンスキルの獲得を促していた。これらの発見事実が持つ理論的意義について考えてみたい。

　第1に，キャリア段階にかかわらず，「指導された経験」，「指導した経験」，「他職種との関わりの経験」など，対人的な相互作用の経験が診療放射線技師の能力向上につながっていた。とくに，「部下・後輩指導の責任」および「他職種との関わり」は，各キャリア段階において幅広い影響力を持っていた。先行研究では，「境界を超えて働く経験」(DeRue and Wellman, 2009 ; McCauley et al., 1994)，「連携の経験」「育成の経験」(松尾・岡本，2013)が人材の成長につながることが指摘されているが，本研究の発見もそれらの発見と一致するものである。とくに，他職種との関わりの経験がヒューマンスキルやテクニカルスキルの獲得を促進していたという結果は，診療放射線技師の業務が，チーム医療のなかに組み込まれていることを示している（五十嵐ほか，2015；井垣ほか，2013）。

第 2 に，11 年目以降において，「上司・先輩からの指導」がテクニカルスキルおよびヒューマンスキルを高めていた。この結果は，検査機器が多様化し，操作が複雑化していることから（五十嵐ほか，2009），日々，撮影機器の操作を習得しなければならないためであると考えられる。つまり，診療放射線技師は，11 年目以降も新しいモダリティを経験するため，先輩や上司から積極的に指導を受けることで，スキルを向上させていると解釈できる。キャリア後期になっても，上司や先輩からの指導が重要になる点は，診療放射線技師の経験学習の特徴であると言える。

第 3 に，「多様な患者，難しい患者の検査」のみ，キャリア後期においてテクニカルスキルの獲得を促していた。この経験は，McCall et al.（1988）が，マネジャーの成長を促す経験特性の 1 つとして挙げている「苦難」に対応すると思われる。また，上記の結果は，キャリア後期において多様な患者，難しい患者の検査から学ぶためには，キャリアの初期において十分な基礎力を獲得し，発達的レディネス（Avolio and Hannah, 2008）を整えておかなければならないことを示唆している。

(2) 実践へのアドバイス

以上の点から，実践的インプリケーションとして以下の点を挙げることができる。

第 1 に，診療放射線技師の成長を促進する「対人的な相互作用の経験」を意図的に積むことができるように支援する必要がある。とくに，現場において「部下・後輩指導の責任」および「他職種との関わり」の機会を増やすことが，優れた診療放射線技師を育成するうえで鍵となると言える。

第 2 に，診療放射線技師の育成においては，中堅やベテランとなる 11 年目以降においても，上司・先輩からの指導を重視すべきである。具体的には，モダリティを異動する際に，知識・スキルの移転をスムーズに行えるように OJT 体制を構築することが重要になるだろう。

第 3 に，中堅・ベテラン期において，多様で難しい患者の検査から学ぶためには，初めの 10 年間に診療放射線技師としての基本的な力量を形成する必要

がある。そのためには，新人・若手が成長するプロセスにおいて，先輩や上司からのサポートが欠かせないと言える。

(3) 今後の課題

最後に，本研究の限界と今後の課題を述べたい。第1に，本研究の定量調査の対象者は，調査会社に登録しているデータベースから抽出されたため，何らかのバイアスがかかっている可能性がある。今後は，学会や技師会をとおした調査を実施し，本研究の追試を実施する必要があると思われる。第2に，11年目以降において上司・先輩から指導された経験が診療放射線技師の成長を促していたが，こうした結果が得られた理由や背景を深く検討しなければならない。第3に，本研究で明らかになった経験と能力の結びつきについて，インタビュー等の定性的データをもとに考察することが重要になると考えられる。今後は，新たなインタビュー調査を実施することで，本研究で得られた知見を深める必要があるだろう。

〈参考文献〉

Avolio, B.J. and S.T. Hannah (2008) Developmental readiness : Accelerating leader development. *Consulting Psychology Journal* : *Practice and Research*, 60(4) : 331-347.

DeRue, D.S. and N. Wellman (2009) Developing leaders via experience : The role of developmental challenge, learning orientation, and feedback availability. *Journal of Applied Psychology*, 94(4) : 859-875.

Dewey, J. (1938) *Experience and Education*. Kappa Delta Pi.（市村尚久訳『経験と教育』講談社学術文庫，2004年）

Dragoni, L., P.E. Tesluk, J.A. Russell and I. Oh (2009) Understanding managerial development : Integrating developmental assignments, learning orientation, and access to developmental opportunities in predicting managerial competencies. *Academy of Management Journal*, 52(4) : 731-743.

Ericsson, K.A (1996) The acquisition of expert performance : An introduction to some of the issues. In K.A. Ericsson (ed.), *The Road to*

Excellence. Mahwah, NJ：LEA.
東村享治編（2008）『診療放射線技師プロフェッショナルガイド：職場選びのポイントと臨床現場で役立つノウハウのすべて』文光堂.
堀尾重治（2007）『骨・関節 X 線写真の撮りかたと見かた』医学書院, 2-434.
井垣浩・白木尚・山上睦実・芳賀昭弘・中川恵一（2013）「放射線治療におけるチーム医療」『癌と化学療法』40(4)：440-443.
五十嵐博・宮本晃・福士政広・篠田直樹・平田正治・高橋康幸・平野邦弘（2009）「診療放射線技師のヒューマンエラーに関する基礎的研究：エラー内容の把握と多忙度との関係に焦点を当てて」『群馬県立県民健康科学大学紀要』4：13-24.
五十嵐博・小林万里子・堀謙太（2015）「がん放射線治療を受ける患者に対する診療放射線技師のかかわりに関する調査研究」『日本保健科学学会誌』17(4)：195-207.
松尾睦（2006）『経験からの学習：プロフェッショナリズムへの成長プロセス』同文舘出版.
松尾睦・正岡経子・吉田真奈美・丸山知子・荒木奈緒（2008）「看護師の経験学習プロセス：内容分析による実証研究」『札幌医科大学保健医療学部紀要』11：11-19.
松尾睦・岡本玲子（2013）「保健師の経験学習プロセス」『国民経済雑誌』208(4)：1-13.
McCall, M.W., M.M. Lombardo and A.M. Morrison（1988）*The Lessons of Experience：How Successful Executives Develop on the Job*. NY：The Free Press.
McCauley, C.D., M.N. Ruderman, P.J. Ohlott and J.E. Morrow（1994）Assessing the developmental components of managerial jobs. *Journal of Applied Psychology*, 79：544-560.
崔昌五・加藤京一・新田勝・梅田宏孝・中澤靖夫（2011）「業務習得計画（OJT）の教育効果」『日本放射線技師会誌』58(710)：102-107.
高田賢（2012）「診療放射線技師による一次読影について：レポート作成業務を行う身として」『埼玉放射線』60(5)：273 - 276.
谷口智彦（2009）『「見どころのある部下」支援法』プレジデント社.
山下一也（1991）『医療放射線技術学概論』通商産業研究社, 38-92.
米田和夫（2008）「国立大学病院における診療放射線技師の職務特性と組織文化およびモラールとの関連：人材育成の視点から」『龍谷ビジネスレビュー：龍谷大学大学院経営学研究科紀要』9：25-37.

第 5 章

救急救命士の経験学習プロセス：医療専門職間の連携に注目して

高橋 平徳

　救急救命士の成長にとってカギとなるのが「同職種や他職種との連携の経験」である。これまでの研究においても「境界を越えて活動する経験」の重要性は指摘されてきたが，救急救命士の場合，キャリアを積むに従って，連携の範囲が広がる点に特徴がある。すなわち，キャリアの進展に応じて，「組織内同職種→組織間同職種→組織内多職種→組織間多職種」と連携の範囲が拡大していく傾向が見られた。この結果は，キャリア初期に同職種との連携をとおして自分の専門能力を高め，それを基盤に他職種と連携しながら学んでいることを示唆している。キャリア後期（11 年目以降）に，「組織の改善・変革」「新しい部門の立ち上げ」といった挑戦的経験からの学びが活性化するという事実は，他章の分析結果とも共通していた。

1. 救急救命士の業務

本稿の目的は，救急救命士が，どのような経験をとおして，いかなる能力を獲得しているのか，その経験学習プロセスについて，定量的および定性的な分析をとおして明らかにすることである。

救急救命士は，救急医療の最前線を担う医療専門職である。また，そのほとんどが市区町村といった自治体に所属する公務員である。

救急現場での傷病者に対する処置，適切な搬送先医療機関の選定，医療機関への迅速な搬送，搬送途上における処置等を行うこと，すなわち，事故や災害の現場，急病で苦しむ傷病者のもとへ救急車で駆けつけ，すばやく医療機関に搬送するのが救急隊の業務である。救急救命士は救急隊に属し，傷病者を医療機関へ搬送する途上において，医師の指示（メディカル・コントロール体制）のもと，救急救命処置を行っている（白石, 2006）。

救急救命士資格は，病院到着前の救急救命処置（プレホスピタル・ケア）の需要増加に対応し1991年の救急救命士法制定により導入された，比較的新しい国家資格である。それまで救急隊員は搬送中に医療行為を行うことができなかったが，プレホスピタル・ケアの充実と救命率の向上を図るために，気管挿管（2004年），薬剤投与（2006年）など「特定行為」が拡大され，救急救命士に求められる能力はますます高度化している（徳永, 2008）。

こうした能力の高度化・広範化が求められるなかで，救命救急士の能力育成をめぐり，その養成のあり方（西薗, 2011），資格取得後の再教育（仲村ほか, 2010），病院実習の現状（加藤・鈴木, 2008），専門職としての認識（岩橋・最所, 2013）に関する研究が少しずつ取り組まれるようになった。しかしながら，救急救命士が仕事現場での経験をとおして，どのような能力を身につけ，学習しているかに関する研究は見当たらない。次々と高度化・広範化していく要請

---

*本章は，平成27年度北海道大学大学院経済学研究科博士論文「仕事現場における連携と学習：救急救命士を対象とした実証研究」を再構成したものである。

に応えるため，養成期間を終えた仕事現場での経験から学習を続けていくことが求められるが，そのプロセスは検討されていない。

　Dewey（1938）によって提唱された経験学習は，教育学分野のみでなく経営学分野においても研究が重ねられ，McCall et al（1988）によって経験と得られる教訓の関係性，McCauley et al.（1994）やDeRue and Wellman（2009）によって成長を促す経験の質，Ericsson（1996）や松尾ほか（2008）によって熟達に必要な経験年数が検討されてきた。医療専門職者の経験学習については，松尾らが看護師（松尾ほか, 2008），保健師（松尾・岡本, 2013），診療放射線技師（松尾ほか, 2014）のキャリア段階を区分し検討することで，各キャリア段階において経験と獲得能力に違いがあることを明らかにしている。

　このように医療専門職者の経験学習は徐々に明らかにされつつあるものの，救急救命士についてはほとんど解明されていない。そこで，本研究は，救急救命士が業務上の経験をとおしていかなる能力を身につけているか，つまり救急救命士のキャリアにおける経験と獲得される能力の関係性を明らかにする。

　また同時に，本研究は，業務における専門職者同士の関わりという連携が，救急救命士の能力獲得にどのような影響を与えているかについても明らかにする。なぜなら，救急救命士は，救急医療を円滑に行うために，救急隊員間の連携のみでなく，医師や看護師（山本ら, 2005），薬剤師（荒井, 2012）など，各専門職の領域を越えた多職種間の連携も求められているからである。

　たとえば，病院内とは異なった環境下で行われる救急業務では，3名で構成される救急隊のメンバーである隊長・隊員は，救急車を運転する機関員，消防署での通信司令員，メディカル・コントロール体制下での医師，搬送病院の看護師といった専門職と連携している。こうした急病や火災，交通事故，自然災害といったさまざまな現場での救急業務では，自隊のメンバーのみでなく，ほかの自治体の救急隊や消防隊，警察や自衛隊，DMAT（Disaster Medical Assistance Team：災害派遣医療チーム）等といった，関係機関との連携も求められる。

　さらに，救急救命士は病院内での救命医療チームのメンバーとして，医師，看護師，診療放射線技師，臨床検査技師，臨床工学技士，薬剤師，医療ソー

シャルワーカー，管理栄養士，作業療法士，診療情報管理士，精神保健福祉士といった医療専門職とも連携している。

このように，救急救命士は，日々の業務での経験や，実際の事例をもとにした実践的な訓練によって，能力を向上させ続けている専門職と言える。救急隊においての同職種との連携，救命医療チームの一員としてのほかの医療専門職者との連携，ほかの消防隊や警察などの他地域・他機関の専門職者との連携といったように，仕事の現場ごとのさまざまな形態のもとで，多様な専門職と連携して仕事を行っている点が救急救命士の特徴である。

2. リサーチクエスチョン

医療専門職者同士の連携による能力の育成が注目され（埼玉県立大学編，2009），Engeström（2004）もまた，医療ケアに代表されるような協働構成的な仕事を遂行するうえで，閉ざされた領域で体系的な専門知識のみを習得する垂直的な学習だけでは不十分であり，部門や組織を越えて協働し，問題を解決する水平的学習が必要であると指摘している。こうした他職種と関わる水平的学習の経験が，どのような能力の獲得に影響しているかについては，松尾らの看護師（松尾ほか，2008），保健師（松尾・岡本，2013），診療放射線技師（松尾ほか，2014）に関する研究があるものの，いまだ十分に検討されていない。

したがって，本研究は，以下のようにリサーチクエスチョン（RQ）を設定する。

> **RQ1**：救急救命士は，どのような経験をとおして，いかなる能力を獲得しているのか
> **RQ2**：救急救命士の能力獲得において，医療専門職者同士の連携と能力獲得の間に，どのような学習プロセスが存在するのか

第1のリサーチクエスチョンは，経験と能力獲得の関係性を検討するものであり，第2のリサーチクエスチョンは，連携によってもたらされる経験学習の

プロセスを明らかにしようとするものである。

3. 救急救命士の経験と能力獲得の関係性

(1) 方法[1]

まず，RQ1「救急救命士は，どのような経験をとおして，いかなる能力を獲得しているのか」について，定量的に検討していく。具体的には，自由記述式質問紙による予備調査によって質問票を作成し，それを活用し本調査として選択式質問紙調査を行い，得られた量的データを統計解析した。

(2) 予備調査

一般社団法人救急振興財団主催の救急救命士を対象とした研修に参加する予定の救急救命士に対し，自由記述式の質問紙調査を実施した。対象者は，全員が男性（124名）であり，救急隊としての経験は11年から34年であった。キャリア段階を「1～10年目」，「11年目～現在」の2つに分けたうえで，「救急隊員として大きく成長するきっかけとなった具体的な経験（出来事）」と，「その経験からどのような知識・スキル・考え方を学んだのか」について自由に記入するよう依頼した。

自由記述の内容は，グラウンデッド・セオリー・アプローチのコード化の手法を参考に抽象化し整理した（Strauss and Corbin, 1998）。その結果，救急救命士の能力は19カテゴリーに，経験は27カテゴリーに分類された。

(3) 本調査

2014年の4月に，予備調査をもとに作成した質問票（能力19項目，経験27項目）を用いて質問紙調査を実施した。調査対象者は，前述の研修会に参加した救急救命士である。

回収した121名から不適切な回答および欠損値を除き，最終的に107名の対

---

[1] 調査を実施するにあたり，救急振興財団・救急救命九州研修所の郡山一明教授の支援をいただいた。

象者の回答を分析対象とした（有効回答率88.4％）。

　回答者の救急隊員としての経験年数は13年から33年であり，平均21.3年（標準偏差4.3年），救急救命士資格取得後年数は11年から21年であり，平均14.9年（標準偏差2.0年）であった。性別は男性100％，年齢は，30歳代4.7％，40歳代73.8％，50歳代21.5％であった。職位は，隊員0.9％，主任・分隊長17.8％，係長・小隊長72.9％，出張所長・中隊長級以上8.4％であった。回答者が所属している自治体の規模は，人口10万人未満の市区町村31.8％，人口10万人から30万人の市区33.6％，人口30万人以上の市区10.3％，中核市16.8％，政令指定都市8名7.5％であった。

　以上からうかがえる回答者の特性として，経験年数の平均は21.3年であり，年齢も40歳代が73.8％と非常に多く，50歳代の21.5％を加えると95.3％となり，キャリアを十分に積んでいる熟達者が多いことがわかる。そのため，救急救命士のなかでも，とくに熟達している回答者の集団であるというデータの偏りがある。

　質問票ではキャリア段階を，熟達研究で検討されている10年ルールにそって，「救急隊員となってから1～10年目」と「11年目から現在」に分けたうえで，それぞれの時期における経験と獲得した能力について，振り返って想起し回答するよう依頼した。経験については，「以下に挙げる出来事に，あなた自身がどのくらい関わりがあったか（あるいは関わりがあるか）」を5段階評価によって（強く関わりがあった[5]，関わりがあった[4]，どちらとも言えない[3]，関わりがなかった[2]，全く関わりがなかった[1]），能力については，「以下に挙げる知識・スキル・能力が自分のなかでどのくらい向上したか（または向上しているか）」を5段階評価で回答するよう依頼した（大変向上した[5]，ある程度向上した[4]，どちらとも言えない[3]，あまり向上しなかった[2]，全く向上しなかった[1]）。

　また本研究では，自己評価による調査票を分析対象とし，成果や外部からのパフォーマンス評価ではないため，データに偏りが生じることが避けられない。しかし本研究の対象者の職位は，最も多いのが係長・小隊長の72.9％であり，それ以上の職位の8.4％も加えた81.3％が管理職である。そのため，組織にお

いても一定以上の評価を受けている熟達者の集団であることがわかる。調査手法が自己評価であることに限界性はあるが，一定の他者評価を受けているため，自己評価に全く信頼がおけないというデータではないことが指摘できる。

倫理的配慮に関しては，予備調査，本調査ともに，対象者には事前に口頭および書面にて，調査の趣旨や調査協力の任意性，匿名性，結果の公表について説明を行い，調査票の提出をもって研究協力への同意を得た。

（4）結果

①救急救命士が獲得している能力

まず，救急救命士は，学習の成果としてどのような能力を獲得しているのかを，因子分析によって明らかにする。そして，その能力が，どのような経験から獲得されているのか，つまり経験と能力獲得の関係性を，重回帰分析を用いて検討する。

救急救命士の能力について，キャリア段階ごとに因子分析（主因子法・直接オブリミン回転）を行った。その結果，10年目までの能力については，2因子が抽出され，第1因子は「救命活動スキル」，第2因子は「マネジメントスキル」と解釈した（図表5-1）。

11年目以降の能力については，3因子が抽出され，第1因子は「救命活動ノンテクニカルスキル」，第2因子は「救命活動テクニカルスキル」，第3因子は「マネジメントスキル」と解釈した（図表5-2）。なお，救命活動ノンテクニカルスキルという因子名は，Flin et al.（2008）のノンテクニカルスキルの議論を参考に設定した。Flinらによると，ノンテクニカルスキルには，コミュニケーション，チームワーク，情報認識，意思決定も含まれており，第1因子を「救命活動ノンテクニカルスキル」と解釈することは妥当であると考える。

また，1〜10年目までの「救命活動スキル」は，11年目以降の「救命活動ノンテクニカルスキル」と「救命活動テクニカルスキル」を形成する項目を合わせたものとなり，「マネジメントスキル」は，両キャリア段階で変わらず同じ項目で構成されていた。

なお，経験に関する27項目についても同様の手続きで因子分析を行ったが，

図表 5-1　キャリア 10 年目における救命救急士の能力

救命活動スキル	マネジメントスキル
多角的で正確な観察能力 的確な搬送，病院選定の能力 傷病者・家族からの情報収集・コミュニケーション能力 適切で迅速な処理能力（傷病者の負担やリスクの軽減） 傷病者・家族に寄り添う心 変化する状況への対応力 救急救命士としての責任感・使命感 医師との連携・コミュニケーション能力 同僚との連携・コミュニケーション能力 他職種との連携・コミュニケーション能力 解剖・疾患・治療の知識 資機材の機能・操作の理解 救急救命士特定行為のスキル	組織マネジメント力・リーダーシップ力 外部機関・人材とのネットワーク構築力 学術研究の能力（論文執筆，学会発表含む） 部下・後輩を指導・育成する力

図表 5-2　キャリア 11 年目以降における救命救急士の能力

救命活動スキル	救命活動テクニカルスキル
多角的で正確な観察能力 的確な搬送，病院選定の能力 傷病者・家族からの情報収集・コミュニケーション能力 適切で迅速な処理能力（傷病者の負担やリスクの軽減） 傷病者・家族に寄り添う心 変化する状況への対応力 救急救命士としての責任感・使命感 医師との連携・コミュニケーション能力 同僚との連携・コミュニケーション能力 他職種との連携・コミュニケーション能力	解剖・疾患・治療の知識 資機材の機能・操作の理解 救急救命士特定行為のスキル
	マネジメントスキル 組織マネジメント力・リーダーシップ力 外部機関・人材とのネットワーク構築力 学術研究の能力（論文執筆，学会発表含む） 部下・後輩を指導・育成する力

明確な因子は抽出できず，項目を加除しつつ検討したが，解釈可能な結果は得られなかった。また，本研究は具体的にどのような経験が能力獲得に影響を与えているかを明らかにすることを目的とするため，経験については，因子分析によって類型化せず，各項目で分析した。

経験に関する項目設定の過程は以下のとおりである。

まず，経験と能力獲得との因果関係が逆になりうる項目（たとえば「傷病者・家族からの感謝」，「傷病者・家族からの苦情」，「業務における成功，うまくできた経験」，「業務における失敗，うまくいかなかった経験」等，能力の有無が

経験につながっていると考えられる項目）を除外した。

　次に，全回答者が経験している項目（「救急救命士養成のための学校・研修所への入校・入所」，「救急救命士資格取得に向けた勉強」）および，回答者の多くが経験していない項目（「地域住民に向けたイベントの企画・開催」）を除外した。

　さらに，相関が高い項目同士で，一方に他方が包括されると判断できる項目（たとえば「研修・講習会への参加」に対する「事例検討会・検証会への参加」，「上司・先輩との関わり」に対する「上司・先輩からの指導」，「医師との関わり」に対する「医師からの感謝」と「医師からの苦情」，「組織の異動」に対する「昇任・昇進」）を除外し，最終的に経験に関する15カテゴリーを設定した（図表5-3）。

②能力と経験との関係性

　これらの能力が，各キャリア段階において，どのような経験から獲得されているのか重回帰分析によって検討する。

　図表5-1に示したキャリア10年目までの2つの因子に含まれる項目のスコアの平均値を，それぞれ「救命活動スキル」と「マネジメントスキル」のスコアとした。

　ほかに統制変数として，回答者の救急救命士資格取得後年数（年），所属自治体規模（①人口10万人未満の市区町村，②人口10万人～30万人の市区，③人口30万人以上の市区，④中核市，⑤政令指定都市），職位（①隊員，②主任・分隊長，③係長・小隊長，④出張所長・中隊長級以上）を分析に加えた。

　図表5-3は，キャリア10年目までの「救命活動スキル」と「マネジメントスキル」を従属変数として，経験の15カテゴリーを独立変数として重回帰分析を行った結果である。すべてのVIF（Variance Inflation Factor：分散拡大要因）の値が3.1以下であったため，多重共線性は生じていないと判断した。

　10年目までのキャリアにおいて，「救命活動スキル」を高めていたのは，「病院での実習」，「部下・後輩の指導」，「他地域の職員との出会い・情報交換」であった。一方，阻害していたのは「職場における対立や衝突」であった。

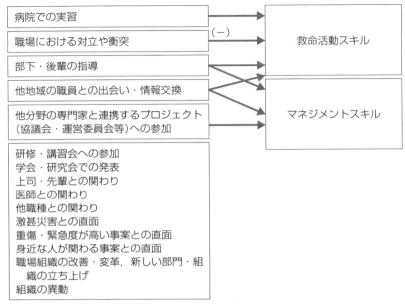

図表 5-3 キャリア 10 年目における経験と能力の連関（重回帰分析）

注1：矢印は正の関係を意味している。ただし、(−) は負の関係を示している。矢印がついていない場合には、統計的に有意な関係が見られなかったことを意味している。
注2：救急救命士資格取得後の経験年数、所属自治体の規模、職位は統制変数として検討したが、図には示していない。
注3：激甚災害：被災地域や被災者に助成や財政支援をとくに必要とするような大規模な災害を示している。

「マネジメントスキル」を高めていたのは、「部下・後輩の指導」、「他地域の職員との出会い・情報交換」、「他分野の専門家と連携するプロジェクト（協議会・運営委員会等）への参加」であった。

以上、「病院での実習」が「救命活動スキル」を高め、「他分野の専門職との連携するプロジェクトへの参加」は「マネジメントスキル」を高めていた。また、「部下・後輩の指導」と「他地域の職員との出会い・情報交換」は、「救命活動スキル」と「マネジメントスキル」の両方の能力を高めていた。一方で、キャリアの早い段階での職場での大きな対立は、「救命活動スキル」の育成を阻害することが示された。

図表5-4は、キャリア11年目以降の「救命活動ノンテクニカルスキル」、「救

命活動テクニカルスキル」,「マネジメントスキル」を従属変数として重回帰分析を行った結果である。図表5-4に示した11年目以降の3つの因子に含まれる項目のスコアの平均値を,それぞれ「救命活動ノンテクニカルスキル」,「救命活動テクニカルスキル」,「マネジメントスキル」のスコアとした。すべてのVIFの値が2.4以下のため,多重共線性は生じていないと判断した。

キャリア11年目以降において,「救命活動ノンテクニカルスキル」を高めていたのは,「医師との関わり」,「組織の異動」,「他職種との関わり」であった。一方,「救命活動テクニカルスキル」と統計的に有意な関係にあった経験はなかった。

また,「マネジメントスキル」を高めていたのは,「他職種との関わり」,「他

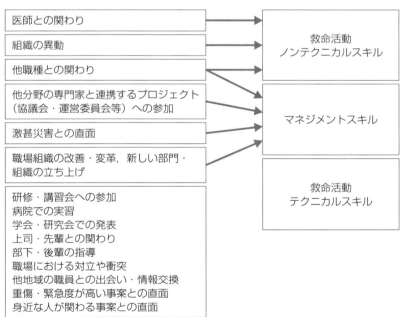

図表5-4　キャリア11年目以降における経験と能力の連関（重回帰分析）

注1：矢印は正の関係を意味している。矢印がついていない場合には，統計的に有意な関係が見られなかったことを意味している。
注2：救急救命士資格取得後の経験年数，所属自治体の規模，職位は統制変数として検討したが，図には示していない。

分野の専門家と連携するプロジェクト（協議会・運営委員会等）への参加」，「激甚災害との直面」，「職場組織の改善・変革，新しい部門・組織の立ち上げ」であった。

　以上，「医師との関わり」や「組織の異動」が「救命活動ノンテクニカルスキル」を高め，「他分野の専門家と連携するプロジェクト（協議会・運営委員会等）への参加」，「激甚災害との直面」，「職場組織の改善・改革，新しい部門・組織の立ち上げ」は「マネジメントスキル」を高めていた。「他職種との関わり」は，「救命活動ノンテクニカルスキル」と「マネジメントスキル」を同時に高めていた。

③考察
1）救急救命士が獲得している能力

　救急救命士の能力には，「救命活動ノンテクニカルスキル」と「救命活動テクニカルスキル」を合わせた「救命活動スキル」，ならびに「マネジメントスキル」があると考えられる。こうした結果は，看護師（松尾ほか，2008），保健師（松尾・岡本，2013），診療放射線技師（松尾ほか，2014）に関するそれぞれの研究（1・2・4章参照）と比べ多少の違いはあるものの，「救命活動ノンテクニカルスキル」と「マネジメントスキル」は，主に「ヒューマンスキル」と捉えることができ，「救命活動テクニカルスキル」は主に「テクニカルスキル」に相当すると考えられるため，類似の能力が抽出されていると言える。

　ただ，本研究においては，「救命活動スキル」はキャリアの進展とともに，「救命活動テクニカルスキル」と「救命活動ノンテクニカルスキル」に分化していた（図表5-5）。

　このように，「救命活動スキル」は，キャリアを重ねることによって，救命活動に直接関わる専門知識と技術である「救命活動テクニカルスキル」と，救命活動をうまくいかせるための能力である「救命活動ノンテクニカルスキル」とが，別の能力として認識されていることを示している。

　Flin et al.（2008）によると，「ノンテクニカルスキル」は，①状況認識，②意思決定，③コミュニケーション，④チームワーク，⑤リーダーシップ，⑥ス

図表 5-5　各キャリア段階における能力についての認識の変化

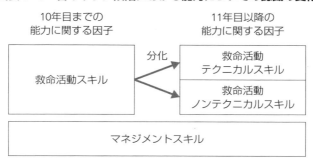

トレスマネジメント，⑦疲労への対処の7つのカテゴリーに分けられる。このとき①状況認識は，「変化する状況への対応力」や「多角的で正確な観察能力」，②意思決定は，「的確な搬送病院選定の能力」，③コミュニケーションは，「傷病者・家族からの情報収集・コミュニケーション能力」，④チームワークは，「医師・同僚・他職種との連携・コミュニケーション能力」といったように，本研究においてもほぼ類似する能力が抽出されている。

　分析結果は，業務を遂行するうえでのテクニカルスキルとノンテクニカルスキルが明確に別のものとして認識されるためには，救急救命士自身の熟達が必要であることを示していると考えられる。

2) 獲得能力と経験との関係性

　重回帰分析によって，経験と能力獲得の関係性を検討した結果，救急救命士の10年目までのキャリアにおいては，「病院での実習」が「救命活動スキル」を高め，「部下・後輩の指導」と「他地域の職員との出会い・情報交換」が，「救命活動スキル」と「マネジメントスキル」を同時に高めていた。一方で，「職場における対立や衝突」は，「救命活動スキル」の獲得を阻害していた。

　キャリア11年目以降においては，「組織の異動」と「医師との関わり」が，「救命救急ノンテクニカルスキル」を高め，「職場組織の改善・変革，新しい部門・組織の立ち上げ」，「激甚災害との直面」が「マネジメントスキル」を高めていた。また，「他職種との関わり」が，「救命活動ノンテクニカルスキル」と

「マネジメントスキル」の両方を同時に高めていた。

そして、両キャリア段階で、「他分野の専門家と連携するプロジェクト（協議会・運営委員会等）への参加」が「マネジメントスキル」を高めていた。以上は図表5-6のとおりにまとめることができる。

獲得能力と経験の関係性に関しては、10年目までのキャリアにおいて、「病院での実習」が救命活動スキルを高めていた。病院実習については、各地で取り組まれている「再教育」の成果と捉えることができるだろう。

また、「部下・後輩の指導」と、「他地域の職員との出会い・情報交換」が、「救急活動スキル」と、「マネジメントスキル」を同時に高める経験となっている。キャリア初期ではとくに、他地域の職員も含んだ、同職種と連携して働くことが重要であることを示している。しかし、一般的にキャリア初期の能力獲得に大きな影響を与えると予想される「上司・先輩との関わり」は、予備調査の自由記述において多くの記載があったが、重回帰分析では、いずれの能力獲得にも影響を与えていない結果となった。このことは、上司・先輩と関わりで、教えられることよりも、部下・後輩に教える方が、能力獲得の機会として重要であると捉えられていると考えることができる。また、「他職種との関わり」も、

図表5-6　救急救命士のキャリアごとの獲得能力と経験の関係性

	救命活動スキル		マネジメントスキル
キャリア 10年目まで	○病院での実習 ○職場における対立や衝突（阻害要因）		○他分野の専門家と連携するプロジェクト（協議会・運営委員会等）への参加
	○部下・後輩の指導，○他地域の職員との出会い・情報交換		
	救命活動テクニカルスキル	救命活動ノンテクニカルスキル	マネジメントスキル
キャリア 11年目以降	―	○医師との関わり ○組織の異動	○激甚災害との直面 ○職場組織の改善・変革，新しい部門・組織の立ち上げ ○他分野の専門家と連携するプロジェクト（協議会・運営委員会等）への参加
	○他職種との関わり		

第5章
救急救命士の経験学習プロセス：医療専門職間の連携に注目して

10年目までのキャリアにおいては，いずれの能力獲得にも影響を与えていなかった。

11年目以降のキャリアにおいては，「組織の異動」が，「救命救急ノンテクニカルスキル」を，「職場組織の改善・変革，新しい部門・組織の立ち上げ」，「激甚災害との直面」，「他分野の専門家と連携するプロジェクトへの参加」が「マネジメントスキル」を高めていた。

これらはMcCauley et al.（1994）が，成長を促す経験として提示した「発達的挑戦（developmental challenge）」に含まれる，「異動（不慣れな仕事）」，「変化の創出」，「高いレベルの責任」，「境界を越えて働く経験」と同様のものであると指摘できる。救急救命士の11年目以降についての発達的挑戦の経験は，能力獲得に大きな関係性を持っていることを示している。McCauleyらは，こうした挑戦的状況が従来の思考方法や行動を見直し，新しいやり方を考える機会を提供し，現状の能力と望ましい能力のギャップを埋めるよう動機づけられるため学習が促進されるとしているが，救急救命士の経験学習においても同様であることが指摘できる。

また，常に連携して働く「医師との関わり」が，「救命活動ノンテクニカルスキル」を高めていた。また，「他職種との関わり」が，「救命活動ノンテクニカルスキル」と「マネジメントスキル」の両方を同時に高めていた。さらに，他地域への救援であり，ほかの職種の専門職との連携が求められる，「激甚災害との直面」が「マネジメントスキル」を高めていた。

そして，両キャリア段階で，「他分野の専門家と連携するプロジェクト（協議会・運営委員会等）への参加」が「マネジメントスキル」を高めていた。

以上のような，ほかの専門職者との関わりは，McCauleyらが指摘する発達的挑戦の「境界を越えて働く経験」と，それにともなう「高いレベルの責任」として考えられる。それは，自職種の専門という境界を越え，他職種と連携して働くことで，自身の従来の思考方法や行動を省察し，新しい方法を考え，現状の能力と望ましい能力のギャップを埋め，能力獲得を生む機会となっていると言える。このように，ほかの専門職者との連携は，救急医療を円滑に行うために求められているが，それだけでなく，Engeström（1997, 2004）の言う水

平的学習の機会として作用し，学習のリソースとして作用し，自身の能力獲得を促していると捉えることができる。

一方で，11年目以降の「救命活動テクニカルスキル」には，特定の経験が影響を与えているという結果が見られなかった。この理由として，キャリアを重ねても新しい知識やスキルを習得するため病院実習は継続されており，実際には能力は高まっているはずであるが，キャリア10年目までの病院実習や，救急救命士資格取得に必要な，学校や研修所における学習ほど，能力獲得の機会として強く意識されていないためであると推測される。

3）仕事現場の類型から検討した救急救命士の連携と能力獲得の関係性

ここまで検討してきた救急救命士の経験は，すべて他者や他組織，他職種との連携と捉えることができる。こうした連携は，以下のように，4つの仕事現場の類型に即して分類することができる。

たとえば，「部下・後輩の指導」や「職場における対立や衝突」は，組織内同職種の仕事現場での連携であり，「組織の異動」，「他地域の職員との出会い・情報交換」は，組織間同職種の仕事現場での連携を生んでいる。また，「医師との関わり」は組織内多職種の仕事現場での連携として捉えることができる。そして，他地域への救援であり現地での専門職との連携が求められる「激甚災害との直面」，「職場組織の改善・変革，新しい部門・組織の立ち上げ」，「他分野の専門家と連携するプロジェクト（協議会・運営委員会等）への参加」は，組織間多職種の仕事現場での連携として捉えることができる。なお，「他職種との関わり」は，組織内多職種および組織間多職種の両方の仕事現場での連携として捉えることができる。

こうした仕事現場の類型から検討した救急救命士の連携と能力獲得の関係性は，図表5-7のようにまとめることができる。

図表5-7では，救急救命士においては，大きな傾向として，キャリアを重ねることにそって，能力獲得を生む連携の対象となる専門職が，組織内での同職種→他地域の同職種→組織内での他職種→他地域の他職種といったように，拡大していく傾向があることが示されている。このことを，仕事現場の類型から

第5章
救急救命士の経験学習プロセス：医療専門職間の連携に注目して

検討すると，連携をリソースとして能力が獲得される仕事現場は，組織内同職種→組織間同職種→組織内多職種→組織間多職種と拡がっていく傾向が見られると捉えることができる。

こうした能力獲得をめぐる連携の対象や仕事現場の拡がりは，看護師（松尾ほか，2008）や保健師（松尾・岡本，2013），診療放射線技師（松尾ほか，2014）を対象とした先行研究とは異なっている（1・2・4章参照）。救急救命士の熟達においては，同職種内での越境（他地域救急救命士との関わり）から，職種間の越境（他職種との関わり）へと，能力獲得を生む水平的学習の対象が変化していくのである。

このような救急救命士の専門職同士の連携による能力獲得の特徴が生まれる理由として以下の2点が考えられる。

第1に，救急救命士の熟達においては，他職種との連携による水平的学習に

図表5-7　仕事現場の類型から検討した救急救命士の連携と能力獲得の関係性および連携の拡大

連携範囲 連携対象	通常属する組織	通常属していない組織
同職種	組織内同職種 ○部下・後輩の指導：10年目まで →救命活動スキル，マネジメントスキル ○職場における対立や衝突：10年目まで →救命活動スキル（阻害要因）	組織間同職種 ○他地域の職員との出会い・情報交換：10年目まで →救命活動スキル，マネジメントスキル ○組織の異動：11年目以降 →救命活動ノンテクニカルスキル
他職種	組織内多職種 ○医師との関わり：11年目以降 →救命活動ノンテクニカルスキル	組織間多職種 ○他分野の専門家と連携するプロジェクト（協議会・運営委員会等）への参加：両キャリア段階 ○激甚災害との直面：11年目以降 ○職場組織の改善・変革，新しい部門・組織の立ち上げ：11年目以降 →マネジメントスキル
	○他職種との関わり：11年目以降 →救命活動ノンテクニカルスキル，マネジメントスキル	

（注）表内の矢印は，キャリアの進展にともなう能力獲得を生む連携の範囲・対象の拡大を意味している。

さきがけ，同職種内での垂直的学習による熟達への意識が優先していることが考えられる。こうした意識を生んでいるものとして，救急救命士の勤務形態と育成過程の特徴が考えられる。勤務形態に関しては，救急救命士は，出動がない場合，勤務時間のほとんどを，訓練，体力錬成，車両・資機材点検，示達教養（ミーティング）等といった同職種内での活動においている。そのため同職種との連携が強く意識されるのではないか。また，育成過程に関しては，近年は大学や専修学校等での養成も行われているが，今回の調査対象者は，救急隊員として5年もしくは2000時間の実務経験を経て，各消防機関の辞令を受け救急救命士養成所に入所し，国家試験に合格した救急救命士が多い。つまり，10年近くにわたって同職種のなかで育成されてきた。そのため，キャリア初期では，他職種との連携が重要という発想が生まれず，同職種同士の連携のみが意識され，キャリア中盤以降になって他職種との連携が意識され始めることが考えられる。

　第2に，他職種と連携して学ぶためには，自職種の専門的能力の習得がまず必要で，それを獲得するために一定以上のキャリアが必要であることが考えられる。先行研究においても，チーム医療を実践するうえでの自身の専門的能力の獲得の重要性が指摘されている（細田，2012；Yamamoto et al., 2013）。

　Dreyfus（1983）は，初心者，見習い，一人前，上級者，熟達者の5段階を経る熟達段階モデルにおいて，上級者以上の段階で状況を包括的・全体的に把握できるようになると指摘した。また，Benner（1984）は，看護の技能習熟にも同様の段階があることを証明し，郡山（2006）は，救急救命士の熟達にも応用できることを示している。

　このように，業務の状況を包括的・全体的に把握できる段階に到達して初めて，業務上の認知的負荷が減少し，他職種を観察することができ，その連携から能力を獲得することができるようになると考えられる。救急救命士においても，他職種と連携して能力を獲得するには，ある程度以上自らが熟達し，成長するためのレディネス（準備性）を備えている必要があることが考えられる。

4. 連携によってもたらされる経験学習のプロセス

前節では，定量的な重回帰分析によって経験と獲得能力の関係性を明らかにした。しかしながら，こうした経験と獲得能力の関係性は，原因と結果を特定しているだけであり，その具体的なプロセスは不明である。ここでは，第2のリサーチクエスチョン「救急救命士の能力獲得において，医療専門職者同士の連携と能力獲得の間に，どのような学習プロセスが存在するのか」について，定性的データである自由記述およびインタビュー調査を分析することによって定量的分析では解明できていない，経験による学習のプロセスを明らかにする。

(1) 方法

定量的研究で明らかにされた経験と能力獲得の関係性をもとにして，自由記述式質問紙およびインタビュー調査で得られた質的データを分析した。

(2) 分析の方法

124名の救急救命士に対し，自由記述式の質問紙調査を実施した。この自由記述式の質問紙調査は，定量的調査での質問紙を作成するに当たっての予備調査として行ったものであるが，学習のプロセスを検討するうえで，非常に有効なデータであるため分析の対象とした。また，1名の救急救命士に対し，インタビュー調査を実施している。インタビューの内容は，ICレコーダーで録音し逐語録を作成した。

自由記述およびインタビュー調査の逐語録といった質的データは，グラウンデッド・セオリー・アプローチのコード化の手法を参考に分析した（Strauss and Corbin, 1998）。一文ごとにコードをつけ，連携による学習に関する言及を抜粋し，内容を抽象化しつつ概念の検討を重ねカテゴリーの作成を行った。

以上，自由記述式質問紙調査とインタビュー調査の，2つの質的データの検討によって，学習の具体的なプロセスに迫る。

(3) インタビュー調査の対象と倫理的配慮

インタビュー調査は，2015年9月16日に約40分，インタビュー対象者（以下，F氏とする）の勤務先の会議室で実施した。インタビュー調査の対象であるF氏は，48歳の男性で，1988年に消防署に入職し，1990年に都道府県の消防学校を卒業し，消防隊員の資格を得た。2001年に救急救命士国家資格に合格し，救急救命士として14年目のキャリアを持つ。

質問項目は，①キャリア初期で自身の成長のきっかけになった経験，②キャリア10年以降で自身の成長のきっかけになった経験，③同職種や他職種との連携はどのように自身の成長のきっかけとなっているのかについてである。

倫理的配慮として，対象者には事前に口頭および書面にて，調査の趣旨や調査協力の任意性，匿名性，結果の公表について説明を行い，調査協力への同意を得た。また，対象者の負担を軽減させるため，調査者である筆者が用意したインタビューガイドにそった質問を中心に回答する半構造化面接の方法で行われた。

以下のインタビューに関する記述は，内容や文脈を変換させることなく筆者が要約したものであり，また個人情報が特定されるような情報は削除している。

(4) 結果

①組織内同職種連携による能力獲得のプロセス

定量的分析では，「部下・後輩の指導」は，「救命活動スキル」と「マネジメントスキル」を同時に高めていた。以下では，部下・後輩の指導が，能力を高めていくプロセスについて検討していく。自由記述には，部下・後輩の指導について，以下のような言及があった。

A：人（後輩等）への指導には，約10倍以上の知識，スキルが必要だということ，後輩への指導を通じ学び，自分自身のスキルアップにつながったと思う（どのようにしたらわかりやすく，実践向きになれるか等）。

B：救急隊長として業務するに当たって，隊員等に対しての指導や現場での指示をするためには，自らが学ばなければならないと考えた。

　A氏はまさしく後輩への指導が，能力獲得につながっていることを示している。その具体的なプロセスとして，現在の自身の能力が不足しているという認識や，専門的スキルを獲得するための学習が必要であるという自覚が生まれていることが述べられている。B氏も，A氏と同様に，部下・後輩への指導によって，自身の能力不足の認識や，学習への自覚の芽生えが言及されている。

　このように，部下・後輩の指導という連携が学習のリソースとなって，自身の能力不足や，部下・後輩の高い能力に対する認識の変化により，自身の学習の必要性の自覚が生まれ，自己学習という行動につながることによって，「救命活動スキル」を獲得していくというプロセスがうかがえる。

　また，「部下・後輩の指導」が，「マネジメントスキル」を高めるプロセスについては，以下のような言及が見られる。

C：隊長として1救急隊をまかされ，どのようにして隊員1人ひとりの思いや，考えを1つの方向に向け業務に取り組んでいくか悩んだ時期があった。自分の考え方が少しずつかたまっていき，1つひとつをこなしていくうちに成長とは言えないかもしれないが自信みたいなものを感じた。個人に合わせた課題を与えていく。個々の性格，考え，能力を知ることに努め，日常からコミュニケーションをとることが重要。隊としての向上を考える。理解しているようで難しいが心がけている。

　C氏のコメントから，上司・先輩として部下・後輩を指導するという役割の変化で，自身に求められている新しい役割を認識し，メンバーの意識や能力を知ることや，モチベーション管理の必要性の自覚，コミュニケーションの重要性の自覚が生まれ，メンバーとのコミュニケーションを重視した行動がとられることによって，「マネジメントスキル」が獲得されていくというプロセスがうかがえる。

②組織間同職種連携による能力獲得のプロセス

　定量調査において，「他地域の職員との出会い・情報交換」は，「救急活動スキル」と「マネジメントスキル」を同時に高める連携となっていた。自由記述においても，以下のような言及があった。まず，「救急活動スキル」を高めていくプロセスを見ていく。

　D：救急救命研修所で，救急の知識や技術のみならず，隊活動での指揮能力において，自分より遥かにレベルの高い研修生との出会いが，自分が追いつくべき理想の救急隊員像として目標となり，救急救命士国家試験合格後も継続的に学習し，反復訓練したことにより，研修中には習得しきれなかった知識と処置技術の向上を得ることができた。

　このコメントからは，自分より遥かにレベルの高い研修生との出会いによって，自身の能力不足の認識が起こり，自分が追いつくべき理想の救急隊員像に向かって，継続的に学習し，反復訓練することで，知識と処置技術という「救命活動スキル」が獲得されているというプロセスがうかがえる。続いて，「マネジメントスキル」を高めていくプロセスを確認していく。

　E：各地の研修生（消防職員）と出会ったこと。各地の実情を把握し地元と比較することで救急業務の質を見直すことができた。

　F：やはり各種セミナーや消防学校で一緒になって，その人たちの実践を発表しているのを聞いたりしたときに「ああ，すごいな」って思いますね。法律上間違ってなければ問題ないので，自分たちの地域のやりやすいような感じにちょっと変えてやり方をとり入れています。

　E氏の発言から，各地の消防職員と出会ったことが，各地の実情を把握し地元と比較することを生み，自組織との比較によって自組織の改善点の把握が行われていることがうかがえる。のち改善のために救急業務の質を見直すことを

続けることによって,「マネジメントスキル」が獲得されていくというプロセスがうかがえる。インタビュー協力者のF氏も,自身が所属する組織以外の方法を目の当たりにし,自組織の業務を見つめ直すきっかけになっており,自身が所属する組織の業務改善につながっていることを言及している。

以上のように,「他地域の職員との出会い・情報交換」によって,自身の能力不足や自身の意識の低さに気づき,学習や意欲を持った行動の必要性を自覚して,継続的な学習や訓練,努力がなされることで,「救命活動スキル」が獲得されているプロセスがうかがえる。また,自組織との比較が行われ,自組織の現状が把握された場合,自組織の改善点の自覚や行動につながり,「マネジメントスキル」が獲得されているプロセスがうかがえる。

定量調査において,「組織の異動」は,「救命活動ノンテクニカルスキル」を高める経験となっていた。「組織の異動」は,別の消防署や救急隊へという同職種での異動であるが,これまでの組織とは異なる文脈を持つ組織への越境であるため,組織間同職種の仕事現場での連携と捉えることができる。「組織の異動」が能力獲得につながったという言及には以下がある。

G:救急救命士搭乗隊に異動後,さらなる高度な救急活動,観察,処置,病態把握を教わった。

H:本署専任救急隊に異動となり,隊長として6年間活動したこと。件数も多く,繁華街も管轄であったため,種々雑多な活動内容であり,傷病者のニーズをすばやく読みとる技術が身についた。

G氏は,救急救命士不在の救急隊から救急救命士搭乗隊に異動したことで,高度な救急活動,観察,処置,病態把握の能力を獲得していることがわかる。異動によってチームメンバーが変更し,新しいチームメンバーから教わることで獲得していない能力を自覚し,自身が学習することによって,観察や病態把握という「救命活動ノンテクニカルスキル」を獲得していくプロセスを見せている。

H氏のコメントにおいても，異動し管轄が変わることで，これまでとは違う傷病者（クライアント）を対象とするようになったため，新しい傷病者のニーズに合致するよう活動方法を転換し，件数と年数を重ねることにより，「傷病者のニーズをすばやく読みとる技術」という，「救命活動ノンテクニカルスキル」を身につけていることが記述されている。

> I：配置異動で出張所に配属された際，そこの小隊長が救急救命士を良く思っておらず，ことあるごとに否定されていました。どうしたら救急隊長として信頼されるのかと考えた結果，教育コース（AHA BLS や JPTEC 等）のインストラクターを目指し，処置の意味や証拠（エビデンス）を学ぶことから始めようと思いました。私が積極的に教育コースに参加していることを知ってからか，小隊長は否定的なことは言わなくなり，現場も任せられるようになっていきました。このことから学んだことは，大切なのは取り組む姿勢と現場で使える技術だと感じるようになってきました。

　I氏は，異動によって，上司が変わり，これまでのやり方では信頼を得ることができないという前提の捉え直しが生じている。そして，取り組む姿勢と現場で使える技術を見せることが必要であるという気づきによって，積極的に行動した結果，信頼されるほどの能力を身につけることができたことが示されている。

　「組織の異動」によって，チームメンバーやクライアント，上司が変更し，自身に求められる役割や信頼の変化が認識される，そして新たな能力を獲得する必要性や，活動方針の転換や，信頼を得られるような行動の必要性を自覚し，そうできるように行動を重ねることで，観察や決断といった「救命活動ノンテクニカルスキル」が獲得されていくプロセスがうかがえる。

③組織内多職種連携による能力獲得のプロセス

　定量調査においては，「医師との関わり」は，「救急活動ノンテクニカルスキル」を高める経験となっていた。医師との関わりについて以下の記述があった。

J：救急処置について，医師から，専門についてより具体的なアドバイスを受けることができ，特に苦手と敬遠していた心電図については，理解度を向上することができた。

K：医師から「見た目で緊急度を感じとるのも大切」と言われた。

以上の言及は，状況認識という，まさしくノンテクニカルスキルを獲得するプロセスを示している。J氏やK氏のコメントにある，医師からの具体的なアドバイスやフィードバックは，自身の注意深い観察の必要性の自覚を生み，Benner（1984）の言う，質的差異を識別する意識を持つようになり，状況認識という，ノンテクニカルスキルを獲得しているプロセスを示している。また，インタビュー協力者のF氏は，「医師との関わり」について，以下のように述べている。

F：以前でしたらドクターの方も，救急隊員なんて来たってそんな大した話もなく，「はいはい」っていう感じの方が多かったんですが，最近は理解を示してくれる方も多くて，逆にしっかり引き継ぎしないと怒られるというか。「こうこうこういうところは，ちゃんと観察しないと駄目だよ」とか，「この患者さんだったら，こういうとこはしっかり見てよ」というアドバイスとかもいただけます。そういうのもやっぱりドクターと一緒に仕事するからできてくるようなことだと思います。

ここでも，自由記述と同様に，病院搬送での引き継ぎにおいての，アドバイスやフィードバックによって，自身の注意深い観察の必要性の自覚が生まれ，質的差異を識別するという意識を持ち，状況認識というノンテクニカルスキルを獲得しているプロセスが示されている。またA氏からは，以前は医師も，救急隊員への理解が低く，アドバイスやフィードバックは行われていなかったが，医師の意識変革とともに救急救命士自身の能力の向上によって医師からの理解

が進み，より深い連携を生んでいることが語られている。このことは，学習の成果として獲得している能力の高さがレディネス（準備性）となり，新たな学習の場での学習のリソースとしての連携につながり，さらに学習が高度化していくということを示していると考えられるものであろう。

さらに，「医師との関わり」は，以下のように，やりがいや，モチベーションの向上も生んでいる。

L：救急現場で行う医師とコラボレーションした救急処置により患者の命を救ったときのやりがいや，帰所後の医師とのコミュニケーションにより得た知識は何ものにもかえがたい。

M：医師の情熱と行動力に強く感銘を受けた。

医師からの具体的なアドバイスや，フィードバックは，自身の注意深い観察の必要性の自覚を生み，質的差異を識別する意識を持って行動することを引き出している。また，医師との連携をとおして，医師の能力と意識の高さを知り，自身の学習の必要性の自覚，救急医療への意欲が生まれ，意欲を持って学習を継続することにつながっている。その結果，「救命活動ノンテクニカルスキル」の向上につながっていることが確認できる。

ここで特徴的であるのは，救急現場での医師との連携では，専門についてのアドバイスや，コミュニケーションにより得た知識といったように，「救命活動テクニカルスキル」が獲得されているような言及もあるが，定量的分析で確認したように，重回帰分析では有意な値を示してはいない。自由記述で言及されているような，救急現場での医師との連携によって獲得される能力は，観察力や，モチベーションといったような，より包括的な「救命活動ノンテクニカルスキル」であるという特徴が見られる。これは，やはり救急現場という過酷な状況での活動であるため，専門的な知識より，むしろ観察や意思決定，医療者としての姿勢の重要性が強く認識されるためであると考えられる。

第 5 章
救急救命士の経験学習プロセス：医療専門職間の連携に注目して

　次に，組織内多職種および組織間多職種の両方の仕事現場での連携として捉えることができる「他職種との関わり」による能力獲得のプロセスを確認していく。「他職種との関わり」は，定量的分析では，「救命活動ノンテクニカルスキル」や「マネジメントスキル」を高める結果を見せていた。

　N：救命士になり，病院研修を初めて経験し，いままで入ったことのないCTやレントゲンの検査室において，医師から映像や病態の説明を受けるようになった。医療人の一員に加わっているという思いがした。

　M：医師や看護師の熱意を見て自分自身の考え方を改めた。日々変化する医療技術に対して自分自身も対応していくべきである。

　N氏のコメントでは，救急救命士になったことで，病院研修に参加することによって，自身に求められている役割を認識し，医療専門職者としての自覚が生まれていることが記されている。M氏は，医師や看護師の意識の高さに触れることで，医療専門職者としての自覚が生まれ，継続的に学習していると言える。
　このように，他職種との関わりによって，医療専門職としての自覚を喚起し，モチベーションを高め，自己の学習につながっているということを表す言及が多い。これらからは，他職種との関わりから，自身に求められている役割や，他職種の能力や意識の高さを認識し，医療専門職者としての自覚が生まれ，継続的に学習していくことが記されている。

　O：私の所属する消防局では，地域メディカル・コントロール組織のなかで具体的な活動を行う3部門があり，高度救急業務推進，救急医療体制，災害医療体制のそれぞれを委員会としてプロジェクト方式で事業展開しています。高度救急業務推進委員として8名の医師，私以下5名の救命士で構成しています。そのなかで，プロトコル（治療・対応の手順や留意事項をフローチャート等を用いて示したもの）作成や検証会，症例発表の場である検討会事業，生涯教育事業

の実施に取り組み,救える命を救うという目的において現在も継続的に業務を行っています。

　また,「他分野の専門家と連携するプロジェクト（協議会・運営委員会等）への参加」において例示されているものと重複しているが,O氏が語っているように,他地域からの他職種が目的を同じくし,継続的な業務を行っていくうえで,自組織の役割とともに自職種の役割の認識や,他組織,他職種との連携強化の必要性の自覚が生まれ,「マネジメントスキル」が向上していくと考えられる。

　以上のように「他職種との関わり」によって,自職種や自組織の役割や,他職種の意識の高さへの認識が起こり,医療専門職としての自覚や,他職種や他組織との連携の必要性を自覚し,意識を持って学習することで「救命活動ノンテクニカルスキル」を,継続的に業務を行うことで,「マネジメントスキル」を獲得していくというプロセスがうかがえる。

④組織間多職種連携による能力獲得のプロセス

　定量分析において,「激甚災害との直面」は,「マネジメントスキル」を高める結果を見せていた。自由記述には以下のような言及があった。

P：大震災を経験した。組織のなかでの救急隊として,災害に対する備え,対応,今後の心構えなど非常に考えさせられた。いつどこで何が起こっても対応できる能力を身につけておくことが大切であると感じた。

Q：大震災において緊急消防援助隊として被災地へ派遣され,救急活動を行った。改めて住民サービスの大切さ,救急隊が住民へ応対する際の声がけの重要性を感じた。また,大規模な災害においてはトリアージが必要になってくることを感じた。いまに生かしていることは,傷病者や家族等への接遇（丁寧に対応する）,住民の立場になって仕事をすることである。日ごろから特定行為等の訓練も大切であるが,大規模・集団災害時においてのトリアージ訓練も今後は積

極的に行っていかなければならないこと。

　P氏は，「組織のなかでの救急隊」という，自組織の役割の認識が生まれ，救急隊として今後の災害に対する備えや対応をどう考えよくしていくかという，組織改善への意欲を語っている。Q氏のコメントにおいてもまた，自身が緊急消防援助隊として被災地へ派遣されることで，住民サービスの大切さ，救急隊が住民へ応対する際の声がけの重要性が認識されたことが語られている。これは，救急救命士個人の実践を省察する意味もあるが，それ以上に，救急隊という専門職者集団として，組織での実践を省察する視点で語られていると言えるだろう。また，大規模な災害においては，治療の優先順位を決めるトリアージが必要であり，そのため日ごろからの訓練を実施していくというような，組織に不足している事柄が認識され，組織改善への意欲が生まれており，「マネジメントスキル」を獲得していくことにつながっているというプロセスが見てとれる。

　以上のように，組織間多職種の連携のもとで働く現場である激甚災害に直面することによって，自身や自組織の業務の省察はもちろんのこと，自組織の役割や，自組織に不足している事柄が認識されるような，自組織の実践の省察を促しており，自組織の改善への意欲の喚起や，他組織との連携強化の必要性の自覚を生んでいる。そして，そののち組織の改善の取り組み行っていくことで，「マネジメントスキル」の向上を促していると考えられる。

　定量分析において，「職場組織の改善・変革，新しい部門・組織の立ち上げ」は，「マネジメントスキル」を高めていることが示されていた。「職場組織の改善・変革，新しい部門・組織の立ち上げ」は，以下からも確認できるように，同職種だけでなく，さまざまな職種や，さまざまな組織との調整が求められる。そのため組織内多職種の仕事現場として検討する。自由記述では以下のような言及が見られた。

　R：地域被害終息より地域メディカル・コントロール協議会への働きかけと，地域中核病院の救急担当医師への働きかけを開始し，中核病院内に「救急ワークス

テーション」の設置を要望。ただし，当地域の中核病院は市立や私立ではなく県立であることから，行政サイドの理解を得るのに難航し，まず足がかりとして，病院内に訓練施設を設置することを提案。病院長に説明し，納得を得て，病院側が部屋を提供し，消防が訓練器材を配置する形で，訓練施設を設立。その後は病院スタッフを交えて救急隊員と合同で訓練を行うなどしています。各種機関との調整や段取り，ときには根回しなどシステムをくみ上げるにはさまざまなスキルが必要であると実感しました。

　R氏は，中核病院内に，救急ワークステーションという，新しい組織を設置していく経過を述べている。その過程では地域メディカル・コントロール協議会や，救急担当医師への働きかけを行い，さまざまな組織や専門職との調整や段取り，根回しといったような，システム構築していくうえでのさまざまなスキルの必要性を実感している。新しい組織を立ち上げる過程で，さまざまな障害に阻まれ，調整スキルの必要性を自覚し，それを意識しつつ行動することで，「マネジメントスキル」が高められているということが示されている。

　また，定量分析において，「他分野の専門家と連携するプロジェクト（協議会・運営委員会等）への参加」は，「マネジメントスキル」を高めていたが，自由記述には，以下のような言及が見られる。

　S：組織の代表として地域メディカル・コントロール協議会へ関わることで，救急
　　業務全般について理解することができた。

　S氏の言う「組織の代表として地域メディカル・コントロール協議会へ関わる」ことは，消防署の代表としてではあるが，同時に救急救命士としての専門性を持つ者として関わっていると考えられる。そうした連携では，自組織の役割とともに自職種の役割の認識が生まれるだろう。そして，他組織，他職種との連携強化の必要性を自覚し，業務全般の理解ができるという，組織をマネジメントする上で重要なものを身につけている。そうしたプロセスで，「マネジメ

第 5 章
救急救命士の経験学習プロセス：医療専門職間の連携に注目して

ントスキル」を向上させていることがうかがえる。

⑤分析のまとめ：連携による学習のプロセス

　以上検討してきた，救急救命士の連携による学習のプロセスには，図表5-8に示すように，学習のリソースとなる「連携」，「ギャップ認識」，「改善点把握」，「修正行動」，学習の成果となる「能力獲得」という，具体的な段階があると考えられる。

　つまり，「部下・後輩の指導」や，「他分野の専門家と連携するプロジェクトへの参加」という連携を行うことによって，まず，自身や自組織，自職種に求められている役割や，能力や意識の不足といった，現状と必要なレベルとのギャップが認識される。それとともにそうした状況を打開していくには何が必要であるのか検討され，自身の学習やコミュニケーション，他組織や他職種との連携強化の必要性の自覚といったような，改善点が把握される。そして，その自覚に基づいて，自己学習の継続やメンバーとのコミュニケーションといった，自身の修正を目指した行動を重ねることによって，能力が獲得されていくというプロセスがあることが明らかとなった。連携によって，「ギャップ認識」が起こり，「改善点把握」によって必要なものが自覚され，自覚に基づいて，自身が具体的な「修正行動」を行うことで，能力が獲得されていく。そして獲得された能力によって，新たな仕事現場においての新たな連携につながっていく。

　また，こうした連携による学習のプロセスに，Cranton による Mezirow の意識変容学習プロセスモデル（Cranton, 1992）での「前提の問い直し」の際に「まわりの人」である他者，他組織，他職種という視点を加え，Jarvis (1987) の学習プロセスモデルで示されている，学習へと連結しない場合があることを踏まえると，図表5-9のように示すことができる。

　このプロセスモデルでは，各段階が次の段階につながらなければ能力獲得は

図表5-8　連携による学習のプロセス

生まれないということを示している。連携があっても、ギャップの認識がなければ能力の獲得は生まれず、ギャップの認識から改善点の把握につながらなければ能力の獲得はなされない、改善点の把握がなされたとしても、修正を目指して行動されなくては能力獲得にはつながらないということを表している。

さらに、Kolb（1984）によるDeweyの経験学習サイクルモデルでの能力を高めていくスパイラルの発想を加えたのが図表5-10である。

連携$_1$によって、他者、他組織、他職種からの作用が生まれ、ギャップ認識$_1$

図表5-9　連携による学習のプロセスモデル

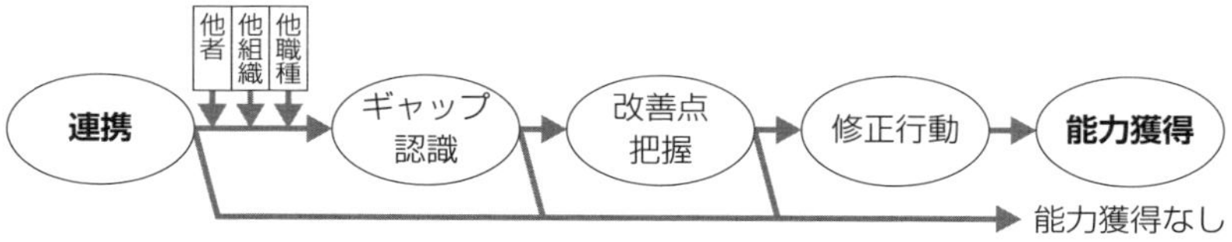

連携 → （他者・他組織・他職種）→ ギャップ認識 → 改善点把握 → 修正行動 → 能力獲得
　　　　　　　　　　　　　　　　　　　　　　　　　　　　　　　　　　→ 能力獲得なし

図表5-10　連携による学習のサイクルモデル

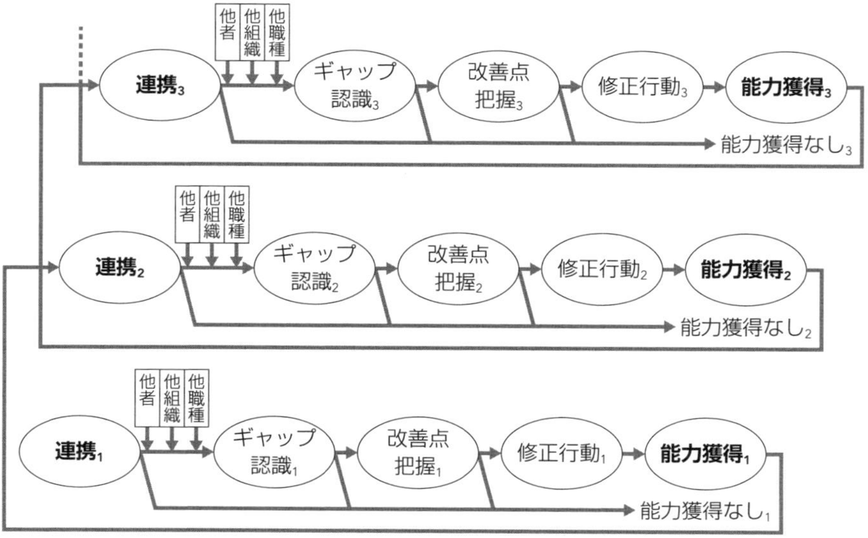

連携$_3$ →（他者・他組織・他職種）→ ギャップ認識$_3$ → 改善点把握$_3$ → 修正行動$_3$ → 能力獲得$_3$
　　　　　　　　　　　　　　　　　　　　　　　　　　　　　　　　　　→ 能力獲得なし$_3$

連携$_2$ →（他者・他組織・他職種）→ ギャップ認識$_2$ → 改善点把握$_2$ → 修正行動$_2$ → 能力獲得$_2$
　　　　　　　　　　　　　　　　　　　　　　　　　　　　　　　　　　→ 能力獲得なし$_2$

連携$_1$ →（他者・他組織・他職種）→ ギャップ認識$_1$ → 改善点把握$_1$ → 修正行動$_1$ → 能力獲得$_1$
　　　　　　　　　　　　　　　　　　　　　　　　　　　　　　　　　　→ 能力獲得なし$_1$

が起こる。その後，改善点把握$_1$，修正行動$_1$を経て能力獲得$_1$が達成され，新たな連携$_2$につながる。連携$_2$においても他者，他組織，他職種からの作用で，ギャップ認識$_2$，改善点把握$_2$，修正行動$_2$，能力獲得$_2$がもたらされ，連携$_3$に接続される。その後もスパイラル状に継続し，能力は向上していく。プロセスの途中でとどまった場合，マネジメントスキルやノンテクニカルスキルを含んだ能力は獲得されず，新たな連携につながることはない。

この連携による学習のサイクルを，本章の対象である救急救命士に置き換え，改めて確認すると，図表5-10で示される連携$_1$から始まるプロセスは，組織内同職種連携の仕事現場での連携による学習として捉えることができる。一様に他者，他組織，他職種からの働きかけがあるが，キャリア初期での本人のレディネスでは，通常属する組織での同職種である他者からのみギャップ認識が起こる作用が得られると考えられる。他者からの作用でギャップ認識を起こし，各段階を経て能力獲得し，組織間同職種連携である連携$_2$につながる。組織間同職種連携の段階では，他組織からの作用で，また，連携$_3$と捉えられる組織内多職種連携では，他職種からの作用で，そしてさらに組織間多職種連携では，他組織および他職種からの作用でギャップ認識を起こし，改善点把握，修正行動，能力獲得へと到達していくというプロセスを描くことができる。

以上のように，連携することで，本人のレディネスにそって，他者，他組織，他職種からの作用がもたらされ，現状の能力や役割とのギャップが認識される。そのギャップを埋めるための改善点を把握し，修正すべく行動することによって能力獲得がなされる。獲得した能力によって，また新しい連携が生まれ，新たにサイクルを繰り返し，能力は高められていく，こうした連携による学習のサイクルモデルを示すことが可能であろう。

5. 考察

本章では，経験と能力獲得の関係性を定量的分析によって，またその連携の経験によってもたらされる経験学習プロセスを定性的分析によって検討してきた。そこで明らかとなった事実を整理し，本研究の理論的・実践的インプリ

ケーションを示すとともに，残された課題と今後の展開を述べたい。

(1) 発見事実

　第1のリサーチクエスチョン「救急救命士は，どのような経験をとおして，いかなる能力を獲得しているのか」に関して，定量的分析によって検討した結果，以下の発見事実が得られた。

　第1に，救急救命士の能力には，「救命活動ノンテクニカルスキル」と「救命活動テクニカルスキル」，そして「マネジメントスキル」があることを明らかにした。そして，業務を遂行する上でのテクニカルスキルとノンテクニカルスキルが明確に別のものとして認識されるためには，救急救命士自身の熟達が必要であることを示した。

　第2に，連携をリソースとした能力獲得について，救急救命士の10年目までのキャリアにおいては，「部下・後輩の指導」と「他地域の職員との出会い・情報交換」が，「救急活動スキル」と「マネジメントスキル」を同時に高める一方で，「職場における対立や衝突」は，「救命活動スキル」の獲得を阻害していることを，また，キャリア11年目以降においては，「組織の異動」と「医師との関わり」が，「救命救急ノンテクニカルスキル」を高め，「職場組織の改善・変革，新しい部門・組織の立ち上げ」，「激甚災害との直面」が「マネジメントスキル」を高め，「他職種との関わり」が，「救命活動ノンテクニカルスキル」と「マネジメントスキル」の両方を同時に高めていることを明らかにした。これらは「発達的挑戦」（McCauley et al., 1994）であり，救急救命士の11年目以降の「発達的挑戦」と言える連携は，能力獲得に大きな関係性を持っていることを示した。

　第3に，連携をリソースとして能力が獲得される仕事現場は，キャリアの進展に応じて，組織内同職種→組織間同職種→組織内多職種→組織間多職種と拡大していく傾向があることを示した。以上の発見事実を整理して図示したのが，前掲の図表5-7である。

　また，第2のリサーチクエスチョン「救急救命士の能力獲得において，医療専門職者同士の連携と能力獲得の間に，どのような学習プロセスが存在するの

か」に関して，自由記述調査およびインタビュー調査という，定性的データをもとに検討した結果，以下の発見事実が得られた。

第1に，連携による学習のプロセスには，学習のリソースとなる「連携」，「ギャップ認識」，「改善点把握」，「修正行動」，学習の成果となる「能力獲得」という，具体的な段階があることが明らかになった（図表5-8）。連携によって，「ギャップ認識」が起こり，「改善点把握」によって必要なものが自覚され，自身が具体的な「修正行動」を行うことで，「能力獲得」がなされていく。そして獲得された能力によって，新たな仕事現場において，新たな連携につながっていくというプロセスがあることが示された。この点は，連携をリソースとして能力が獲得される仕事現場は，キャリアの進展に応じて，組織内同職種→組織間同職種→組織内多職種→組織間多職種と拡大していくこととも符合する。

第2に，職種と組織という境界の越え方によって，組織内同職種，組織間同職種，組織内多職種，組織間多職種の4つの仕事現場に類型して検討したことで，それぞれの仕事現場での連携ごとに，さまざまな「ギャップ認識」が起こり，「改善点把握」や「修正行動」，獲得される能力も異なっていることを明らかにした。

第3に，本研究においては，プロセスでの各段階が次の段階につながらなければ能力獲得は生まれないということが明らかになった。すなわち，連携があっても，「ギャップ認識」がなければ「能力獲得」は生まれず，「ギャップ認識」が起こっても，「改善点把握」がなければ「能力獲得」にはつながらない，「改善点把握」がなされても，「修正行動」されなくては「能力獲得」はなされないと言える（図表5-9）。

第4に，連携によって獲得された能力によって，その後もスパイラル状に学習は継続し，能力は向上していくことを「連携による学習のサイクルモデル」として示した（図表5-10）。

(2) 理論的インプリケーション

本研究では，以上の発見事実があった。以下では，こうした発見事実の理論的インプリケーションを示したい。

第1に，従来の研究ではほとんど取り組まれていなかった，連携を学習のリソースとして捉え，仕事現場での連携と能力獲得の関係性を実証的に明らかにしたことである。これは，McCauley et al.（1994）が言う「発達的挑戦」の「境界を越えて働く経験」が能力獲得を生むという指摘を実証したものだと言える。

　他の組織や他の専門職との連携は，業務を円滑に行うために求められているが，本研究は，業務の効率化や安全確保のみでなく，自身の能力獲得を促していることを実証した。

　第2に水平的学習のメカニズムの一端を明らかにしたことである。水平的学習の実証研究はほとんどなされておらず，また，従来の研究では，仕事現場の形態も配慮されず検討されていたが，本研究では，仕事現場を，連携対象と範囲から，組織内同職種，組織間同職種，組織内多職種，組織間多職種の4つに類型し検討した。そのことによって，一言に水平的学習といっても，それぞれの仕事現場での連携ごとに，さまざまな「ギャップ認識」が起こり，「改善点把握」や「修正行動」，獲得される能力も異なっていることを明らかにした。そして，連携をリソースとして能力が獲得される仕事現場は，キャリアの進展に応じて，組織内同職種→組織間同職種→組織内多職種→組織間多職種と拡大していく傾向があることを示すことができた。

　これは，Engeström（1997）が，閉ざされた領域での体系的な専門知識を習得していく垂直的な次元の学習のみでは不十分であり，部門を越え，組織を越えて協働し，問題を解決するための，水平的な次元の学習が必要であると指摘したことに対する実証的な検討である。また，Edmondson（2012）も，境界を越えてチームづくりの障害を克服することで，個人には貴重な学びがもたらされると指摘し，あらゆる種類の境界を越えてチームづくりを行うことにより，チームメンバーは，他分野の知識を増やし，他地域の組織にいる仲間との間にネットワークを広げ，境界をつなぐスキルを高めることができる可能性があると述べているが，本研究は，この点を実証的に検討したと言える。

　第3に，仕事現場の形態による分析が重要であることを示したことである。第2の理論的インプリケーションとも重なるが，仕事現場を連携対象と範囲で類型し検討することで，それぞれで異なる学習が起こっていることを明らかに

している。このことは，今後，職場や仕事の現場での学習を検討する際での，仕事現場の形態への配慮という重要な視点を提供しており，理論的貢献となっていると言える。

　第4に，連携による学習のプロセスモデルを提案したことである（図表5-9）。Kolbによる経験学習モデル（Kolb, 1984）では，経験→省察→概念化→実践というプロセスが提示されていた。本研究では，定性的データである自由記述およびインタビュー調査を分析することによって，連携による学習は，連携→ギャップ認識→改善点把握→修正行動というプロセスをたどっていることを明らかにした。これらは，それぞれKolbによる経験学習サイクルの各段階と大きく対応しているが，より具体的に他者との連携という経験に焦点を当て，その能力獲得のプロセスを示している。

　そして，その「ギャップ認識」は，定性的データを検討して明らかにしてきたように，他者や他組織，他職種からの作用で生まれると考えられる。そのため，連携から「ギャップ認識」の間に，他者，他組織，他職種からの作用を加えている。この視点は，CrantonによるMezirowの意識変容学習プロセスモデル（Cranton, 1992）において，「前提の問い直し」の際に「まわりの人」を加えている視点と同様のものとして捉えることができる。また，Jarvis（1987）の学習プロセスモデルで示されている，学習へと連結しない場合があることや，Kolb（1984）によるDeweyの経験学習サイクルモデルでの能力を高めていくスパイラルの発想を加えている（図表5-10）。

　以上それぞれの経験学習のプロセスモデルを踏まえ，これまで捉えられていない連携という要素によって検討し発展させていることが，本研究の最も大きな理論的意義であると言える。

（3）実践的インプリケーション

　つづいて，本研究での発見事実から考えられる実践的インプリケーションを示したい。

　まず第1に，キャリアの浅い段階から，少しずつ意識的に，他者や他組織，他職種と連携して業務を行うことや，連携する機会を用意することが重要であ

ると言えるだろう。ただし，あまりに本人のレディネスが不足している場合は，連携してもギャップ認識や改善点把握や修正行動が行われず，能力獲得には結びつかないため，能力についてのある程度の見極めは必要である。本章の発見事実からは，キャリア初期では，同職種の仕事現場での連携を中心に能力が獲得され，ある程度のキャリアを重ねてから，他職種との連携によって学ぶことができることが示されていた。また，キャリア初期では，組織内同職種の仕事現場での連携である，「職場における対立や衝突」が能力の獲得の妨げとなっていた。そのため，とくに，キャリア初期には，組織内同職種の仕事現場で連携して働くことが最も重視されるべきではある。しかし一方で，キャリア初期であっても，組織間多職種プロジェクトが能力獲得を促していた。少しずつ，他者，他組織，他職種と連携して，自身の前提を問い直すことを重ねることが成長には必要であると考えられる。自身で気づき，考え，行動するという習慣をつけることは，自身と組織の成長には必要なことであろう。

　第2に，連携という学習のリソースによって，人材を育成することに視点を向けることの重要性を指摘することができる。本研究での定量的分析では，「業務における成功，うまくできた経験」，「業務における失敗，うまくいかなかった経験」は，能力獲得には関係性を持っておらず，経験と言っても，「他地域の職員との出会い」「医師との関わり」「他職種との関わり」といったような連携する経験によって学んでいることを示していた。

　業務における成功・失敗は，ギャップ認識や改善点把握，修正行動を生み，能力の獲得に結びつきそうであるが，救急救命士を対象にした本研究ではそのような結果を示さなかった。これはおそらく，救急救命士の業務が，生と死に直接関わることがあるためではないかと考えられる。特に救急救命士にとっての業務における失敗は死に直結し，自身のレディネスを大きく超え，発達的挑戦とは言えない経験となるのかもしれない。そのことを示す発言が，以下のように自由記述でも確認することができた。

　　U：部下を信用するのも大切であるが，技術等で信用できない状況であれば，事故
　　　防止のため自分でも確認する等，1人に任せない。気づかずに起こした事故に

第5章
救急救命士の経験学習プロセス：医療専門職間の連携に注目して

比べ，任せられて起こした事故は部下の傷が大きくなる。

こうしたギャップ認識が起こらないレベルの重大な失敗は，一度でその人自身のモチベーションを破壊しかねない。連携のなかで少しずつ前提を問い直せるよう，連携することによって業務を遂行する，遂行させるのが有効であると指摘できる。

（4）本研究の限界と今後の展開

最後に，本研究における限界と今後の展開について述べたい。

第1に，救急救命士の能力獲得をテーマとしているのにかかわらず，信念形成プロセスを検討できていない点である。専門職である以上，獲得された能力に，知識やスキルとともに，信念やプロフェッショナリズムが含まれないはずがない。本研究では，「医師との関わり」や「他職種との関わり」から一部指摘できる点もあるが，焦点を当てることができていない。専門職としての信念形成を生むプロセスも含んだ学習の検討は，今後の課題としたい。

第2に，より具体的な連携の内実を検討していく必要がある。「部下・後輩の指導」という連携にも，声がけや，あとおし，フォロー（中原，2010），といったような，さらに具体的な連携の内実が考えられる。この具体的な連携の内実が解明されることによって，連携による学習のプロセスが途中で途切れてしまわず，能力獲得までつなげていくための，より有効な支援の方法が検討できるようになる。今後はインタビュー調査を重ねることや，業務の様子を観察し詳細に探ることで，より具体的な連携の内実と能力獲得のプロセスを検討していきたい。

第3に，本章では，養成課程で専門職連携教育を受けず現場でキャリアを積んだベテラン救急救命士を対象としている。そのため，救急救命士全体の学習プロセスとはなっていない。今後は，専門職連携教育によって育成された救急救命士も含め検討を加えていきたい。彼らはキャリアの初期段階から他職種と連携して学習していることが考えられる。

第4に，ほかの職種でも検討を進めていく必要がある。図表5-7で示した能

力獲得を生む連携の範囲・対象の拡大の経過は，本研究の段階では一般化できるものではない。多様な仕事現場を持つということで救急救命士に注目したことは先駆的であり大きな意味を持つが，たとえば多くの医師や薬剤師，診療放射線技師は，同職種が仕事現場に少なく，他職種と連携する組織内多職種の仕事現場で業務を行うため，キャリア初期から組織内多職種での連携によって能力獲得がもたらされることも想定される。そのため，その職種ごとのキャリアの進展にともなう能力獲得を生む連携の範囲・対象が，職種ごとにどのような広がりの特徴を持つのかについての解明は，今後の研究の蓄積が求められる。

　第5に，分析データに限界があることである。本研究の調査は，回顧的手法によってデータを収集しているため，程度の差はあっても想起バイアスがかかっているという疑いは否定できない。さらに記述式であるため，内容が凝縮されすぎているという疑いもある。今後は時系列的にデータを収集するなど，より想起バイアスがかかりにくい工夫をする必要がある。また，本研究では，重回帰分析で得られた連携と能力獲得の関係性を，定性的分析によってそのプロセスを検討することができたが，これは定量・定性分析データがほぼ同じ対象者であるため可能となっている。上述した研究の限界とも関連するが，今後，研究の方法や対象を広げていくことで，より詳細に検討していきたい。

　最後に，本章では，救急救命士の経験学習について分析したが，あくまでも特定の経験から特定の能力が獲得されやすいことや，連携によってもたらされる経験学習の経路には，ギャップ認識，改善点の把握，修正行動と示されうるものがあるということを明らかにしたにすぎない。今後は，以上のような課題に取り組むことで，より詳細に救急救命士の経験や連携による学習に迫っていきたい。

〈参考文献〉

　　荒井伸幸（2012）「多職種連携を目指して 救急救命士の業務と視点」『月刊薬事』54(3)：93-97.
　Benner, P.（1984）*From Novice to Expert : Excellence and Power in Clinical*

Nursing Practice. Menlo Park, CA：Addison-Wesley.（井部俊子・井村真澄・上泉和子ほか訳『ベナー看護論：初心者から達人へ』医学書院, 2005年）

Cranton, P.A.（1992）*Working with Adult Learners.* Toronto：Wall & Emerson.（入江直子・豊田千代子・三輪建二訳『おとなの学びを拓く：自己決定と意識変容をめざして』鳳書房, 1999年）

DeRue, D. S. and Wellman, N.（2009）"Developing Leaders via Experience：The Role of Developmental Challenge, Learning Orientation, and Feedback Availability." *Journal of Applied Phychology*, 94(4)：859-875.

Dewey, J.（1938）*Experience and Education.* New York：The Macmillan Company.（市村尚久訳『経験と教育』講談社, 2004年）

Dreyfus, S.E.（1983）How expert managers tend to let the gut lead the brain. *Management Review*, September：56-61.

Edmondson, A.C.（2012）*Teaming：How Organizations Learn, Innovate, and Compete in the Knowledge Economy.* New York：John Wiley & Sons.（野津智子訳『チームが機能することはどういうことか：「学習力」と「実行力」を高める実践アプローチ』英治出版, 2014年）

Engeström, Y.（1997）Learning by Expanding：Ten Years After.（山住勝広・松下佳代・百合草禎二ほか訳『拡張による学習：活動理論からのアプローチ』新曜社, 1999年）

Engeström, Y.（2004）New forms of learning in co-configuration work. *Journal of Workplace Learning*, 16(1/2)：11-21.

Ericsson, K. A.（1996）The acquisition of expert performance：An introduction to some of the issues. In K. A. Ericsson (ed.), *The Road to Excellence*, Mahwah, NJ：LEA.

Flin, R., P. O'Conner and M. Crichton（2008）*Safety at the Sharp End：A Guide to Non-Technical Skills.* Aldershot：Ashgate Publishing.（小松原明哲・十亀洋・中西美和訳『医療安全の技術：ノンテクニカルスキル・ガイドブック』海文堂, 2012年）

細田満和子（2012）『「チーム医療」とは何か：医療とケアに生かす社会学からのアプローチ』日本看護協会.

岩橋勝一・最所純平（2013）「救急救命士の専門職としての現状と課題」『日本臨床救急医学会雑誌』16(4)：576-580.

Jarvis, P.（1987）*Adult Learning in the Social Context.* London：Croom Helm.

加藤正哉・鈴川正之（2008）「救命救急士生涯教育のための病院実習：現状と課題」『日本臨床救急医学会雑誌』11(4)：377-84.

Kolb, D.A.（1984）*Experiential Learning：Experience as the Source of Learning and Development.* Englewood Cliffs, NJ：Prentice-Hall.

郡山一明（2006）『救急救命士におけるファーストコンタクト：病院前救護の観察トレーニング』医学書院．
松尾睦・正岡経子・吉田真奈美ほか（2008）「看護師の経験学習プロセス：内容分析による実証研究」『札幌医科大学保健医療学部紀要』（11）：11-19．
松尾睦・岡本玲子（2013）「保健師の経験学習プロセス」『国民経済雑誌』208(4)：1-13．
松尾睦・武藤浩史・小笠原克彦（2014）「診療放射線技師の経験学習プロセス」『日本診療放射線技師会誌』61：13-20．
McCall, M.W., M.M. Lombardo and A.M. Morrison（1988）*The Lessons of Experience : How Successful Executives Develop on the Job*. New York : The Free Press.
McCall, M.W.（1998）*High Flyers*, Watertown. MA : Harvard Business School Press.（金井壽宏監訳・リクルート・ワークス研究所訳『ハイ・フライヤー』プレジデンド社，2002年）
McCauley, C.D., M.N. Ruderman and P.J. Ohlott and J.E. Morrow（1994）Assessing the Developmental Components of Managerial Jobs. *Journal of Applied Psychology*, 79：544-560．
中原淳（2010）『職場学習論：仕事の学びを科学する』東京大学出版会．
仲村将高・平澤博之・織田成人（2010）「救急救命士への再教育」『救急医療ジャーナル』18(3)：6-9．
西園与之（2011）「救急救命士教育の現状：学生の変化と今後の課題」『東亜大学紀要』13：11-18．
埼玉県立大学編（2009）『IPWを学ぶ：利用者中心の保健医療福祉連携』中央法規出版．
白石龍郎（2006）「新人救急救命士のための救急救命士の仕事の実際」『EMERGECY Care』19(5)：22-25．
Strauss, A. L. and J. Corbin（1998）*Basics of Qualitative Research*（2nd ed.）. London：Sage.（操華子・森岡崇訳『質的研究の基礎：グラウンデッド・セオリー開発の技法と手段（第2版）』医学書院，2004年）
德永尊彦（2008）「救急救命士の処置拡大と問題点」『EMERGECY Care』21(2)：18-29．
山本五十年・中川儀英・剣持功（2005）「救急救命士とのチームワーク」『EMERGECY Care』10(9)：37-43．
Yamamoto, T., I. Sakai, Y. Takahashi et al.（2013）Development of a new measurement scale for interprofessional collaborative competency : a pilot study in Japan. *Journal of Interprofessional Care*, 28(1)：45-51．

第 6 章

病院事務職員の経験学習プロセス

的場 匡亮

　病院事務職員は，民間企業のマネジャーの学習パターンと類似したプロセスをとおして学んでいた。すなわち，キャリア初期には「部門の異動」「他者との関わり」によって，キャリア後期には「挑戦的経験」「境界を越えた経験」によって，「職務関連の知識・スキル」「対人コミュニケーション力」「組織マネジメント力」「仕事の信念」を身につけていた。注目すべきことは，病院事務職員が，医療専門職（医師，看護師，検査技師等）との密接なコミュニケーションをとおして「専門職から学ぶ」と同時に，「専門職を導く」形で病院組織をマネジメントしている点である。つまり，病院事務職員にとって，医療専門職は学習のリソースであると同時に，指導の対象でもあると言える。なお，他章と同様，キャリア後期（11年目以降）において，「挑戦的経験」や「境界を越えた経験」からの学びが活性化する傾向が見られた。

1. 問題意識

　病院の事務部門は，病院の規模や役割によって部署の構成や人数は異なるが，医療専門職を支える部門として，医事，総務，人事，財務経理，施設，購買，企画，地域連携，相談支援，医療情報など多岐にわたる機能を有している。また，事務職員のトップである事務長は病院長のパートナーとして，病院経営の一翼を担っている。平成28年病院運営実態分析調査（一般社団法人全国公私病院連盟，2017）によれば，一般病院における事務職員数は100床当たり17.8人（職員数全体の10.5％）であり，看護師（56.8％），医師（12％）についで多く，5年前（平成24年）の14.9人（9.8％）に比べ，増加傾向にある。

　近年，医療政策は団塊の世代が後期高齢者となる2025年，さらに後の人口減少社会を見据え，病院完結型の医療から地域完結型の医療への転換を進めている。しかし，国内の高齢化の進展，すなわち医療需要の変化と，それに対する現状の医療供給体制には地域差があり，国は一律の対策ではなく，地域医療構想の策定等を通じた地域ごとの医療のあり方を模索する方針である。こうしたなかで病院経営は，従来の医療政策や診療報酬の動向をフォローし，対応する待ちの姿勢ではなく，むしろ自院の位置する地域の課題を分析し，その課題解決に資するような自院の立ち位置を見定め，地域の行政，医療機関，さまざまな施設と連携を図りながら課題解決を実現していく攻めの姿勢が求められるようになってきている。病院事務職員には，これまでの診療報酬請求，財務会計管理，施設管理といった事務業務に加え，データの分析，ビジョンの策定，連携の構築，変革の実務などを担う，マネジメント職への転換が求められている（伊関，2017）。

　人事制度の構築やキャリア支援に積極的な病院では，職能資格や，看護師におけるキャリアラダーを参考とした仕組みなどを用いた人事体系を構築し，事務職員に求める能力を明らかにしている。たとえば，相田（2014）は，病院事務職員に必要な能力として，テクニカルスキル（一般業務知識，専門業務知識，専門業務能力），ソーシャルスキル（対人関係スキル，調整力，自己制御力，問

題解決力,行動力・実行力,マネジメント力),総合的判断・実行力(論理思考力,戦略構築力,組織関係能力,顧客志向,変革実行力,意志決定力),基盤能力(ミッション共有,人生における仕事の位置づけ,道徳・コンプライアンス)を挙げている。しかし,こうした能力をどのように獲得していくのか,そのプロセスに関する研究は十分とは言えない。本研究は,病院が求めるマネジメント職としての事務職員を育成していくうえで成長の大半に影響すると言われている経験学習のプロセス,すなわち病院の事務職員がこうした能力をどのような経験を通じて獲得しているか,それを明らかにすることを目的としている。

2. 事務職員の特徴と役割

　一般的な事務部門の組織図ならびに部門の役割は,図表6-1および図表6-2に示すとおりである。部門の構成や人数,職務分掌は,病院の規模や機能によって大きく異なり,また,地域連携,医療情報,患者相談,人材育成などは,医師,看護師,薬剤師,事務職員等の多職種から構成される部署として,医療安全管理や感染管理の部署と並んで病院長直属の組織としている病院も多

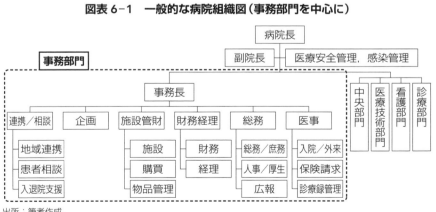

図表6-1　一般的な病院組織図(事務部門を中心に)

出所:筆者作成。

図表6-2　病院事務部門における部署名と主な役割

部署名	主な役割
医事課	窓口/受付，会計，書類受付，診療報酬の請求，病床管理などの医療事務全般
総務課	規程，文書管理，行政，地域などとの渉外，庶務，秘書，組織全体の事務
人事課	労務管理，給与や福利厚生，健康診断，採用，配置，評価，教育研修
財務経理課	予算編成，予算統制，資金計画/管理，経理処理，決算，内部統制
施設課	建物設備の管理，メンテナンス，清掃，ハウスキーピング，セキュリティ業務
購買課	医療機器や材料の購入計画，価格交渉，日々の発注，納品，在庫の管理
企画課	経営計画の策定，実行のサポート，データマネジメント
地域連携	紹介患者受入，転院先やかかりつけ医の案内，地域の医療機関との渉外
医療情報	電子カルテや部門システムの管理，診療録管理

出所：筆者作成。

い。このほかに，病院の増築，建替え，電子カルテの導入，といった期間限定のプロジェクトを担当する部署が設置され，事務職員がマネジメントを担当することもある。さらに，病院は医療安全管理，感染管理，病棟運営など運営上の重要事項を検討する多職種から構成される委員会を設置している。事務職員は構成委員となるのみならず，その事務局を担うことが多く，議案の調整，資料の準備，議事録の作成等を通じて，病院の課題解決，意思決定に関与している。どの部署の事務職員が，どの委員会を担当するかは病院によって異なるが，関与する診療科や職種が多い委員会ほど，企画能力や調整能力が求められる。

　大峡（2008）が8割以上の病院が事務職員にとって目指すべきキャリアパスを描けていないのが実態である，と指摘しているように，事務職員の部署異動について明確な指針を持たない病院が大多数であるが，一部の先進的な病院はその考え方を明確にしている。田崎（2017）は，マネジメントを担う事務職員は経営に精通するだけでなく，医療にも精通することが重要であるとしたうえで，医療現場に近い部署と経営者に近い部署とのローテーションの必要性を説

いている。また，安藤（2014）は，病院長の経営パートナーとも言える事務長を目指す人材は，総合的な判断能力を身に着けるために異動による幅広い分野の業務経験を，ある分野のスペシャリストを目指す人材は高い専門性を獲得するために異動のない限られた部署で業務経験を，といったキャリアパスと連動した異動の考え方を説いている。

3. リサーチクエスチョン

ここまで見てきたように，事務職員は医療専門職ではないものの病院の運営上に欠かせない存在であり，近年，その重要性は増してきている。これまで病院の事務職員に必要とされる知識，能力や，育成のあり方についての研究（池上，2008；坂田，2014；喜田ほか，2016）は見られるものの，業務上の経験をとおして，どのように成長しているかについての研究は見当たらない。多くの病院が事務職員のキャリアパスを描けていない現状からも，成長のプロセスを解明することには意義があると考える。本研究のリサーチクエスチョン（RQ）は以下のとおりである。

> RQ：事務職員は，各キャリア段階において，どのような経験をとおして，いかなる能力を獲得しているのか

4. 方法

(1) データの収集方法

本研究は，次の方法でデータを収集した。2014年10月から2015年12月の間に10年以上の経験を持つ，12人の病院事務職員にインタビュー調査を実施した。最初の調査者は首都圏近郊の複数の病院に告知文書を送付して対象者を募集し，2人目以降は，調査者に次の調査者を紹介してもらうスノーボール（雪だるま式）サンプリング法を用いた。対象者の設立母体に偏りが生じないよう，

図表 6-3　インタビュー参加者のプロフィール

参加者	経験年数[注]
A	26-30年
B	31-35年
C	21-25年
D	11-15年
E	21-25年
F	31-35年
G	26-30年
H	26-30年
I	16-20年
J	16-20年
K	26-30年
L	26-30年

注：経験年数はインタビュー時点。

大学附属病院，民間病院，公的病院からそれぞれ3～5名程度を目安とした。インタビュー対象者のプロフィールは図表6-3のとおりである。

調査では，キャリアを初期（1-5年目），中期（6-10年目），後期（11年目以降）の3つの時期に分け，病院事務職員としての知識・技術・考え方を身につけるうえで印象に残る職務上の経験を思い出してもらい，具体的な経験（エピソードなど）と，その経験から何を学んだのか，どのような能力が身についたかについて，半構造化されたインタビューを，それぞれ1時間～1時間半にわたって実施した。

(2) 分析方法

インタビューは許可を取って録音したうえで，逐語録を作成した。逐語録データは，グラウンデッド・セオリー・アプローチのコーディング手続きを参考に，経験，学習内容をカテゴリー，サブカテゴリー化した。結果を示した図

表6-4では，キャリアの時期に応じて，そのサブカテゴリーを挙げた人数を示しており，5人以上が挙げたサブカテゴリーは網かけをしている。結果のセクションでは，インタビュー内容の一部を紹介しているが，読みやすいように語尾や一部の冗長な表現などを修正している。

5. 結果

(1) 病院事務職員が獲得した能力

病院事務職員がどのような能力を獲得しているかについて分析したところ，図表6-4に示されるように「仕事の信念・姿勢」「対人コミュニケーション力」「職務関連の知識・スキル」「組織マネジメント力」という4つのカテゴリーが抽出された。図表6-4には，キャリアの初期，中期，後期ごとに，各能力の獲得状況を示しているが，キャリア全体をとおして，病院事務職員は「仕事の信念・姿勢」「対人コミュニケーション力」「職務関連の知識・スキル」について学んでいることがわかる。また，キャリア後期になるほど，「組織マネジメント力」を学ぶ傾向にあった。

以下では，各能力についてのインタビュー内容を紹介する。

①仕事の信念，姿勢

1) 仕事に向き合う姿勢，仕事に対する責任感

J氏は窓口会計業務での経験から，仕事への責任感，向き合う姿勢の重要性を指摘している。

> 窓口会計業務は，やはりお金に関わるのでプレッシャーがありましたね。その場で気がつけば修正が入りますのでお待ちくださいで済みますけど，患者さんが帰ってしまうとそうはいかないです。それも返す分にはいいですけど，追加でもらうというのは難儀なので。ここで一番学んだことは，うろ覚えはダメだということですね。カルテ出しは8割ぐらいを自分で進めて，わからないところは後で先輩に聞くことができるんですけど，会計は8割では答えが出せないんです。当時は会計の待

ち時間が1時間という状況で戦場ですから隣の先輩にこれ教えてください，というふうにもいかないので。そのときにはお金だから，ということでもないですけど，知識のうろ覚えはダメなんだということを覚えましたね。また待ち行列もカウンターごとなので，あのレーンは遅いということで，患者さんはやっぱり見ているんですよね，他に見るところないですから。そうすると，悩むと人っていうのは，動きが止まっているじゃないですか。「あいつは何をやっているんだ」ということを言われたことがあるんですよね。あ，これはダメなんだ，見られているんだと。受付では患者さんと医療職に挟まれていましたけど，会計では患者さんと先輩に挟まれていましたね。

　1人，中途で来た先輩がいて，点数表がすごいボロボロだったんですよ。普通2年に1回買い替えるじゃないですか，本の背表紙が切れていて，それをガムテープで留めていたんですよ。汚い点数表を使っている人がいるなぁと思っていたんですね。あるとき，先輩から，「J君は医療事務のスペシャリストなんだね」って言われたんですよ。「え，何でですか」って聞いたら，「だって点数表きれいじゃん」って。「ちょっと意地悪いかもしれないけど，絶対に覚えておいて。この点数表が汚い人にできない人はいないから」って。そうして考えると自分はわからないときに，これってどうやって取るんですかって聞いちゃうんですよね。自分で調べるっていうことをしないんです。それでハッと気がついて，そうか聞くだけじゃダメなんだと。調べるということがまず大事なんだ，と。そこから，その人に対して，ここを読んだんですけど，見つけられなかったので，教えてくださいっていうようになったんです。そしたら教えてくれました。その方も違う病院に行ってしまって，1年に1回くらいはお会いするんですけど，その一番初めのインパクトですよね，背表紙がガムテープで留まっている点数表っていうのは。今も専門学校や新人研修で講演する機会があるときにはその話をするんですよね。何でも自分で1回調べてみるという癖がついたのは，その先輩のおかげですよね。

②**職務関連の知識・スキル**
1）**医療制度に対する理解**
　病院は医療を提供する場所であり，その根幹をなす医療制度や診療報酬制度

第6章
病院事務職員の経験学習プロセス

図表 6-4　病院事務職員の学習内容

	学習内容	初期	中期	後期
仕事の信念，姿勢	コンプライアンスの意識	1	0	3
	顧客志向	4	1	2
	仕事に向き合う姿勢	4	4	5
	仕事に対する責任感	6	6	6
	社会常識	1	0	0
	職務への使命感	1	2	7
職務関連の知識・スキル	医学知識	4	2	0
	医療制度に対する理解	3	3	3
	営業力	1	0	1
	学術研究の能力	0	0	1
	業務そのものの理解	11	8	7
	事務処理能力	2	1	0
	病院の機能に対する理解	8	7	7
	病院経営に対する理解	2	3	7
対人コミュニケーション力	ネットワーク構築力	2	2	1
	メンバーシップ	2	2	0
	患者・家族とのコミュニケーション力	4	1	3
	人材育成に対する理解	0	0	1
	他職種とのコミュニケーション力	4	3	6
	同僚とのコミュニケーション力	1	1	4
	部下への指導力	3	8	11
組織マネジメント力	トラブルへの対応力	2	0	0
	プロジェクトマネジメント力	0	1	3
	リーダーシップ	1	1	2
	リスクマネジメント力	0	0	1
	ロジカルシンキング	0	3	0
	意思決定・決断力	1	1	2
	会議運営のスキル（根回し）	0	0	1
	組織運営力	1	3	5
	調整力	0	0	2
	提案力	1	0	0

注：網かけ（グレー）部分は，5人以上が挙げた項目。

に関する知識の重要性が指摘された。L氏は次のように説明している。

> 外来をやっていくなかで保険のことを知らないと患者さんに案内もできないですし，病院に長く勤めていくことを考えたときに医療保険制度をきちっと理解しておかないと，下の子（部下）に教えることもできません。自分が医療保険制度を理解していないと，お金に関係するものですので，手続きに不備が出ますし，生活保護の制度も理解しないと市役所等とやりとりができません。

G氏は，医療や制度の知識が，ほかの医療専門職とコミュニケーションをとるうえで必要な不可欠なものであるとして，その重要性を指摘している。

> 病院で仕事をする以上はやはり医事課の業務，患者さんとの接点，患者さんはどういう状態なのか，医療制度がどうなっているのか，そういったものをしっかりと身につけること。診療内容も含めて知っていれば，医師や看護師と話もできます。先生たちもいちいち説明してくれませんから。

2）病院経営に対する理解

また，総務や人事といったスタッフ部門の勤務をとおして，必要となる業務知識を得ることもある。たとえばD氏は，人事係での経験を通じて会計の知識を獲得している。

> 総務部人事係で採用も給与計算もやりました。各職種の配置数について，本部で決める定員と各職種の所属長の希望にギャップが生じた場合，現場からの要求は私たち人事の職員が聞くことになるんですよね。ですから，人件費は意識するようになりました。病院の収入に対して，どれくらい配置できるかということなので，自然と収入にも目がいって，見えてくるようになります。P/L（損益計算書）ってなんだとか，税引き前利益とは，診療科別の損益は，といったことはその時期に勉強したのかな。

3）病院の機能に対する理解

　業務知識やスキルが蓄積していくことで，院内の診療行為の関係性や患者の流れ，さらにそれが収入となるまでの情報やお金の流れ，すなわち病院という事業の全体像を捉えることができるようになるという。K氏は，業務の全体像を理解していることが大きなプロジェクト成功のカギであったと述べている。

　病棟再編に携わったときに，一緒に働いていた者（受付と請求，会計の担当者）が，離れることになったので，受付，請求，会計の責任者で伝票の流れ，情報の流れ，運用の取り決め等を整理していきました。これができたのも，これまでにさまざまな業務を経験して，仕事の流れがある程度イメージできていたからなのかなと思います。

　一方，F氏は，トラブルやクレームに関する病院のリスクマネジメントにおいても，医療制度や病院の仕組みといった全体像の理解が欠かせないと述べている。

　訴訟の話とか，クレーム，防犯，そういったリスクマネジメントを担当する部署に配属となりました。マニュアルの整備から始まって防犯体制の構築まで全部やっていきました。キャリアとしては一番向いているかなと思っています。なぜなのかというと，やはり人との関わりで，なぜ仕事をするのかということを突き詰めていくと，人のお役に立ちたいというものがあるものですから。これは私の哲学ですけれども。ほかの事務職員では患者さんの関わりというのはあまりないんですが。このカスタマーサポートというか紛争処理というのはものすごく関わりが強くて，しかも患者さんのご家族が親御さんをなくした，お子さんを亡くしたということでものすごく怒っていて，それに対してぶつかっていくには本気モードでやらないと，とても処理できない。そういうことをやることによって，その方が救われる。実は（医療）メディエーションを勉強したこともあるんですけれども，最終的にはWin-Winになるように，という考え方を大事に思っていまして，その仕事をやれたことがうれしくて。ある意味でキャリアの集大成がここにある，それがリスクマネジメ

ントじゃないかなと思っています。だいたい，年間80-100件くらいあるので900件くらいですかね。ハードなやつばっかりで，怒ってきた，若くして子どもが亡くなったとか，もう修羅場ですね。こういうものをくぐっていくと，人間ってなんだろう，生きるってなんだろうっていう世界なので，それが自分の対応で元に戻っていくときの満足感というのは医事業務をやっている，経理業務をやっているというときの満足感とは比較にならないものです。医師は医療を提供し，看護師はケアを提供しますが，専門職でもない事務職員が心のなかに入っていって助けることもできる。そういう充実感はやってみないとわからないかもしれませんね。これがキャリアの最後にくるのが良いのではないか，と思うんですよね。結局，リスクマネジメントの関連で患者さんと話をするときに，財務の視点，医事課の視点，そういうものがないと話ができないんですよ。いろんな切り口で説明できないと前に進まないんです。だから，リスクマネジメントを入ったばかり人にやれと言っても絶対にできないんです。キャリアをある程度つくったところで，リスクマネジメントをやらせるということに意味があるんじゃないかなと私は思っています。

③対人コミュニケーション力

1）患者・家族とのコミュニケーション力

病院はサービス業であり，顧客たる患者や家族とのコミュニケーションは欠かせない。また，管理職になるにつれ，部下，同僚，上司らとのコミュニケーションを通じて，組織を動かすことが求められるようになると言う。一般の接客業におけるコミュニケーションと患者とのコミュニケーションの違いについてI氏は以下のように述べている。

　一般の接客業もそうだとは思いますけど，患者さんというのは，より過敏に反応するものなんだという感覚を持ちました。さわやかな笑いは良いけどニヤっとしてもダメですし，患者さんとは直接関係ない話でもスタッフ同士でコソコソ話をすると，自分のことかもしれないということで反応される，ということが徐々にわかってきました。ですから下を向いて話すのもダメですし，ちゃんと目と目を合わせてコミュニケーションすることが大事になります。患者さんは見ていますので，ただ

座っているだけでも，「あいつは何をしているんだ，こっちは並んでいるのに」って言われるような状況を経験して，少しずつ外からの視線を自分のなかに獲得していきました。

2) メンバーシップ
　管理職になるにつれ，部下とのコミュニケーション，他部門とのコミュニケーションのスキルが求められるようになる。I氏は，部下や他職種とのコミュニケーションの重要性を指摘している。

　　大切なのはやっぱりコミュニケーションですね。キチッと説明をして，理解してもらう。他職種のスタッフでも自分の部下でも全員が賛成というのは難しいと思うんですけど，主要なメンバーには説明して，納得を得てから動き出す。そういうことは大切かなと思います。かつては，私は理事長，院長がこう言っているからというのを水戸黄門の印籠のようにして部下を動かそうとしたんですけど，それでは部下はついてこない。

3) 部下への指導力
　J氏も目標の共有や動機づけにおいて，部下とのコミュニケーションを重視している。

　　その気にさせて，巻き込むには常に話すということですね。当該の事項以外にも。「何か不安はあるか？」。ある程度はハッパをかけるという意味もあるんですけど，「実際に始まったら，ここで1人になっちゃうんだよ，いまの考えで大丈夫？」ということとか，そういうふうに少しだけプレッシャーを与えることで，ちゃんと覚えなきゃって思ってもらうように。そのためになるべく話をするということは意識しました。全体にだけ話をすると温度差が10度くらいの人から100度くらいの人までばらつくので，なるべく個別に，ということを意識していましたね。

　G氏は，コミュニケーションにおいて，部下に考えさせ，部下の意見に耳を

傾ける「傾聴」が重要であると説いている。

　風とおしが悪いのが病院事務の特徴っていうんですかね。どこの病院もそのような感じなんですけど，私，健診の営業に行ったときに思ったのが，その職場の雰囲気って特徴があって，足を踏み入れただけで幸せになる職場があるんですね。全体に笑顔というか優しい気持ちって言うんですかね，人のことを思いやるような職場なんですよね。一方で，立派な企業や自治体でも非常に殺伐としている職場もある。その違いってすごく感じるんですよ。で，うちの職場はどうなんだってことで，見てきたものがどうだったかということをメンバーに話すんですよ。それで，「どうして人の気持ちを幸せにする職場があるんだと思う？」ということを皆に考えさせるんです。前は「ああやれ，こうやれ」という考え方だったんですけど，いまは「どう思うんだ」って考えさせることに力を注ぐようにしているんです。よく人の話を聞く。これに尽きるんだろうな，と最近は思うようになりました。自分の考えを言っても，ほとんど聞いていませんから。やっぱり自分たちで考えさせて，それを実践してもらう。その結果がどうだったかをフィードバックさせる。このことが職場の雰囲気を変えていく。誰もつまらない仕事をしたいとは思っていませんし，雰囲気の良い職場で働きたいと感じていると思うんですよ。それは1人ひとりが考えないと実現しないんだよ，ってことをいまは考えるようになっています。だから頻繁にミーティングをしています。週1回，月1回と。時間とテーマを決めて，長々とはやりません。（中略）部下が自分の言うことを聞いているのかなって思うようになったんです。よくよく聞いてみたら，人の話ってやっぱり聞かないんですよね。私もそうなんですが，聞いているときは「わかった，わかった」って言っているんですけど，自分が納得して「こうだよな」って思わない限りは変わらないな，と思いました。周りや家族からは「人の話を聞かない」と言われていましたが，それはトラブルの原因になるので，とにかく「傾聴」を意識するようになったんです。部下からの相談のときにはとにかくよく聞いて，自分では答えを出さないですね。その代わりに自分でちょっと考えてみろと。本当に困ったときには言いますけど，自分の考えを言って良くなったことってない気がするんですよ。だいたいね，自分たちが考えている案というのに間違いは少ないんですよね。もちろん間違っている

ときには指摘しますが，その前のプロセスはすごく重要かなと思います。

4）他職種とのコミュニケーション力
一方で，F氏は請求事務の業務をするうえで，他職種とのコミュニケーション能力が必須になると指摘している。

　糖尿病科であれば糖尿病のことがわからないと請求ができないので，もれなくやってもらうためにはそのあたりのことをきっちり教えないといけないな，と思うようになるんですね。自分は勉強した方だと思うんですよ。病気のことを覚えて，この病気だったらこの薬を使うんだな，症状はこうだな，こうやって治療するんだなってことをだんだんと覚えていきます。「なんでこの薬使うのですか」って医師に聞くと，「それはこういうことだよ」って教えてくれますけど，それはコミュニケーションとらないとできないです。やはり医学のことは先生が一番ですから。それと処置をする理由などは看護師さんですね。請求事務をやる上で医師と看護師とコミュニケーションできない人は絶対にとりもれしますよ。教えてくれなくなっちゃいますから。

5）ネットワーク構築力
C氏も他の職種とのネットワークを構築することの重要性を述べている。

　アイディアの源は，同僚とかではなくて，医師とか看護師との対話からかもしれない。担当する診療科とは特に仲が良くて，よく飲みに連れていってもらいましたね。そうやって現場の人たちと話すなかで「あれはどうだ，これはどうだ」ということを学んだんじゃないかなぁ。要はネットワークづくりですよ。自分が担当していた科以外でもほかの科で問題が出たときに，医師同士で「困ったな」っていう話をしていたとしたら「それならCに相談するといいよ」という具合に，ほかの科との関係もだんだんと広がってくるじゃないですか。だから真面目にというか，協力できそうなことはしてみて，真摯に課題に応えていけば，周囲からも評価されて友達になれますし，診療科の部長であってもまっとうに扱ってくれるんだなってこと

がわかりました．

④組織マネジメント力
1) 意思決定・決断力
　病院の事務職員は，役職が上がるにつれて組織を前に進める役割を担うようになる．Ｌ氏は課長補佐という立場になって組織を動かすことが求められるようになったこと，また他部門から意思決定を求められることが多くなったことに言及している．

　　課全体をみて他の係との連携ですとか，上を出せと言われたときの応対，これまで後輩だった子たちも部下になるので，ちょっと難しいなと思う案件でもやりなさい，と言わないといけないですし，目標設定とかをやらないといけないということを考えないといけませんし，課長補佐としては係長を指導しなくてはなりません．課長は課の目標を立てるときに相談してくれるので，一緒に考えながら，実際にどう動いてもらうかということは私の仕事になりました．係長のころから，人の異動に関する相談を上長とするようになってきていました．後輩たちには恵まれていて，仕事のことからプライベートのことまで何でも相談してきてくれていました．でも役がつくようになってからは，そうだね，そうだねとだけは言っていられなくて，でもここはやらなきゃダメだよということも言っていかないといけないので，少し辛くなりました．それと他部署の方からもなんですけど，課長が不在のときや，場合によってはいらっしゃるときでも，その場で決断力や判断力を求められるような案件が増えてきたと思います．トップの決断力がないと自部署や他部署にも迷惑がかかるということは実感しているので，判断できることはなるべく時間をかけずに判断して，それを課長に報告はするようにしています．

2) 調整力（判断力）
　Ｅ氏は経営陣と現場の間を調整するバランス感覚，正しい方向を見抜く判断力が求められると述べている．

企画課というとクリエイティブな仕事なんじゃないかって最初は勝手に思っていたんですけれども，蓋を開けるとすごく嫌な仕事で「院長の犬」みたいな扱いを受けちゃうことがあるんですよね。「お前どっちの味方だよ，20年一緒に働いていてわかってくれていると思っていたのに，そんなことをEくんに言われるなんて心外だ」と言われると自分でもシュンとなってしまうんですが，「先生，それもわかるんだけれど，これをやらないと病院が立ち行かなくなっちゃうから，なんとか相談に乗ってよ」とお願いします。しかし，院長はそんなものを斟酌しているほどスローモードな人じゃないから「まだですか，まだですか」と言ってくるわけです。ですから，いまでも現任の方の大変さがわかります。新入社員に「どういう仕事をしたいですか」と聞くと「企画課に行ってみたい」という人がいますけど，企画課ってそんなにやさしい仕事じゃないんです。経営分析も含めて，判断を間違った資料を出したら，皆に間違った仕事をさせちゃうことになるわけだから，昔で言うと「大本営が間違ったら皆が死んでしまった」みたいな，それと同じくらい責任はあると思うんですよね。だからシリアスな仕事だなって，やらせていただいて初めてわかりましたけれども。やるまではカッコいい仕事かなって思っていましたけれど，そうじゃないですよね。厳しい仕事だと思いました。やってはいけないことも，意見具申しなければならないので，あまり院長や事務長の顔色を見ちゃいけないのかなとも思います。やらなきゃいけないことはやらなきゃダメなんですけど，逆に「やらない方がいいですよ」ということも言わなければならない。やりたそうな顔をしているときも，全体のためには良くないのかなと感じたら言わなければならない。そのうえで上層部のジャッジでやると言われればやるしかないですけれど。そういうところが真価を問われるところなので，責任を感じますね。そうした意思決定ひとつで，皆はいままでと違ったことをやり始めるわけですから。

（2）事務職員の経験学習プロセス

　ここまで病院の事務職員に必要とされる能力について分析をしてきた。次に，病院の事務職員がどのような経験をとおして，何を獲得してきたのかについて検討する。インタビューより経験内容をカテゴリー化したところ，図表6-5にあるように「初期，異動による業務経験」「他者との関わり」「挑戦的業務」「境

図表6-5 事務職員の経験

	経験内容	初期	中期	後期
初期，異動による業務経験	初期の職務経験	8	1	0
	異動，業務の拡張	4	5	5
他者との関わり	患者・家族との関わり	5	1	0
	同僚や他職種との関わり	8	9	5
	上司からの指導	4	5	4
	できない上司への対応	1	2	2
挑戦的業務	管理職の経験	2	8	11
	プロジェクトへの参加	2	3	5
	委員会等の調整業務	0	1	2
	困難事例への対応	6	2	5
境界を越えた経験	他施設との情報交換	1	2	7
	学会発表，論文執筆	0	1	4
	研修への参加	3	0	3

注：網かけ（グレー）部分は，5人以上が挙げた項目。複数回答。

界を越えた経験」の4つのカテゴリーに分類することができた。

　キャリア全体をとおして，事務職員は「同僚や他職種との関わり」，「異動・業務の拡張」，「上司からの指導」をとおして学んでいた。キャリアの中期以降には「管理職の経験」から，キャリア後期には「他施設との情報交換」や「学会発表，論文執筆」といった勤務先以外での交流によって成長していた。

　以下では経験学習の典型事例を，キャリア段階を初期（1－5年目），中期（6-10年目），後期（11年目以降）に分けたうえで紹介したい。

　E氏は，新人時代に窓口を担当し，「患者・家族との関わり」から，病院の顧客である患者とのコミュニケーションのあり方や病院で働くことの意義について学んでいた。

◇**事例1：「患者・家族との関わり」から「対人コミュニケーション力」「仕事の信念・姿勢」を学ぶ（初期）**

　最初の所属は初診の受付みたいなところからで，当時は1年目は必ず患者さんの

お相手をする部門からでした。いまでもなるべくそう心がけてはいるんですが，部署も増えてきているために患者さんのお相手をさせられない新入社員もいるんですけど，あまり良くないと思いますね。患者さんご自身がなかなか普通の状態じゃないので，事務職員は経験しておくべきだと思います。そのケースというのは，入職して半年後くらいに，「何かの証明書が必要だ」と言われて，「申し訳ないけれど先に御代をお支払いいただいて，それを拝見してから作らせていただきます」と，当時はそんなふうな仕組みだったんです。それを説明して丁寧に言ったつもりだったんですけれども，患者さんが戻ってきたら，バンってお金を投げつけられたことがあって，そのときはすごく理不尽に感じました。ただ，いま考えると自分の説明が至らなかった部分もあるかもしれないし，もしかするとものすごく深刻なご病気の病状説明とかをされて普通の気持ちではいられなかったかもしれない。その辺のことを斟酌できなかったところはあるかもしれませんが，やっぱりいろいろなことがあるなぁって感じました。学生時代もアルバイトで接客をしていましたが，飲食関係の接客や販売ともちょっと違いました。接客する層も違うじゃないですか。飲食関係なんかでは，中堅のサラリーマンとか若いOLさんとかが多かったんですが，病院では自分の親よりも上のような人たちで，敬語なんかにしても日本人の間でも温度差がありますよね。目上の方ほどそのあたりはちゃんとやらないとご納得いただけないとか，いろんな意味で勉強になりました。

　G氏も，若手時代に受付を担当し，他職種との関わりを通じて，医療そのものや病院の機能といった職務関連の知識・スキル，および対人コミュニケーションのあり方について学んでいる。

◇**事例2**：「同僚や他職種との関わり」から「職務関連の知識・スキル」「対人コミュニケーション力」を学ぶ（初期）

　　新患受付と料金計算，小児科，小児精神科の外来のレセプトを担当しました。引き継ぎが半日しかなくて，上司や先輩も多忙で教えてもらえる環境ではなく，すぐに新患受付に立ちました。紹介状がない時代ですから，患者さんの症状を聞いて，お腹が痛い，頭が痛い，めまいがするというような話から診療科を振り分けて，カ

ルテと会計カードを作るという業務ですね。これを2人で行っておりました。すると,「なんでこの患者を回すんだ」というようなクレームが医師や看護師からきて,受付をし直すと患者さんから叱られるとか,そういう仕事でした。本当に何が起きているのかわからない,という状態でしたけれども,目の前に患者さんが押し寄せてくるので対応しなければなりません。隣で先輩が患者さんと話をしているのを聞いて,そういったものを吸収するようにしたり,どういう診療科にはどういう症状があって,ということを書籍で学んだりして,覚えていくような状況でした。でも,患者さんによっては話がまとまらない方もいらっしゃるんですよね。患者さんが80人も100人も来て,時間も限られているので,そういう状況で情報を引き出していくということが非常に勉強になりました。もう1つ,診察後のカルテを検証するという仕事がありました。だんだんと慣れてくると病名まで思いつくようになるので,それが医師の診断と合致しているのかということが面白くなってきまして,間違っていると直接先生に聞きに行きました。「先生,自分はこう思ったんですけれど」と説明すると,「うるさい」って言われることもありましたけれど,なかには丁寧に教えてくださる先生もいて,症状から疾患,それにともなう検査,手術,入院ということを理解することができて,新患受付の経験はすごく良かったですね。

中期以降は部署異動や業務の拡張,困難な仕事の経験によって学んでいるケースが多かった。A氏は昇格にともなって,規模の小さい病院に異動し,医事課の責任者となるとことで,病院経営の全体像をつかむことができるようになったという。

◇事例3:「管理職の経験」から「職務関連の知識・スキル」「組織マネジメント力」を学ぶ(中期)

昇任をして係長になりました。係長なので入院だとか外来だとか,あるセクションのリーダーとなるのが一般的なんですけど,異動した病院は小さかったので係長でありながら医事課の課長のようなポストで配置されたので,課の一番上の立場で行きました。組織図上では事務長が医事課長を兼務という形になっているんですけど,実質的には事務長は小さい病院でも事務長ですから,そうはいかないので,医

事課のことは全部任されて事務長に報告しながら医事業務を遂行していきました。これまでと違うのは全体を管理することになるので，収入の予算を組むとか，経営会議に出て収入の現状を説明するとか，決算のとりまとめをするとか，そういうことに全部携わるようになったんです。これまでは決算は決算チーム，予算は課長と担当係長がやるというような状況だったので，異動して，これまでやったことがないこと，小さいながらもすべての業務に携われました。大きなところにいると部分しか見えないので。ちょっと前に上司だった方から「小さいながらも全部を統括できるポジションに行って，お前は頑張ってやってこい」と言われて，そういうつもりで，それを真に受けて行って，本当に勉強になったなと思います。たとえば医事課などは大きな病院だと会計とクラークとではセクションが違うので，クラークの業務には私たちは直接関与しなかったですけど，今度はそういうわけにはいかないでしょう。「じゃあクラークの業務はどうあるべきか」と考えました。ちょうど業務委託化を進めていこうという時期だったので，委託業者と調整をして，業務内容の調整をしながら，どういうふうにシフトしながら導入していこうかというようなことをやりました。課のトップとして管理者業務を経験して得たことを，その後に元いた病院に戻ったときに大組織で展開できました。小さな病院でいろんなことに携われたことはいまでも役に立っています。小さい病院時代はこういうふうにやっていたということが，いろいろな場面で言えますし。

L氏は中堅時代，上司であった医事課長から，部下との接し方や仕事と向き合う姿勢を学んだと述べている。

◇**事例4：「上司からの指導」から「対人コミュニケーション力」「仕事の信念・姿勢」を学ぶ（中期）**

　マネジメント能力という意味では，前任の医事課長から学びました。仕事の仕方，調整，部下の育成方法，課をまとめるときには自分が率先してやること，1人ひとりの行動をよく観察する気配り，などですね。ものすごく忙しい方なんですけど，若い子が課長席の後ろにあるプリンターのコピー用紙を毎朝補充しているんですけど，それも見ていて，評価してあげるとか，そういうことを自然とやられてい

ましたので，そういうところを見て覚えていきました。それと仕事を取っていくとか，仕事に向き合う姿勢や態度を学んだと思います。その方に言われたのは「Lさんのいいところは，こっちが何か言ったときに，できないとか，無理です，とは言わないことだ」と。自分では全然意識していなくて，でも「はい，わかりました」って言っても，実際にはできないことも多いので「すいません，あんまりできていなくて」というと，「それでいいんだよ」と課長は言うんです。「最初に頼んだときにできません，と言われちゃうと，もうこの人には頼めないなと思うんだけど，やってみます，ちょっと頑張ってみますという感じで返事してくれれば」と言ってくれました。その上司は自分でも答えを用意していて，私からも答えが出てくれば答え合わせをして，ああこういう考え方もあるなっていうことを吸収することもできるし，「自分はこう考えたけど，どう思う？」ってことを言ってくれる人だったので，だから「自分でも答えを用意しているから出なくても良いんだよ，やる気があるか，取り組む姿勢があるかどうか，そこを評価しているんだ」ということを言われたんです。そして，いま自分が指示する立場になったときに，同じように部下がどう返事してくるかで接し方を考えるようになりました。いまは係長の指導をしていると言いましたけど，係長にはガミガミ言いますけど，若い子には「いつも見ている」ということを伝えるようにしています。

一方，B氏はできない上司についた経験が，自らの仕事に向き合う姿勢や，管理職としての成長に影響を与えたという。

◇**事例5：「できない上司への対応」から「組織マネジメント力」を学ぶ（中期）**
　上の方はとてもユニークな方で，いろいろと教えてもらったんですが，その後，交代になりまして，次に来た方が言い方は失礼なんですけど，あまり仕事熱心ではない方で，そのときに初めて「俺がやらなきゃ」ってガンガンとやるようになりました。定年が近くて会議もやらないし，先生とも話さないという方で，これは俺がやらなきゃダメだなって。困るのは，部下は2人いたんですけど，その部下の子たちも文句を言うわけです。僕も上司に命令してくれってお願いしたんですけど，それもしてくれないし，仕方がないから自分からやるようになって，いま考えたらそ

れでステップアップしたのかなと思います。

　キャリア後期になると，ほかの施設との交流や学会への参加など組織外部との接点を学びのきっかけとする病院事務職員が多かった。I氏は病院事務職員の勉強会に参加することで，外部でのネットワークを構築するとともに，業務への理解を深めている。

◇**事例6：「他施設との情報交換」から「対人コミュニケーション力」「職務関連の知識・スキル」を学ぶ（後期）**

　上司が勉強会に連れて行ってくれまして，月に1回そこに参加するようになりました。いろいろな病院の人が業務とは関係なく集まっていて，初めこそ緊張したんですけれども，自分たちの仕事について意見を交わすということが楽しかったんですよね。やっていくうちに仲間や顔見知りが増えてきまして，活動領域が広がって，雑誌に執筆をさせていただいたり，講演を担当させていただいたり，医師事務作業補助者の講師をさせていただいたり。そういう経験が増えてきました。個人としては，同じようなことで悩んでいる仲間がいるということを知ってモチベーションが上がりました。あとは業界での認知度が上がっていくことでさらに知り合いが増えていくことですかね。そうすると，レセプトの請求1つでも自分たちが知らなかったことをたくさん持ち帰ることができるので，それを院内にフィードバックしていますね。

　A氏は学会への参加によって，自らの業務や他職種の活動への理解を深めるとともに，部下への指導にも影響があったと述べている。

◇**事例7：「学会発表，論文執筆」から「仕事の信念・姿勢」「組織マネジメント力」を学ぶ（後期）**

　2年前に学会に参加しました。本当に目から鱗というか，大学病院で20年以上やってきて，先生たちは学会に参加することは常に耳にしていたので，なんとなく学会のイメージはありましたが。自分が参加した学会と先生たちが行っている学会

は違うのかもしれませんけど，抄録はこういうもので，資料を作って，現地に行ってということを経験するということはこれまでにありませんでした。何が勉強になったかというと，発表する内容ももちろんですけど，学会でいろんなことを知ったことが勉強になりましたね。医療事務の研究会に行って外を知るようになったのとはレベルが違うわけです。何が身についたってことではないんですけど，「こういう世界で勉強していかないと事務職員もダメなんだろうな」と感じました。専門職には関連学会があって，そういうところで発表したり，研究したりしますが，事務職員にはそういう習慣はないですよね。変な話ですけどランチョンセミナーって何か知らなくて，「あ，これがランチョンセミナーなのか」って，食事しながら勉強するってこともあるんだなぁなんてことも知りました。これからは病院でも知らしめて，広く皆に経験させていって，自分の感性を磨いていくきっかけにしてもらえれば良いなぁってことを強く思いました。ほかの大学病院の職員は学会に行ってないですもんね。うちの病院長は「個人病院の事務職員は学会にいるけど大学病院の事務職員はいないよな」ってよく言いますけど，発表しているのも，参加しているっていうのもあまり聞かないです。発表も年1人とは言わずに，とにかくつないでいければいいなぁと思っています。それを最初に行かせてもらったんで，つないでいきたいし，下の子（後輩）にも経験してほしい。「これまでの取り組みをまとめてみろ」って部下に言って種をまいていますし，「何かのネタで話せるやつはいないかな」ってことに目がいくようになりましたね。

また，外部評価機関への対応など，困難なプロジェクトを通じて成長をすることも多い。D氏はJCI（Joint Commission International）という病院の国際認証におけるプロジェクトマネジメントを通じて，組織運営や変革の手法について学んでいた。

◇**事例8**：「プロジェクトへの参加」「困難事例への対応」から「組織マネジメント力」を学ぶ（後期）

　これまでは各部署独自のルールが存在していた病院でした。方針も業務手順書もない，マニュアルのようなものはありましたけれど，病棟でやっていることは全部

違うし，もうバラバラです。それをJCIの基準に合わせていくために業務手順書を作って，それをやらせると，「こんなのはできない」って戻ってきて，また変えていきます。「ほら，結果出ているでしょ」と言いながら進めていきます。いまでもずっと，そうですけれどね。目に見えて変わったわけではないですが，面白いなと思うのが，3年ごとにスタンダードが変わって，3年ごとに更新審査があります。それで1年前くらいからわかってきたのは，1回目の審査じゃ良くならないということです。1回目の審査は導入なんですよ。審査ごとにレベルが上がっていくようなイメージだから，3回目の審査くらいで結果が出てくるんじゃないかなと思います。それをJCIもわかっていて，「3回目の審査が厳しいのよ」って審査員が話していました。職員には「JCIとっても何にも変わらないよね」って思っている人もいるんですが，まだ途中の段階なんですよ。だからいま，それを説明しているんですけれどね。こういうのを進めるうえで，院長の名前を出した方が良い場合と，副院長の名前を出した方が良い場合と，僕から言った方が良い場合とがある。X診療科の先生は院長だな，Y診療科はこうだなっていう，そういうツールについては身についていたので，それを使っていきました。でも，やはり認定機関は賢いと思うんですよ。MBA（経営学修士）とかMHA（医療経営学修士）ホルダーがいて，いろんな経験を積んだスタッフがJCIのスタンダードを作って，認定のプロセスも考えているんですよ。いろんな国からスタッフが集まっていて，いろんな考え方があって，JCIの組織をつくっている。なので，彼らの考え方を使うと，病院を変えるのは楽ですね。スタンダードの中身も「なるほど，そういうことか」というのもありますよね。さらにJCIもオープンなんですよ。「わけのわからないことがあったら僕たちに言ってね」と言ってくれますし，話し合いを持つ姿勢というかオープンなコミュニケーションというか，あぁ日本とは違うなぁって思いますよね。

　病院にとって特定共同指導を受けることは大きな試練であるが，A氏は特定共同指導の対応責任者を務めたことで，職務や部署のあり方，コンプライアンスの意識に大きな変化が生じたという。なお，特定共同指導とは，保険診療の質的向上，適正化を目的として，厚生労働省と都道府県が共同で保険医療機関に対して，正しい保険診療を実施しているかを指導，教育をするものであり，

不正や不適切な事例が見受けられた場合には，行政上の処分や，診療報酬の返還が生ずることがある。

◇**事例９**：「困難事例への対応」から「職務関連の知識・スキル」「仕事の信念・姿勢」「組織マネジメント力」を学ぶ（後期）

　　特定共同指導っていままで２回しか入っていなくて，実は経験したことがなかったんですよ，医事課にこれだけ長くいながら。講評なんかを聞きに行ったことはあるんですけど，幸か不幸か，まぁ一生経験しない方がいいかもしれませんけど，今回は当たったということで覚悟を決めました。病院としても久しぶりなので，全くもって前回の記録がない。いちから何をやっていくんだろうっていうなかで，あれだけの大きなことを回していくのは大変でした。特定共同指導は落としどころがない。ましてや保険診療は，本当のルールと実際の運用の違いをわかってやっている人はわずかで，ほとんどはわからないでやっているのが実態です。それを短い期間でやっていかなくちゃならない，答えは自分たちでつくらないといけない，という点と，最終的には大失敗をすると巨額の返還をするというところはプレッシャーですよね。億単位の金を返還するなんてことが理解できる人が院内にいるわけもなく，その話をしているだけで非常にプレッシャーでしたね。うまい落としどころ見つけなきゃいけないっていうことと，いい結果を出さなきゃいけないっていうことと，私も含めて何をどういうふうに持っていけば良いのかわからないわけです。自分がわからないと部下にも指導できませんし，他部署との調整もできませんので。

　　たとえば看護部から「これについては何を聞かれるの，私たちはどうすればいいの」って聞かれても，本当にわからないんですよ。経験していないですから。でも看護部には「こういうことが想定されるので，これを整備してくれとか，これに対する答えをくれとか」と説明しなくてはいけません。正しいことはわかるんですけど，100％じゃないときにこれでいいのか，落としどころはこれでいいのかって言われても正直わからないわけです。だけど自分のなかで理解しながら，コネクションを使いながら，いろいろ勉強しながらそれを見つけてコメディカルの各部署にお願いしなきゃいけない。自分の医事課の部下にも「課長，こういうふうにやりまし

たけど大丈夫でしょうか」って聞かれたときに、「知らねえよ」って話になっちゃうので、そこが非常に苦労しましたね。

　いまとなってはもう次から次に来いってことになりますけど、やっぱり経験している人がいないので。結局、ここで勉強したことが日々のことにも活かされていますよね。いままでは会計をすることと、多く医療収入をもらうことに主眼を置いていましたけれど、やっぱり保険診療とバランスを取っていかなきゃいけないっていうことや、本来あるべき保険診療を医事課がきちっとおさえていて、ほかの関係職種にレクチャーする立場にないといけないってことを自分も部下も非常に勉強になったので、それを踏まえて仕事ができるようになったと思います。自分も今回の経験がなかったら、ほかの病院にいたとしたら回答っていうのはそれなりのレベルだったんだろうなと思うので、保険診療のレベルを高めていくことは私もやっていかなきゃいけないですし、私がいなくなっても継続してできるような体制をつくっていかなきゃいけないのかなって思いますね。やっぱり個人に依存すると、退化するので。同僚の先生に「Aさんってなんか役人みたいになったよね」ってたまに言われます。まぁ確かに自分の言い方って向こうの人が使ってた言い方だなって思いますけど、言われていない人には全然わからないんだろうなって。

　特定共同指導の監査官の「勘違いじゃすまされませんよ」ってセリフじゃないですけど、良く理解して体系的にできる体制を組むことが大事なわけです。それを発信していくのが医事課で、先生が間違えるのは仕方がないけれど、それを理解させるのが医事課ですし、間違いを見つけていくのも医事課じゃなきゃいけないんだろうなってことですよね。実際、「先生そんなことやっていたんですか」ってことが結構あったんですけど、それを常に点検していく、直していくっていうのは医事課じゃないとできないですよね。先生にわかってくれって言ったってわかるわけがないことを痛感したので、高い目標ではありますけれどもやっていかないとダメなんだろうなぁと。監査官の言っていることは間違いないけれども、現場では「でもねぇ」ってことがあるじゃないですか。いままではそっちが7：3くらいだったのが5：5くらいになって、現場の状況はわかっているけどそれじゃぁ許されないんだからどうしようかって。できないんだったら仕方がないじゃなくて、できないん

ならどうすれば良いか，そのために支出をしなくちゃいけないってことも意識するようになりましたね。いままではそこにお金かけるならそのままにしておこうかってこともあったんですけど，そういうことじゃダメだよなって。保険診療の根底の部分を指導されているので，特定共同指導で根柢の考え方を改めさせられたというか。正直，どこの病院も現場はもちろん，医事課長もその部分を意識してやってはいないと思うんですよね。受けたことはもちろん，向こうの考え方を教えてもらったっていうのは非常に勉強になりました。

(3) 考察

病院を取り巻く環境が変化している現在，マネジメントのできる病院職員の養成が求められている。本研究の目的は，事務職員が，各キャリア段階において，どのような経験をとおして，いかなる能力を獲得しているのかを質的分析をとおして検討することであった。以下では，発見事実・理論的意義，実践へのアドバイスと今後の課題について述べたい。

①発見事実と理論的意義

第1に，病院事務職の能力と経験の類型は，これまでの管理者行動論および民間企業のマネジャーを対象とした経験学習研究の結果とほぼ一致するものであった。具体的には，病院専門職の能力は「仕事の信念・姿勢」，「対人コミュニケーション力」，「職務関連の知識・スキル」，「組織マネジメント力」に分類されたが，最初の3つの能力は，Katz（1955）による「コンセプチュアルスキル」「ヒューマンスキル」「テクニカルスキル」に対応しており，組織マネジメント力は，Minzberg（1973）による「意思決定の役割」と類似した能力である。一方，経験は「初期，異動による業務経験」，「他者との関わり」，「挑戦的業務」，「境界を越えた経験」に分類されたが，これらはMcCall et al. （1988）の「課題」「他者」「苦難」という区分，および「発達的挑戦」における「変化の創出」や「境界を超えて働く経験」と対応している（McCaulley et al., 1994）。

第2に，病院専門職は，11年目以降の後期においては，部署の異動にともな

い，管理職の経験，プロジェクトへの参加，困難事例への対応といった「挑戦的業務」および他施設との情報交換といった「境界を越えた経験」によって，病院全体を統合的な視点で運営するスキルを獲得していた。こうした発見事実も，民間企業を対象とした研究と大きな違いは見られない。つまり，病院事務職員は，受付，会計といったフロントスタッフから施設管理，組織運営といった裏方の部門までさまざまな役割を担っているが，医療機関に勤める専門職のなかでは，そのほかの一般企業に勤めるビジネスマンに最も近い存在であり，組織をまとめ，動かしていく，という観点からは広く管理職に求められる能力が必要とされていると言えるだろう。

第3に，キャリア段階にかかわらず，同僚や他職種との関わりをとおしてさまざまなことを学んでいた。特に，医師や看護師を中心とした他職種から情報を収集しマネジメントに役立てる点や，マネジメント・システムの導入にともない，他職種を指導する役割を担っているという点は，病院組織の事務職員に見られる独自の特徴であると考えられる。

病院組織の学習プロセスを検討した松尾（2008）は，医師である院長，看護部長，事務部長が連携してリーダーシップを発揮することが組織全体の学習を導く点を明らかにしているが，本研究の分析結果も，医療専門家に対して調整的な働きかけをする事務職員の役割が重要になることを示唆している。

②実践へのアドバイスと今後の課題

最後に，病院現場で働く事務職員の育成に関し，実践へのアドバイスと今後の課題を述べたい。第1に，上述したように，病院の事務職員の特徴として，専門医療職とレベルの差こそあるものの，チーム医療の一員として医療に対する理解が欠かせない。これまでの事務職員は，キャリアの初期において患者や専門職との接点を持つことで医療や病院の持つ機能について理解を深めることが多いようである。松田（2014）は，フランスにおいて経済学や政治学などを学んだマネジメント職が受講する病院長養成課程において，受講生は看護助手として3ヵ月の臨床実習を受けるカリキュラムであったことを念頭に，事務職員も医療職という認識を持つべきであると指摘している。これは患者や医療職

との接点を持つことによる経験が，業務知識といったテクニカルなスキルのみならず，ヒューマンスキルやコンセプチュアルスキルの熟達にも関与しているためである。

　第2に，病院の機能や医療制度の全体像を統合的に理解していくことの重要性が指摘されていたが，近年では施設部門，流通部門，受付・窓口部門など病院内の多くの部門において委託化が進んでおり，病院に直接雇用されたスタッフが経験できるポジションは減少傾向にある。また，企業立病院，大学病院，自治体病院，介護施設等を保有する法人など，事務職員が病院部門以外ローテーションをする組織は多い。また，事務長などの管理職候補に病院内部の適任者がいない病院は，銀行や地元の有力企業などで経営経験を積んだ人材を当てている。病院とは異なる組織でのキャリアを経た人材の流入が多いことを踏まえると，直接の業務経験がなくとも，全体像が理解できるような経験の積ませ方，熟達の支援方法にさらなる工夫が求められるであろう。

　第3に，近年では看護師，診療放射線技師，臨床検査技師といった医療専門職から，病院のマネジメント部門に異動をするケースもある（織田，2014）。アメリカの医療経営の修士プログラムでは，マネジメント部門へのキャリアチェンジを志向した医師や看護師を含む医療専門職が多く学んでいる。病院が事務職員ではなく，マネジメント職を求める流れのなかで，これまで事務職員が担当をしていた領域に参入する医療専門職の経験学習に関する研究が必要となるだろう。

〈参考文献〉

相田俊夫（2014）「病院に求められる事務職員の人材開発・キャリアパス」『病院』73(3)：178-183.
安藤高朗（2014）「病院事務職に期待する役割と人材開発：病院経営者からの視点」『病院』73(3)：184-188.
池上直己（2008）「病院における人事管理と事務職の役割」『病院』67(3)：211-214.
伊関友伸（2017）「病院事務の歴史を考察する：『病院』誌特集が物語る「事務」

から「マネジメント」への変遷」『病院』76(4)：266-272.
一般社団法人全国公私病院連盟，一般社団法人日本病院会（2017）「平成28年病院運営実態分析調査の概要」〈https://www.hospital.or.jp/pdf/06_20170306_01.pdf〉.
Katz, R.L.（1955）Skills of an Effective Administrator. *Harvard Business Review*, Jan-Feb：pp.33-42.
喜田泰史・柴山麻祐子・谷光透・筑後一郎・平田智子・持松志帆（2016）「医療機関の事務職員に求められる知識・技能の論点整理」『川崎医療福祉学会誌』25(2)：339-345.
松田晋哉（2014）「医療職としての病院マネジメント職育成を考える」『病院』73(2)：135-141.
McCall, M.W., M.M. Lombardo and A.M. Morrison（1988）*The Lessons of Experience：How Successful Executives Develop on The Job*. NY, The Free Press.
McCauley, C.D., M.N. Ruderman, P.J. Ohlott and J.E. Morrow（1994）Assessing the deveopmental components of managerial job. *Journal of Applied Psychology*, 79(4), pp.544-560.
Mintzberg, H.（1973）*The Nature of Managerial Work*. New York：Happer Collins Published.（奥村哲史・須貝栄訳『マネジャーの仕事』白桃書房，1993年）
織田正道（2014）「2025年に求められる病院経営：急性期の中小病院の立場から」『病院』73(2)：108-112.
大峡雅男（2008）「民間病院における事務系職員の採用とキャリア形成」『病院』67(3) 224-228.
坂田裕介（2014）「大学病院事務職員のキャリア開発支援策への一考察：キャリア・アンカーと企業社員との比較から」『日本医療マネジメント学会雑誌』15(2)：87-95.
田崎年晃（2017）「これからの病院経営マネジメント職に求められるもの」『病院』76(4)：273-278.
東瀬多美夫（2016）「病院における事務職の生涯教育のあり方とIPW」『病院』75(6)：430-436.

第 7 章

救急救命医師の経験学習プロセス

松尾　睦

　救命救急医師は,「基本的技術→専門的技術→他者との関係管理→システム的視点・社会との関わり」という順序で能力を獲得していた。こうした学びを促している中心的な経験は,「他者の影響」と「重症患者の担当・患者の死」であった。他者からの学びに関して,救急救命医師は特定の個人（指導医・上司・先輩）との1対1の関係から学ぶ傾向が顕著に見られたが,これは医師独自の特徴である。また,救急救命医師は,経験を積むに従って「患者中心」の信念だけでなく,「意義のある死を大事にする」死生観を持つようになることが示された。つまり,キャリア後期（11年目以降）になると,医療における「生」と「死」の問題が意識されるようになると言える。

1. 問題意識

近年,高齢化による内因性の救急患者の急増,救急部門の人員不足,患者の権利意識の高まりによる訴訟の増加,救急医療現場の過酷な労働環境など,救命救急医師(以下,救急医)を取り巻く環境はますます厳しさを増している(堀ほか,2007;石松,2006;笠木ほか,2009;岡本ほか,2007)。こうした状況のなか,救急医療を担う人材の育成は緊急課題であるが(山本ほか,2008;山下ほか,2008),救急医がどのようなプロセスを経て成長するかに関する研究は少ない。本研究は,熟達論や経験学習論の観点から,救急医の熟達プロセスを探索的に検討することを目的としている。

救急医の熟達プロセスを研究する意義は,次のようにまとめることができる。第1に,さまざまな職業のなかでも,医師は三大プロフェッションの1つであるといわれていることから(石村,1969),医師の熟達プロセスを検討することをとおして,複雑な環境下で働くプロフェッショナル人材の熟達研究が進展することが期待できる。第2に,他科の医師に比べて救急医はストレスが大きいため,医学生が敬遠する傾向にあるといわれている(岡本ほか,2007)。救急医の成長プロセスを明示することにより,救急医療分野の魅力を伝えるとともに,救急医の育成方法のあり方を再検討するための基礎データを提供できると思われる。第3に,さまざまな症状の救急患者を診断・治療しなければならない救急医を研究対象とすることで,医師一般の人材育成のあり方に対する知見を得ることができると考えられる。

本研究は,救急医7名に対するインタビュー調査データをもとにしていることから,仮説発見を目的とした探索的研究として位置づけられる。以下では,研究の理論的枠組みを説明した後,分析結果を示し,熟達論や経験学習の観点から考察する。

2. 医師の熟達研究

　熟達者とは，「特定の領域で，専門的なトレーニングや実践的な経験を積み，特別な知識や技能を持っている人」を指す（Ericsson, 2001；Wagner and Stanovich, 1996）。熟達のメカニズムを解明することは，組織の人材育成を考えるうえでも重要な研究テーマである。

　素人や初心者と比較した場合，熟達者は次のような特徴を持っている。すなわち，熟達者は，①自分の領域においてのみ優れており，②重要な概念や解決方法に関する構造化された知識を持ち，③解決すべき問題を深いレベルで理解し，「素早く，正確に」問題を解決することができ，④優れた自己モニタリングスキルを持つ（Ericsson, 2001；Glaser and Chi, 1988；大浦, 1996）。

　医師の熟達は，主に「診断能力」（diagnostic ability）と「技術的スキル」（technical skill）の観点から検討されてきたが，大半の研究は診断能力に関するものである（Norman et al., 2006）。この診断能力は，患者のデータを主なエビデンスとして診断仮説を検討していく「診断的推論」（diagnostic reasoning）の観点から研究されてきた（Patel et al., 1996）。これまでの研究によれば，熟達した医師は，患者データから推論を重ね，徐々に仮説を修正しながら治療方法を導き出すような「前方推論」（forward reasoning）を用いることがわかっている（Patel and Groen, 1986）。

　前方推論とは，帰納的な推論のことであり，物理学や数学の熟達者による問題解決の正確さとも強く結びついている。これに対し，素人や初心者は，仮説を立てて，それをデータに当てはめようとする後方推論（backward reasoning）を用いる傾向にあるという。熟達医師が前方推論を実施できるのは，知識が高度に構造化されているため，パターン認識が可能だからである（Petel et al., 1996）。つまり，特定の領域において経験を積むことでスキーマ（schema）が構築され，各問題において鍵となる要素を認識できるようになるのが熟達の特徴と言える。

　Norman et al.（2006）によると，医療の知識は，因果的知識（causal

knowledge），分析的知識（analytical knowledge），経験的知識（experiential knowledge）の3つの観点から分析されてきた。因果的知識とは，病気の基本的メカニズムに関する知識を，分析的知識とは，さまざまな症状・兆候と診断の関係についての知識を，経験的知識とは，過去に経験した事例としての知識を指す。これまでの研究によれば，熟達した医師は，分析的知識と経験的知識を組み合わせて問題を解決していると言われている。

3. 研究の枠組みとリサーチクエスチョン

　熟達や経験学習の枠組みは徐々に明らかになりつつあるものの，医師の熟達プロセスは十分に解明されているとは言えない。本研究は，まず，これまでの熟達や経験学習の研究をベースに，救急医にどのような能力が求められるかについて分析したうえで，そうした能力を救急医がいかなる経験をとおして獲得したかを，初期（1〜5年目），中期（6〜10年目），後期（11年目以降）の3ステージに分けて検討する。次に，医療活動を方向づけると考えられる信念について分析した後，救急医の熟達をどのように支援すべきかについて検討する。本研究のリサーチクエスチョン（RQ）は以下のとおりである。

RQ1：救急医には，どのような能力が必要とされるのか
RQ2：救急医は，どのような仕事の信念を持っているのか
RQ3：救急医は，どのような経験をとおして，何を学んでいるのか
RQ4：どのように救急医の熟達を支援すべきか

　すでに述べたように，本研究は質的調査に基づき，救急医の熟達プロセスについての仮説を発見することに主眼を置いた探索的研究として位置づけられる。

4. 方法

　本研究は，次の2つの方法でデータを収集した。まず，2009年9月に，岐阜

大学大学院・医学系研究科救急・災害医学分野に所属する救急医7名（医師になって10年目以上の救急医）に対して，自由記述式の調査を実施した[1]。調査では，初期（医師になってから1年目〜5年目），中期（6年目〜10年目），後期（11年目〜現在）の3つに時期を分けたうえで，医師としての知識・技術・考え方を身につけるうえでの「印象に残る職務上の経験」と，「その経験から学んだ内容（知識・技能・考え方）」について記入するように依頼した。これに加え，医療活動を行うに当たり，どのような信念・価値観・こだわりを持っているかについても記入を依頼した。

次に，2009年10月に，岐阜大学大学院・医学系研究科内の一室にて，上記の自由記述式の調査に回答した7名の医師に対してインタビュー調査を実施した。その際，自由記述式の調査の内容に沿って筆者が質問する半構造化された形式を採用した。主な質問は「印象に残る職務上の経験」「その経験から学んだ内容」「医療活動に関する信念・価値観・こだわり」，「救急医として必要な能力」「人材育成の方法」である。

インタビュー時間は，1時間から1時間半であり，インタビュー内容は対象者に許可を取ったうえで録音され，その内容は文書化された。分析結果のセク

図表7-1　インタビュー対象者のプロフィール

医師	経験年数（年目）
A	10
B	11
C	14
D	16
E	17
F	21
G	25

注：2009年10月の時点での経験年数。

---

[1] 調査を実施するにあたり，岐阜大学の小倉真治教授（現岐阜大学副学長・医学部附属病院長）より全面的な支援をいただいた。

ションにおいてインタビュー内容の一部を紹介したが，その際，語尾や接続詞を修正し，冗長な部分は削除することで，読みやすい形に直した。自由記述式の調査およびインタビュー調査の対象者のプロフィールは図表7-1に示すとおりである。

5. 分析結果

(1) 救急医に求められる能力

分析の結果，救急医に求められる能力は，図表7-2に示すように，「診療技術」「患者・家族とのコミュニケーション力」，「他医師・コメディカルとの協働能力」の3要素（カテゴリー）に大別することができた。それぞれの内容について，インタビューデータとともに解説する。

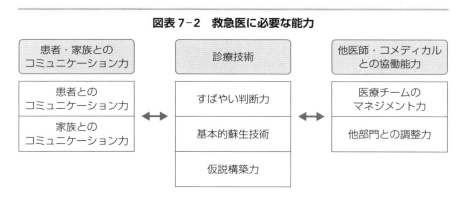

図表7-2 救急医に必要な能力

①診療技術

救急医に求められる診療技術は，「すばやい判断力」「基本的蘇生技術」「仮説構築力」であった。これらの能力について，インタビュー結果をもとに紹介する。

1) すばやい判断力

救急救命センターには，急を要するさまざまな状態の患者が運ばれてくる。

インタビュー対象となった医師の多くが指摘するのが，すばやい判断力の重要性である。B医師は次のように説明している。

　救急医にとって最初に大切なことは，運ばれてきた患者さんを見て「この人重症だ」って思えるかどうかです。「この人，何分か先に死が待っているかもしれない」って気づくかどうかだと思うんです。乱暴な言い方をすると，これは真剣に数をこなせば身につくと思います。逆に，本とか読んでいても絶対にわからないですから，実際に次から次へと来る患者さんを自分の目で診て，数日間あるいは1週間2週間の経過のなかで，最初ああいう状態だった人は次にどういう状態になっていくかを，数多く診たらわかってきます。救急車のドアがパカッて開いたときに「ヤバイ」って思えるかが勝負の第一歩です。

同様に，F医師も，初めの判断の重要性を指摘している。

　救急にはいろいろなバリエーションがあって，読みにくいのですが，初めの判断がすべてになります。僕らはそこがすべてですね。この点に関しては，いまでも完全にできているとは思っていません。たぶんやっていることは正しいと思ってやっているだけであって，あとから評価されれば，「これはもっと良い方法があったんじゃないか，早く落ち着いたんじゃないか」と言われればいくらでもそういうことはあるでしょうね。

E医師は，ほかの診療科と救急部門を比較して，次のように説明している。

　救急医は走りながら考えなきゃいけないので，即効性と決断力が求められます。よく研修医に話をするのは，外科の先生は数日あるいは1日の時間感覚で考えれば間に合う。内科の先生は数週間あるいは1ヵ月の範囲で考えれば十分治療は間に合う。そして，一部の内科や心臓血管外科とか脳外科とかは数時間の単位で考えないと間に合わないと。で，救急医はもっと短くて，下手すると数分単位で考えないと治療が間に合わないことがあるぞ，と研修医に説明することがあります。

短時間の判断が求められるのに加え，救急医は患者の全体像を診る必要があると言う。A医師のコメントを見てみよう。

　救急では，全体を見ないといけないですね。僕も胸部外科だったので，胸とかが得意分野で，胸ばっかり診ていましたけど，おなかの疾患になるとわからない，という感じではありました。救急で，いま生きるか死ぬかという人は，胸だけ診ているわけにはいかないし，頭も腹も，全部診て，いかに助けるかということを短時間の間に考えないといけない。

同様に，D医師も，全体を見る必要性を指摘している。

　いま，救急分野がこの10年で変わってきています。患者さんの全体像を診ないといけないと言われています。整形外科とか，外科でも悪性疾患，悪性腫瘍とか癌とか，いろんなことを知っていないといけないので。言葉は悪いかもしれないですけど，広くいろんなことを求められる科なのかなと思います。

以上の点から，救急医には，短い時間のなかで患者の全体像を診断し，現状を把握する力が求められると言える。

2）基本的蘇生技術

すばやく判断した後に必要となるのは，患者の命をつなぎとめる蘇生技術である。E医師は，救急医としての基本は，患者の命を2時間持たせる技術であると指摘している。

　2時間患者さんの容体を持たせることです。人を集めるには常にだいたいどこの病院でも2時間は最低かかりますので，この病院は比較的早いですけども，それでも完璧にスタッフを集めようと思うと2時間ぐらいかかります。この2時間の間に，たとえば血が出ているところを止めるとかそういうことはできなきゃいけませ

んので，そこが救急医としての最低の素養だと思っています。

同様に，G医師も，基本的蘇生技術について次のように語っている。

　救急医療は，単に心肺蘇生するだけではありませんが，心臓が止まった患者さんをどうやって蘇生するかという技術が軸になります。心臓が止まって，呼吸が止まっても，そこから引き戻す技術というのがあれば，人為的に呼吸を止めることもできるんです。この軸を持っていれば，時間をつくることができます。つまり，病院に運ばれた患者さんが家族と一緒にいるという貴重な瞬間をつくることができます。たとえば，4時間でもいい。患者さんが4時間もったら，東京から息子さんが帰って来ることができるんですよ。

脳外科出身のF医師は，基礎的な技術を「処置」という言葉で説明している。

　救命救急は，そんなに高度な技術が必要な世界じゃないんですね。手術というよりも処置ですね。だって，頭から血が出ていて，頭を開けて血を止めるなんて，それは手術じゃないです。脳外（脳外科）では，マイクロサージャリーと言われる顕微鏡を使ってミリ単位でする手術があります。それに比べて救急では「あ，血がでている」って頭の血をグアーって抜いて，ジュッと焼いて出血を止めるということをしますけれども，あれは手術じゃなくて処置です。技術は多少いるでしょうけども，むしろその判断とか，それを円滑に手術するまでに運び込むマネジメントの方がずっと患者さんの予後を良くしていますね。

こうした基本的技術を習得するまでには何年ぐらいかかるのだろうか。この点について，E医師は次のように答えている。

　一通りの基本診療ができるのには3年ですね。救急患者が運ばれてきて，死なないように管理をするのが最初の仕事です。患者が死なないようになんとか次の先生に引き継ぐ，あるいはスタッフを呼んで，専門の先生ならびに救急の医師を呼んで

人手が足りるまで待つというのが一番の仕事ですね。その初期の治療に関しては早い人で3年，遅くても5，6年生の段階でできないといけないと思います。そして，後は基本の治療が終わって，最終的に入院してから救急から集中治療に近くなってきますから，そうした技術に関しては7，8年は最低でもかかると思います。入口もできて，出口もちゃんとできるとなれば7，8年かかるでしょうか。

以上のコメントから，救急患者が運ばれてきてから必要な人員がそろうまで，あるいは家族が病院にかけつけるまでの2〜4時間のあいだ患者の命をつなぎとめておく蘇生技術が，救急医の基本的技術であると言える。

3）仮説構築力

救命センターに運ばれてきた患者を短時間で診断し，蘇生のための治療をした後に要求されるのは，担当した患者の容体がどのように進展していくかを，仮説を立てながら予測することであると言う。E医師は次のように述べている。

次，次，次と手を打たないといけません。1回の決断で済むわけではなくて，それが連鎖していきますので，結果を見てまた次へ，結果を見て次へと決断していきます。たとえば普通の外科や内科の先生であれば，最初に目標が決まっていて，それをもとにアプローチを考えればいいんですが，私たちはこれが見えない。最初の段階で結果が見えませんので，どうすればいいのかわからない。「あっちへ行って，こっちへ行って，あっちへ行って，こっちへ行って」を繰り返して，最終的に目標に達するというふうに考えないといけない。そこが一般の先生方との一番の違いだと思います。全部が全部そうではないですが。内科や外科の先生が最初からすべてをわかっているわけではないですけれども，比較的そうした違いが大きいかなという感じはします。われわれは仮説を立てて，違ってたら方向修正をします。仮説が1個2個であれば3年生（医師になって3年目）ぐらいでできますし，それが難しい病態になればなるほど10個20個，どんどん増えていきますので，そうなると若い人には対応できなくなります。

第 7 章
救急救命医師の経験学習プロセス

　診療に関する仮説を立てることについて，D医師は，「先を見る」という言葉で説明している。

　「先を見る」ことは若い先生には難しいですね。経験がないから。私の場合，ある程度の経験を積んだことと，あとは，自分よりも経験を積まれた先生に聞いて気づくことがあります。たとえば朝のカンファレンスでも，「なるほどそこまで考えたらそうだな」と気づいたり，「いまこれを選択すべきじゃないな」と思うことはありますね。教授クラスの先生が突拍子もないことを言われても，「あ，先生はいまこういうことを考えて言われているんだな」っていうのが推測できるんですけど，それを私が全部理解できているかどうかはわかりません。若い人は「なんで教授はあんなことを言ったんだろう」って私に聞いてくることがあります。

先を読むことに関して，医局で指導的立場にあるG医師のコメントを見てみよう。

　経験だけじゃなくて想像力が大切になります。初めて経験する症例であっても，論理であったり，自分のいままで積んだ経験を演繹したり，別の経験から帰納したり，そういう想像力があればかなり読めますよね。読めないと仮説を立てられないんですよ。仮説が立たないと，次に検証できないですよね。僕は常にそうなんですが，常に仮説を立てる。ただ，アンカリング，自分が立てた仮説というのはそれに反するエビデンスが2倍でないと変える気にならないことはあるんです。優秀なドクターほどその傾向はあります。だから，カンファレンスのなかでの僕の役割は，そういうふうに固執しているドクターに対してゆらぎを与えるとか，そもそも絶対的な前提としている仮説に対して，たとえば「独善的な仮説になっていないか」とか衝撃を与えるのが僕の役割だと思っています。

　以上のコメントから，救急医は，仮説を立てて検証する作業を繰り返しながら診療を進めており，経験のある医師ほど，先を見て複数の仮説を立てていると考えられる。

②患者・家族とのコミュニケーション力

　救急医に求められるのは診療技術だけではない。インフォームド・コンセントが重視される今日，診療を進めるうえで，患者や家族とコミュニケーションする力が救急医に求められている。この点に関し，C医師は次のように持論を語っている。

　　患者さんを診る場合，職業やバックグラウンドを先に聞くんですよ。「この人はどういう生き方をしてきて，どうしたいんだろうな」ということを考えるんです。まず，病気よりも，そっちが先なんですよね。昔は病気のことを先に考えていましたが，逆なんですよ，いまは。「どうしてあげたらいいんだろうな」と，そういう見方になりましたね。本人含め家族もね。「どうしてほしいんですか？」とまず聞くんですよ。すると患者や家族はたいてい「先生にお任せします」と言うんですよ。わからないからでしょうね。そういうときには「僕の身内やったらこのようにしますけども，あなたはどうしますか」と言うようにしています。大事なのはコミュニケーションなんです。患者や家族の方には納得がいくように毎日話をしている。相手が納得しているかどうかは会話することでわかります。「まだこれはあかんな」と思ったら，時間をおいて，もう1回話をするようにしています。それは全部，僕のメンターの先生に習ったんですよ。そのとおりですよね。

　救急医療の場合，初期の段階と，容体が安定した中後期の段階では，コミュニケーションのあり方が異なる。この点についてD医師は，次のようにコメントしている。

　　まず命を優先しますので，いま，急いでしなきゃいけない治療をまずやります。そして，ある程度患者さんに選択肢が持てる状況，少し待てるという状況にあればお話します。患者さんだけ運ばれて来た場合には，ご家族に電話して「どうしますか？」って聞くこともあるんです。急ぐ場合は，全部が全部，「どうしましょう？」と聞けるわけではありませんから，短時間でいろんなことをお話して決めていただくというのはすごく難しいですね。説明していても「聞いてません」と言われるこ

とも半分くらいありますので。自分が患者の家族だったら，そうなってしまうかもしれませんね。また，時間が経ってくると，話をしなければならない方々が増えてきます。本人や家族の方の理解と，実際に話してない人の理解では，また聞きになってしまうので違っていたりとか。そういうのは難しいですね。この病院だと，1ヵ月か長くて1ヵ月くらい患者さんを治療するんですけど，前にいた職場ではある程度まで診ていたので，3ヵ月とか半年とかお付き合いさせていただく患者さんもいらっしゃいました。そうなると大変ですね。家庭で摩擦が起こるのと一緒で，ずっといると患者さんとぶつかり合ったりすることも増えます。

E医師は，患者の背景を考える必要性を強調している。

　最初は病態ですね。病気が重いか重くないかを診ます。それと同時に今日本で考えなきゃいけないのは，患者さんの背景ですね。とくに高齢者医療になりますと，患者さんの背景がすごく重要になります。普通の方にはわかりにくいかもしれませんけども，私がどうしても最終的に気になるのは，「命が助かりました，でも病院から二度と出られません」というケースや，もっとひどい場合は「集中治療室から出たらすぐ死んでしまいます」という人をつくることがいいのか悪いのかということです。もう1つは「命は助かりましたが，意思の疎通ができない」という，いわゆる寝たきりの状態になって，それを高額な医療負担を続けながら患者さんの家族に押し付けることはいいことかどうか，ということは絶えず気にしています。実際に，その結果として家族崩壊した例を何件も見ていますので。もちろん患者さんが一番大切ですが，その患者さんだけを見て，その患者さんをどんな状態でもいいから生かしておくというのがいままでの医療，2000年までの医療でした。いまの状況ですと，それをやってしまった負の財産がありますので，その正負のバランスをとるのがすごく難しいというのを考えていますね。

以上のコメントは，納得いくまで患者や家族とコミュニケーションをとり，患者の背景を考えながら患者や家族の意思決定を支援することが大切になること，治療の初期と中後期ではコミュニケーションのあり方を変えなければなら

ないことを示唆している。

③他医師・コメディカルとの協働能力

これまで紹介してきた「診療技術」「患者・家族とのコミュニケーション力」のほかに，救急医療では，異なる専門領域の医師や，看護師，検査技師，薬剤師等のコメディカルとの協働が欠かせない。D医師は，チーム医療のあり方について次のように述べている。

> 私自身は，救急医療は1人でやるもんじゃないと思っています。というのは，1人でやらなきゃいけないときがあったのですが，そうなると一面しか見なくなってしまい，だんだん視野が狭くなるんですよ。患者さんは人間ですから，いろんな角度から見ていかないといけないんです。前にいた救命センターは人数が少なかったのでそうせざるを得なかったんですが，いまの職場は人がいますから，本当の意味でのチーム医療かなと思いますね。救急医療では，それぞれのデコボコが，いろんなところにあると思うんです。それを皆で足して，割って，平らにして，っていうのが医療だと思っています。もちろん医者だけじゃなくて，看護師さんとか工学技師さんとか，なるべくコミュニケーションをとるようにしています。看護師さんしかできないことはケアです。正直なところ，私たちはキュア（治療）はできるけど，ケアっていうのは習っていないですからできないですね。ケアは，患者さんが良くなるには絶対大事なところです。

E医師は，他科の医師とのコミュニケーションの難しさについて言及している。

> あとは相手が理解しているかどうかなので，共通の土壌に乗らなければ全く通じないのは良くわかります。それは患者さんの家族の説明もそうですけれども，わかっていると思って言っていることがあまりにも多いかなと。で，お話をして，それだけじゃなくて相手がそれをどの程度ご理解されているかを聞き出すこともすごく重要です。科が違ったりすると，「先生，こう思うんですが」と言ってお話しし

てさっぱり通じないとなると，そこで会話をシャットダウンされちゃう方がいらっしゃいます。拒絶される方はどうしようもないですね。患者さんのご家族であれば拒絶されようが何だろうがもう先へ進まないといけないので，どんどんお話を，もう1回最初からやり直したりして繰り返しますけど。ドクター同士，あるいは看護師，パラメディカル（医師以外の医療従事者）との話ということになると，遮断されてしまうともうそこから通じなくなる。できるだけそうならないように共通の土壌をつくるということをしています。

共通の土壌をつくるためには，普段から他科の医師と人間関係を構築することが重要になる。この点についてF医師のコメントを見てみよう。

　救急部門で完結できる疾患は救急部門で完結しますが，専門的な治療が必要な場合には専門の先生に手伝ってもらいます。しかし，その専門の先生がその部門は専門でもほかの臓器は専門じゃないということもあります。さらには，2つ，3つにまたがることもありますね。小児で，心臓とかね。そういうときには，みんなで一緒にしないといけませんから，それらを円滑に行うには，ちゃんとした医学的知識に基づいた判断と人間関係も必要ですね。人とうまくやることです。そういう意味では普段から人間関係をつくっておくことは大事です。

F医師によれば，他科の医師やコメディカルとの協働能力は，チームを率いる医師にとって重要な能力であるという。

　救急の分野で非常に優れたドクターとそうでもないドクターの違いは，冷静に指示が出せるかどうかじゃないですかね。1人で舞い上がらずに，チーム医療ができるかどうか。1人のときとチームのときは違いますからね。チームの場合はコマンダーとして機能できるかどうかで全然違いますね。コマンダーの状況っていうのは「これしてあれして」っていうことをきちっとやれることです。自身の手技がしっかりしているということも大事ですし，メンバーの手技と能力を見抜いて「これやれ，あれやれ」って言うのも大事ですね。（中略）腕は立つけれども社会性のない

先生もなかにはいますよね。ただ，救急だと，より社会性の力がだんだんと必要になってきます。一方，脳外科とか一部の形成外科の先生とかだと，職人的にうまいけど，コミュニケーションは全くダメでも，十分に通用している人はいくらでもいますよね。

このコメントから，救急の分野では，他者と協働できる社会的スキルの重要性が高まっていることがわかる。

(2) 救急医の信念

前節では，救急医に求められる能力について検討した。本節では，救急行為や，知識・スキルの獲得に影響を与えるより高次な知識としての「信念」に焦点を当てる。

救急医がどのような信念を持って医療に従事しているかについて分析したところ，図表7-3に示すように，「自己関連の信念」と「患者関連の信念」という2つのカテゴリーが抽出された。

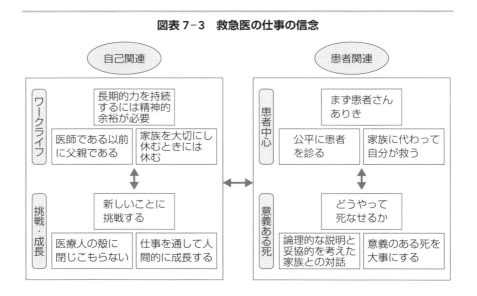

図表7-3　救急医の仕事の信念

自己関連の信念は，仕事と個人生活を両立することを重視するワークライフバランスに関する信念と，高い目標に挑戦し，医師として成長することを重視する信念からなる。一方，患者関連の信念は，患者を治すことを重視する信念と，患者や家族にとって意義のある死を迎えることを支援する信念に分かれた。ただし，これらの信念は，互いに対立するものではなく，相互に関係し合っていた。

①患者関連の信念
　まず患者関連の信念における「患者中心の信念」から見てみよう。E医師は，仕事をするにあたって，一貫して公平に患者を診ることを重視している。

　　「この患者さんは好きな患者さんだからここまでやる」「この患者さんは嫌いな患者さんだからテキトウに診る」という態度は良くないので，一貫して同じことをやらないといけない。一貫して公明な姿勢，同じ病態であれば同じ答えが返ってくる，あるいは同じ結論を出す，ということを心がけてます。もちろん人間ですから好き嫌いはどうしても出ますけれども，そういうことをできるだけ周りに響かないようにすることを意識してます。病態の変化は仕方ないですが，治療内容に関してもコロコロと変えないように心がけてます。

　B医師は，患者に代わって救うという信念を強く持っている一方で，「救う」ことの意味について悩んだ時期があると述べている。

　　僕らがやっていることっていうのは，誰か1人の人間を治療しているわけです。でも家族がいたとしたら，家族はその患者さんをなんとか守ってあげたいと思っていると思うんです。何とか助けてあげたいと思っている。でも，家族にはそれをする術が何もない。そういう家族の気持ちに代わって，何もできない家族に代わって僕がやるんだ，というのが僕のスタンスです。使命感と言ったらちょっとカッコよすぎますけど，そういう気持ちで僕はやっています。

大学を卒業して，東京の救命救急センターに就職したら，最初はものすごい数の患者さんが亡くなっていく。あるいは，いわゆる植物状態など。それまで自分が想像していなかった状況で患者さんが去っていく，という現実を数多く経験して，最初は強い違和感がありました。もう「救う」って言葉の意味自体が，なんというか，自分のやっていることの意味っていうのを見失いそうになりました。自分が思っていた「命を救う」っていうのは，「歩いて帰る」とか「車いすに乗って社会復帰をしていく」とかそういったイメージがあったんです。人工呼吸器がついたままとか，意思疎通はできないけど心臓が動いている，とかそういった状態で退院，転院していく方が非常に多かったので，それが「人を救っている」ということなのかということには非常に疑問に思った時期がありました。ただ，いまの僕が思っているのは，目の前にいる患者さんとの関わりを自分がやめてしまえば，それでその1つの命が終わるわけですから，いま，目の前にある命は何とかつなげておこう，次につなげていくこと自体に意味を見出そうと，そういうスタイルになりました。

　D医師も，まず患者さんありきという信念を持って医療に従事しているが，経験を積むに従って，死に関する考え方が変化してきたと述べている。コメントを見てみよう。

　良くなったときは患者さんと一緒に喜びたいし，悪くなったときは何がダメで，どうしたらいいかを，選択肢があるなかで家族とともに考えていくことは人間として必要だと思っています。若いときには，自分の思いで走ってしまうことがあって，「この治療，この治療」って，治療方法のことばかり考える傾向にありました。でもいまは，「この治療をしていま良くなったとしても，何日間後のことを考えているか」ということを考えるようになりましたね。「いまはこれでしのげるかもしれないけれど，その後のことを考えたら，いまこれを選択しても本当に良いのか」ということを少し考え始めましたね。「死とは何か」ということを考えて，患者さんとの接し方も変わってきました。5年前は「死ぬんだ」というのは物理的にしか見ていなかったのですが，いまは時間を大切にするようになりました。一生懸命にいまの時間を考えてあげて，何か答えを見つけていかないといけないと思っています。

「死とは何か」に関係してC医師は,救命と延命の違いを指摘している。

「どうしますか」と医者が聞き,家族は「全部お任せします」と言って,医者は「じゃあ,とことんやりましょう」と答えてしまう。その方が,楽だからです。悩む必要もない。救命と延命の違いがわからないと思うんですよ。助けることばかりで,いかに死ぬかってことを考えていない。いかに死ぬかを考えることが大切です。

いかに意義のある死を迎えてもらうかについてG医師は次のように述べている。

ある程度ベテランになった救急医は,何百人もの死を見てきていますから,死は普通のものです。死の瞬間をどういうふうに家族に共有してもらえる形をとるかというのが,救急医にとっての次の課題です。いまの医療の技術をもってしたら,この救命センターのなかでは絶対死なないけれども,生きて元気に病院を出ることはない,という患者さんが出てきます。そこまで技術が進んでいるんですね。そういう人たちを見たときに,世間一般の人や,あまり重症患者を見ていない医者は,「この人は生きているから治療はやめられない」と言うんです。しかし,われわれにとっては,「もう生きない」ことが明確なので,どうやってこの治療を収束させるかということを考えながら家族と話をして,治療全体の方針を立てる方向に変わるわけです。途中までは社会復帰を目指して救命の活動をやるんですが,ある一定のところで,これはもう頭打ちだと。「もう社会復帰するところにはいかないな」ということがわかった場合には,逆にそこでまで介入した責任上,どうやって良い死の瞬間を迎えさせてあげるかを考えないといけないんですよ。

以上のコメントから,患者を救う,一貫して公平に診るという患者中心の信念の先には,いかに意義のある死を迎えてもらうかという信念が存在することがわかる。

②自己関連の信念

　救急医は，患者関連の信念と同時に，自己関連の信念も有している。図表7-3に示したように，自己関連の信念は，自らが挑戦し成長することと，仕事と家庭のバランスをとることに分かれた。

　E医師は，難しい疾患を治療するために挑戦することを大切にしている。

　　難しい患者さんを治療するうえでは，いままでやっていた治療が通用しないことがあるので，そういうところで創造していかないといけないですね。新しいことを考えていかなきゃいけない。いままでこんなことをやったことはないけれど，いままでの延長線上で害がないだろうと思われる治療方法，あるいは害よりも益の方が多いだろうと思われることはできる限りやっていきたいと思っています。そこには当然，相当の知識が必要となりますし，いままでの技術との結びつきですね。いままで結びつけてないものを結びつけて考えていきますので，そこに創造性がいっぱいあると思ってます。

　B医師は，今後の目標として新しい医療技術を習得することを挙げている。

　　人を救ううえで必要な技術で自分に身についていないものもありますので，それを身につけたいなというのは当然あります。たとえば1つは，放射線技術です。血管塞術という治療法で，出血している部位を血管内から治療，止血できます。そういった技術が進んで，実際に手術をしなくても済む患者さんは増えています。そういったものを自分も身につけたい，とも思っています。

　C医師は，患者や家族を理解するために，生きること死ぬことについて勉強する必要があると強調している。

　　患者さんの多くは年寄りじゃないですか。自分の信念を持っていないと話をしても伝わらないですよね。死ぬことや生きることについて勉強しないと話せないです

よ。

　自己関連の信念として，医師として成長することだけではなく，仕事以外の生活を大切にすることを指摘する医師が多かった。自身の信念について，B医師は，次のようにコメントしている。

　　ただ，僕も家族の一員として，きちんと父親の役割を果たすことが大事だと思っています。家庭を顧みずに救命救急センターでバリバリ働いていくのもいいかなと最初は思ったんですけども，実際，子どもが生まれると，かわいいですし，成長を間近で見ていきたいという思いもあります。そういう意味で家庭は大事にしたいと思っています。

　当初，外科医であったA医師も，以前を振り返りながら次のように述べている。

　　外科をやっていたとき，それこそ毎日泊り込みして一生懸命やっていたんですけど。家内が子どもを産んだあと育児ノイローゼみたいになってしまって。やりすぎてもしょうがないかな，自分のことも考えないといけないのかな，と考えるようになりました。自分の正義感とか倫理観を持ってずっとやっていたつもりなんですけど，必ずしもそれで全員がハッピーになるわけじゃないというのを個人的に思いましたね。最終的には外科を5年間やりましたけど，それで燃え尽きたんでしょうね。突っ走って，若いころは一生懸命やったっていう感じです。いまのスタンスとしては，一生懸命やるときはやって，休むときはほかの人に任せてというスタンスです。

　医局において指導的立場にあるF医師は，長期的に勤務できる体制をつくることの大切さを説いている。

　　救命センターという組織は，患者さんは1人のために労力を使って，次に来る患

者さんのためにも労力を残しておく必要がある。それを24時間365日持続していかないといけない部門です。患者さんは常に来ますから，それを持続できる組織をつくるというのはすごく大変なんです。いかにそうしたシステムをつくるか。疲れないシステムじゃないですけど，続くシステムですね。至るところで救急医が辞めているのは，みんなへばってしまうからです。1年や半年は大丈夫なんです，人間。だいたい2年目でみんな壊れてしまいます。うちの施設は一応大丈夫ですけども，ほかを見ていると，1年経つと「勘弁してくれ」「疲れた」「もう嫌だ」となってしまう。だからそうならないように，2年でもここで働けるぞっていう組織をつくる必要があると思っています。若い先生たちが続けることができるような組織をつくらないと。それが一番の命題と思ってやっていますね。

上述したように，自己関連の信念と患者関連の信念は相互に関係し合っている。患者のために働くには，自身に技術や余力がないといけないからである。また，患者関連の信念では，患者中心の考え方から，いかに意義のある死を迎えられるように支援するかという信念へと発展するケースが多かった。自己関連の信念では，挑戦や成長を重視する考え方と同時に，ワークライフバランスを重視する信念が生まれてくるようである。そして，経験を積むにしたがって，自己関連と患者関連の信念の結びつきが強くなり，両者が統合する傾向が見られた。

(3) 救急医の経験学習

これまで，救急医に必要とされる能力と信念について分析してきた。本節では，救急医が，どのような経験をとおして何を獲得してきたのかについて検討する。

インタビュー調査では，医師としてのキャリアを，初期（医師になってからの5年間），中期（6〜10年目），後期（11年目以降）に分けたうえで，各時期に何を経験し何を学んだかについて聞きとりを行った。得られたデータをもとに，経験内容と学習内容をカテゴリー分けしたうえで整理したものが図表7-4と図表7-5である。図表中の数字は，各カテゴリーに該当する経験や学習

内容が報告された人数を示している（複数回答）。なお，7名中3名以上の医師が言及していた箇所に網かけを施し，この網かけ（グレー）部分が現れた時期が早い順にカテゴリーを並べた。

経験内容は「研修」「重症患者の担当・患者の死」「異動」「管理的・指導的な業務」「他者（指導医・上司・先輩）の影響」「事業の立ち上げ」「留学・資格・学位」の7カテゴリーに分類することができた。図表7-4の網かけ部分を見るとわかるように，救急医はこれらの順番に経験を積む傾向があった。すなわち，ほぼすべての医師が大学を卒業すると，研修医として大学の医局で学び，初期から後期まで一貫して「重症患者の担当・患者の死」の経験から学んでいた。そして，6年目以降は，病院を「異動」すること，「管理的・指導的な業務」や「事業の立ち上げ」を経験することをとおして医師は成長していた。なお，救急医に特徴的だったのは，時期に違いはあるものの分析対象となったすべての医師が「他者（指導医・上司・先輩）の影響」を受けていた点である。

図表7-4　救急医の経験内容

経験内容	初期 （1〜5年目）	中期 （6〜10年目）	後期 （11年目以降）
研修	⑦	①	
重症患者の担当・患者の死	③	③	③
異動	①	④	⑤
管理的・指導的な業務	①	④	③
他者（指導医・上司・先輩）の影響	②	②	③
事業の立ち上げ		②	③
留学・資格・学位		②	①

注1：○の中の数字は人数を示す（複数回答）。
注2：網かけ（グレー）部分は3名以上の医師が言及したことを示す。

一方，救急医が経験から何を学習しているかをまとめたものが図表7-5である。学習内容は「基本的技術」「専門的技術」「他者との関係管理」「システム的視点」「社会との関わり」「医療への姿勢」「患者との関係管理」の7カテゴリー

に類型することができた。網かけ部分を見るとわかるように，医師は，初期に救急医としての「基本的技術」を，中期以降に「専門的技術」や「他者との関係管理」を，後期に「システム的視点」や「社会との関わり」を学ぶ傾向にあった。「医療への姿勢」や「患者との関係管理」については，明確な順序性は見られなかった。

図表 7-5　救急医の学習内容

学習内容	初期 （1～5年目）	中期 （6～10年目）	後期 （11年目以降）
基本的技術	⑤		
専門的技術	①	④	③
他者との関係管理		④	③
システム的視点			④
社会との関わり		①	④
医療への姿勢	②	②	
患者との関係管理	①	②	②

注1：○の中の数字は人数を示す（複数回答）。
注2：網かけ（グレー）部分は3名以上の医師が言及したことを示す。

以下では，経験学習の典型事例をいくつか紹介する。

救急医は「重症患者の担当，患者の死」から多くのことを学ぶ傾向にあるが，そのなかでも肉親の死はとくに大きな影響を及ぼすようである。G医師は，母親の死によって家族の気持ちを理解することができるようになったという。

◇**事例1：母親の死から（患者の）家族の気持ちを学ぶ**

　　母親は2回入院したんですが，1回目は完全社会復帰しました。社会復帰して，家に戻ってきた後に，再発したんです。肉親の死を経験して，何が変わるかというと，（患者さんの）家族の気持ちがわかるようになります。医者の目から見たら，そんなにたいしたことはないことが非常に気になる。「医者として患者さんの家族の気持ちを考えなさい」とよく言いますけど，やっぱりわからないですよね。自分が

そこに立ってみないとわからない。どうしても軽い言葉になってしまいますね。

　B医師は，医師になってから6年目に，外科の手技を習得するため，大学の医局を辞めて，民間病院の一般外科医としての経験を積んでいる。このケースは，異動（研修を含む）をとおして，医師としての専門的技術を習得した例である。

◇**事例2：「異動」から「専門的技術」を学ぶ**
　　その当時，2年間の研修では外科医としてのスキルにまだ自信を持てなかったので，もう少し外科医としての修練を積みたいなと思ったんです。人事上，ご迷惑をかけないよう，当時在籍した大学の医局は辞めました。外科の技術がないと救えない命というのは少ないんですけど，しかし外科の技術でしか救えない命は必ずあります。ですから，要するに，全部救いたいんです。全部救いたいので，そのあと1年半，普通の市中病院で研修したんですが，その1年半が終わったころには，一通りの達成感はありました。少なくとも交通事故だとかそういったことでお怪我をした人をその場で失わないだけの外科的治療を提供できる自信はあります。

　E医師は，医局に入って4年目のときに，医局の責任者になるという経験をしたことで，治療に対する責任を負うことを学んでいる。

◇**事例3：「管理的・指導的な業務」から「医療への姿勢」を学ぶ**
　　私が4年生（医師になって4年目）のときに，ベテランの上級医の先生が突然アメリカに留学に行かれました。救命救急センターは当時，私が入ったと同時に医局が成立したような状況で，正規の医局医が4，5人という状況で，その直属の上司がいなくなった。もちろん他科の出向の先生はいらっしゃいますが，最終的にいろいろな多岐にわたる疾患，複合的な疾患に関しては，専門医的な先生では診れないということで全部責任が私にかかる，という状況が1年間続きました。それで，ある面では苦労しましたが，ある面では鍛えられたと言えます。要するに責任を持って治療するためには自分で勉強しなきゃいけないと。自分で勉強をして治療し

たことに対しては結果に責任を持たなきゃいけないという繰り返しがずっと1年間続きました。私のその当時の学年では，本来経験しないような経験をさせていただいたのが良かったかなと思ってますね。

インタビュー調査の結果，ほぼ全員の医師が，特定の上級医から何らかの影響を受けていたことが明らかになった。そのなかでF医師は，救急救命の分野で著名な医師から，マネジメントのあり方を学んでいる。

◇**事例4：「他者（指導医・上司・先輩）の影響」から「他者との関係管理」を学ぶ**

　学会の理事長をやっているような偉い先生なんですけどね。社会医学というべきか，政治学というのか，その先生からは，患者さんのこと以外にも，仕事ぶりとか，考え方とか，何かが起きたときの対応の仕方とかを見るなかで，さまざまなことを学びました。現在，僕も役柄上，患者さんに接するよりは，他科の医師と接したり他病院と接したり，地域の消防士と接したりとか，そういうことの方が多いんですよね。クレーマーじゃないけど，いろんな人間がたくさん関係してくると，組織内にいろいろな問題があるんですよ。そういう組織内での対処の仕方は，その先生の下でものすごく学んだんですよ。まさにマネジメントですね。その人の下では5年くらい働いたのかな。そういうマネジメントをまさに一緒に手伝わせてもらって学んだんですよね。それはもう教科書にはない世界です。そのとき学んだことは，とにかくむちゃくちゃ役に立っています。うまく言えないですけど，きっと本能的なレベルでのいろんな構造・パターンには，そのマネジメントが根付いているんじゃないですかね。

B医師は，研修先の指導医から医療に対する姿勢を学んでいる。

◇**事例5：「他者（指導医・上司・先輩）の影響」から「医療への姿勢」を学ぶ**

　心臓血管外科を研修中，診療姿勢そのものに非常に影響を受けた先生がいます。心臓血管外科医自体そんなに多くないと思いますが，その先生は，たった1人で年

間数百例の小児の心臓血管外科手術を全部執刀していました。しかし医療技術はもちろんですが，目の前のその子に自分の持っているすべてを捧げている，そういう医療姿勢に感銘を受けました。医療界全体がどうこうとか，そういうことは考えてらっしゃらないと思うんです。とにかく，目の前の心臓病を持ったお子さんを治す，ということ以外は何も考えてらっしゃらない。おそらく，その先生は，技術的にも日本トップレベルの人だと思いますが，僕が一番学んだのは，患者と向き合うその姿勢です。

10年を超えた時期になると，事業の立ち上げを経験する医師が増える傾向にあった。C医師は，ある県の救急救命センター立ち上げをとおして，対人関係，交渉，社会との関わりについて学んでいる。

◇**事例6**：「事業の立ち上げ」から「社会との関わり」を学ぶ

僕のメンターだった先生に連れられて〇〇県まで行ったんですよ。救命救急センターをつくるということで，3年間，立ち上げに携わりました。それはしんどかったですよ。そのとき言われたのは「イラクに行ったつもりで，現地人に教えるつもりで行け」と言われました。要するに，救急ってものを知らないところへ行って立ち上げをやった。そのときの経験がすごく生きてますよね。ドクターにも住民にも救急医療が理解されない。〇〇県っていうのは文化が違うんですよ。よそ者はちょっと警戒されます。僕とそのメンターの先生と2人で行って，地元の文化と戦うわけです。

A医師は，現在の職場に移ってきた後に，システム的視点について考えることが多くなったと述べている。

◇**事例7**：「異動」から「システム的視点」を学ぶ

救急システムとして，われわれがあまり軽症な患者さんばかりに手をとられていると，つまりコンビニみたいに来る人に手をとられていると，手が足りなくなってきます。そういう軽症な患者さんは軽症のための病院に行くようなシステムを構築

しないといけない。救急医としての責務としては，やはり市とか県の救急医療のシステムを整えることと，あとはやはり教育して，下を育てないといけませんね。もっと救急医を育てないと。救急医の育て方はいろいろあると思いますが。

　大学における救命センター立ち上げの中心的役割を果たしたG医師は，社会との関わりについて次のように述べている。

◇**事例8：「事業の立ち上げ」から「社会との関わり」を学ぶ**
　　トップホスピタルのレベルにまでしかその地域の医療は進みません。一般的な診療科の場合はそんなに差はないんですが，救急医療に関しては優秀な病院とそうでない病院とでは，天と地の差があるんですよ。その天の病院が高いレベルまでいかないと，そのほかの病院はそれ以下じゃないですか。だから，地域で最高レベルの病院が高いレベルにまで到達するためには，地域全体にきちんとした人間系のモデルをつくらなければならない。さらに人間系の後ろにあるのが情報系のシステムです。人間系がないところに情報系だけあっても，救急医療は機能しないんです。

(4) 熟達支援

　前節では，救急医自身がどのような経験をとおして学習してきたかについて検討したが，本節では若手を育てる立場として，いかに救急医の熟達を支援すべきかについて，医師教育の現状や各医師の持論を紹介する。

　C医師は，以前の救急医療における教育を，次のように振り返っている。

　　だいたい5年目ぐらいで皆，燃え尽きて辞めてくんですけどね。（中略）そのころはいまと違ってましたから。いまは割と医者を保護してくれますが，そのときはそんなのはナシですから。とにかく頑張れ，なんでも頑張れと，目の前のことを精一杯やれと。旧日本軍みたいですよ。とにかくやれと。

　D医師は，最近になって，救急医療の体系化が進んでいると指摘している。

> かなり体系だってきましたね。昔はもう，その先生のやり方でいろいろ成り立っていた部分が，どこに患者が行っても，スタンダードなものは「こうしましょう」っていうように，いろいろな学会の動きがあります。休みの日などを使って研修を受けて，実習して，病院に持って帰るという体制ができ始めたのが，ここ10年ですかね。私が研修医のときはそんなのなかったですから。とにかく上の先生がやってるのを見て覚えていくしかなくて。いまは「ちゃんとこういうふうにやっていきましょう」っていうのがある程度できているので。「こういう場合にはこうしましょう，ああしましょう」って。ちょっとアメリカナイズしているんですけど，やっぱりそうあるべきだと思うし，同じ患者さんが違う場所に運ばれても同じような感じで治療が進められていくべきだと思います。

医師の育て方に関して，G医師は，段階的に難しさを高めていくことの大切さを指摘している。

> 若い連中は軽い症例でいいから自分で縫いたいとか，そういうのがあるんですよ。僕は，理想的には軽症患者も若い人のためにはある程度の数が必要だと思います。重症患者だけだったら若い人間の出る幕というのがどうしても端役になりますよね。主役はできない。だから主役をやらせるためには，もう少し若い人向けの軽症患者がいてもいいんだろうと思うんです。ただ，重症患者を取り扱って，その横で若い人に軽症患者を診させるというのは難しいんですよ。なぜかと言うと患者の絶対数からいって，軽症患者をとるよと宣言した瞬間に，運ばれてくる軽症患者の絶対数が2乗になるんですね。そこのコントロールは難しい。だから，逆に若い人は外の病院でそういうのを学んでもらって，大学では重症患者を，というような，すみ分けをしています。

E医師によれば，医師を教育するうえで初めの10年間が大切になるという。

> 2桁の学年（医師経験10年以上）になったらもうそれ以上何を言っても変われ

ないですね人間って。10年以上経つとなかなか変われないですね。劇的には変われないです。やっぱり変わる可能性があるのは学年が1桁（経験10年未満）の医師ですね。50歳で医者になっても，60歳までは変わる可能性があると思います。新しいことを始めた知識の習得度の問題ですから，習得の仕方の問題です。

G医師は，最初から救急医になった医師と，違う分野から救急医になった医師では，診療の考え方に違いが見られるという。

ほかの分野から移ってきた場合には，いままでの経験が邪魔をするんですよ。「10年経ってもまだ癖が抜けないな君は」という医師がいる。「癖」，「考え方」なんです。決まった時間内に結論を出すためのロジックを組むことができるかできないかです。始めから救急やっている人間とそうじゃない人間とでは違います。なかなか染みついたものはとれない。始めから救急に入る方がいいと僕は思います。ただ，そういうのを逆にプロフェッショナル教育の立場から証明できればいいなと思っているんですね。

同様に，E医師は，救急医の特徴を次のように説明している。

救急にいて一番いいのは，どんな患者さんも最初の2時間，何度も言いますが最初の数時間はなんとかするぞという度胸はつきますね。そこで極端な話，ビビッてしまったらその先に進まなくなっちゃいますので，そこは全然違ってきます。要するに，場数の違いですね。真剣勝負です。時代劇なんかでも命をかけた真剣勝負が多いほど勝負に慣れるという話があるじゃないですか。不適切な表現かもしれないですが，道場剣術とは違うと。それと似たようなところがあって，やっぱりどうしても真剣勝負を数多く経験するとその分，冷静になれますので，適切な指示，適切な治療はしやすくなります。それが途中から救急救命に入ると訓練を最初からやり直すことになりますので，厳しい人にはかなり厳しいですね。

たとえはちょっと表現としては良くないんですが，救急単独でいくと「とにかく

何が何でも死なせない，すぐ助ける。とにかくいったん命が安定したら，後は知らん，知らない」という極端な考え方になってしまうことがあります。基本的には入院から退院まで，場合によっては退院後の世界を知っているのと，入院短期の一発勝負しか知らないのとでは違ってきます。ただ，救急に最初からいるからそれが経験できないかというとそれはまた別で，その人がそこを経験しようと思えばいくらでもできるんです。

以上のコメントは，最初にどの領域の医療を学ぶかが，医師としての姿勢や考え方に強い影響を及ぼすことを示している。
医師の育て方について，F医師は次のように語っている。

若い人の技術的なことをアップさせるためには，数しかないと思いますね。見て学んで，やらせてということなので。それしかないですね。

G医師によれば，放置するという教育方法もあるという。

考え方は大きく2つあります。見ながら一緒にやらせるという考え方と，もう完全に放置するというやり方もあります。どうしても上級者がいると頼りますよね。で，頼ったときには伸びが少ない人もいるんですよ。全く放置した方が，自分で何とか切り開くことで伸びる人もいます。ただ，いまの時代はその過程で，伸びる過程で何かトラブルが起きた場合に社会的生命を抹殺される可能性がありますので，後者は危険ですが，たぶん効果は高いんですよ。僕自身そうだったので。ほとんど放置されて自分の力でいろいろなことを学んで，自分の力で成長したのです。能力のある人間にとっては，放置される方は単位時間の伸び率は高いと思いますね。どこまでそれを許されるか，ですね。危険をともないます。どちらかというと昔はこういう育ち方が普通だったですね。ただ，それと裏腹に，1人で野放しにすると独善的になってしまうというのもあるんですね。だから能力次第ですよ。進取な気性があって，いろいろな新しい技術であり治療をとり入れる能力があれば，きわめて有効な手段だと思うんですけど。同じですよね，どの領域でも。教えても育たない

人間もいるし，教えなくても勝手に伸びていく人間もいるし。教えれば伸びていく人間もいるし。その3つですよね。

E医師は，教えすぎによる弊害について指摘している。

　痛感したのは，いくら説明しても，自分で理解しようとしない人は全く理解してくれないですね。僕が自分のやり方をどんどん教えたときに，後輩の頭叩きながら教えていたときに，それが露骨に出ました。教えた後輩医師を独り立ちさせたときに，「こんなこともできなかったのか」とか「こんなことも考えつかないのか」ということに気づいて愕然とした。やっている治療内容は僕がやったことの単純なコピーなんですよ，全く。疾患のみで考えて，病気のみで考えてしまって，その症例，その人の変化とかそういうのは一切考えていない。だから個別対応はできなくなっていて，決まり切ったパターンになってしまって，応用が利かないんです。

　ゴールがほぼ同じだったらアプローチはいろいろありますので。ゴルフと同じですよね。ホールに入れるのに右側から回る人，左側からの人，短く刻む人，それと同じように考えています。診断や治療はその人の個性にあったらいいかなと。そういう複数の手段を持てない先生は最初からストレート，ストレートと教えるんですが。私は7，8年まではストレートのみ，そうやって教えていたんですが，結局それは自分のコピーを作るだけで，しかもコピーじゃなくてコピー以下なんですね。同じ発想は人間が違ったらとてもできませんので，自分の考え方と同じストレートだけを教えると，ちょっと変化球を投げられたら，ちゃんとしたまっすぐな道が見えなくなってしまいます。だからそこが教育的に失敗したなという経験が正直ありますので，いまはできる限り「待つ」ことを大事にしています。致命的な間違いだけ叩くという形で教育しています。

自分で考えさせるためには，どのような教育が必要なのであろうか。G医師は次のように述べている。

「A先生の指示でやりました」というのが，僕が一番嫌いなセリフなんです。「なんでそんな指示をそのままやったの。お前はどう考えたの」と聞きます。「何も考えずにやるんだったら，全然成長しないじゃないか」というセリフが基本ですね。だから，皆わかっているんです。「A先生が言ったからやりました」という答えを一番嫌うというのを皆がわかっています。何らかのロジックであり，ロジックまでいかなくても少なくとも理由がないとやってはいけないということは常に強調しています。症例プレゼンテーションを毎朝毎朝やるんですが，そこで，ロジカルなプレゼンテーションができるかどうかというのが最も重要な能力だと思っています。「こういう仮説に基づいてこういう介入をしたらこういう結果になりました。だからこういう仮説は間違っているので，また別の介入をこういうふうにやってみました」というのが僕の理想的なプレゼンテーションなんです。なかなかそこまではいかなくても，やったことが，介入の結果で，こうだ，というところまでなら許しますけど。

　ただし，同じ経験を積んでも，同じ指導者のもとで学んでも伸びる人材と伸びない人材に分かれる。F医師は，成長する人材の特徴について，次のように説明している。

　　やっぱり一生懸命やる人でしょうね，素直に。一生懸命で，人の言うことをちゃんと聞いて。その一方で鵜呑みにしなくてね，先輩の言うことを。ちゃんと疑って本を調べるような姿勢があったりだとか。学生時代遊んでいてどうしようもなかった奴がお医者さんになってから立派なお医者さんになる人もいますし。プロとしての意識を持つと，また違うと思いますね。「僕らの仕事は患者さんの命を救うことだ」というプロ意識があれば，逆によく勉強するようになりますよね。

　このコメントは，仕事の信念が，医師としての成長に深く関わっていることを示唆している。

6. 考察

　冒頭で述べたように，本研究は，仮説発見型の研究として位置づけることができる。7名の救急医に対するインタビューデータの分析から，いくつかの仮説を発見することができた。以下では，本研究が提示した4つのリサーチクエスチョンに沿って，発見した仮説を示し，理論的な面から考察を加えたい。

(1) 救急医に求められる能力

　救急医には，どのような能力が必要とされるのかという第1の問いに対しては，「診療技術」「患者・家族とのコミュニケーション力」，「他医師・コメディカルとの協働能力」という3つの能力が見出された。このうち，診療技術は，「すばやい判断力，基本的蘇生技術，仮説構築力」に分けることができた。

　医師の熟達は，主に「診断能力」を中心に研究されており（Norman et al., 2006），患者のデータを根拠として診断仮説を検討していく「診断的推論」（diagnostic reasoning）の観点から検討されてきた（Patel et al., 1996）。本研究においても指摘された「仮説構築力」は，この診断的推論に関係すると思われることから，救命医だけでなく医師一般に求められる能力であると考えられる。ただし，救急医に特徴的だと思われるのは，患者が運び込まれた初期段階において短時間で診断を下さなければならないという点である。

　本研究では，診断能力以外にも，患者・家族とのコミュニケーション力や他医師・コメディカルとの協働能力の必要性が指摘された。集中治療の分野においては，患者の状態を観察，統制，維持する「患者のモニタリング・管理能力」が求められるという研究が報告されているものの（Patel et al., 1996），これまでの研究において，医師による患者・家族とのコミュニケーション力は検討されることが少なかったと言える。こうした対人能力は，他領域の医師にも必要となるだろうが，短時間で他者とコミュニケーションし，調整する力が求められている点は救命医の特徴である。今後，医師の熟達プロセスを検討する際には，診断能力だけでなく，患者やほかの医療者との対人的な能力に焦点を当て

(2) 救命医の信念

「救急医は，どのような仕事の信念を持っているのか」という第2の問いに関しては，「自己関連の信念」と「患者関連の信念」という2つのカテゴリーが抽出された。これは，営業担当者やIT技術者が，「目標達成志向」と「顧客志向」という二種類の信念を持っていたことを報告した研究（松尾，2006）と対応するものである。これまでの研究では，信念は行動を方向づけるトップダウン的な働きをすることが指摘されているが（Eichenbaum and Bodkin, 2000），「患者さんの意識を救うプロ意識を持つ医師は成長する」というコメントに見られたように，信念が学習に影響することが示唆された。

本研究における興味深い発見は，医師の信念が経験とともに変化していたという事実である。自己関連の信念に関しては，当初，医師として挑戦し，成長することを重視する信念を持っていた医師は，経験を積むにしたがって，仕事と個人生活を両立するワークライフバランスを重視するようになることが示された。患者関連の信念に関しては，患者を治すことを重視する考え方から，患者や家族にとって「意義のある死」を迎えることを支援する考え方への移行が見られた。このように，熟達にしたがって医師の信念が変化し，それにともなって知識やスキルの獲得のあり方も変化している可能性がある。これは，学習を促進するうえで，医療観，死生観が重要な働きをすることを示唆している。今後は，教師の信念と授業活動の関係を検討した教師の熟達研究（鹿毛ほか，1997）のように，医師の持つ信念と診療活動の関係性を検討することが重要な研究テーマになると考えられる。

(3) 救命医の経験学習

「救急医は，どのような経験をとおして，何を学んでいるのか」という第3の問いに関して，経験内容は「研修」「重症患者の担当・患者の死」「異動」「管理的・指導的な業務」「他者の影響」「事業の立ち上げ」「留学・資格・学位」の7カテゴリーに類型することができた。これらの経験カテゴリーは，McCall et al. (1988) による「課題」「苦難」「他者」という類型に大きな意味で対応するものである。

なお,「重症患者の担当・患者の死」がキャリア段階（1-5年目, 6-10年目, 11年目以降）を通じて学習の源泉になっていた点は,看護師の経験学習を検討した松尾ほか（2008）の報告（第1章の内容）と一致していた。

ただし,救急医に特徴的だったのは,看護師や企業管理者の経験学習と比べて,指導医や上級医といった「他者」からより強い影響を受けていたことである。調査対象となった医師すべてが,特定の医師からなんらかの形で,医療のあり方や技術について強い影響を受けていた。師匠と弟子という徒弟的関係を通じて,概念的知識をはじめとした認知的道具の獲得や発達を促し,学習を支援することを「認知的徒弟制（cognitive apprenticeship）(Brown et al., 1989; Collins et al., 1989)」と呼ぶが,本研究の結果は,認知的徒弟制が医師の熟達において重要な役割を果たしている可能性を示唆するものである。

一方,救急医の学習内容は「基本的技術」「専門的技術」「他者との関係管理」「システム的視点」「社会との関わり」「医療への姿勢」「患者との関係管理」の7カテゴリーに類型できた。分析の結果,救急医は,経験を積むにしたがって,「基本的技術→専門的技術→他者との関係管理→システム的視点・社会との関わり」という順序で学んでいることが示された。Katz（1955）は管理職の業績を左右するものとして,「テクニカル・スキル」（technical skill）,「ヒューマン・スキル（human skill）」,「コンセプチュアル・スキル（conceptual skill）」を挙げているが,救急医は「テクニカルスキル→ヒューマンスキル→コンセプチュアルスキル」の順序でスキルを獲得し,熟達すると考えられる。この点は,看護師の学習プロセスとも類似している。第1章の分析結果によれば,看護師は,初期には看護技術といったテクニカルスキルを,中期にはコミュニケーションやリーダーシップといったヒューマンスキルを,後期では,看護観や自己管理能力といったコンセプチュアルスキルを獲得していた。こうしたスキルの獲得パターンは,領域に関係なく見られる可能性がある。

(4) 救急医の熟達支援

　最後に,「どのように救急医の熟達を支援すべきか」という第4の問いについて考察したい。分析の結果,救急医の熟達を支援する際には,以下の3点が課題として挙げられた。

　第1に,初期教育の影響である。最初から救急医療に携わった医師は,途中から救急医療に移ってきた医師を比べると,どのような患者でも躊躇なく診療する姿勢が身につくことが示された。これに対し,初めに他科において教育を受けた医師は,当該領域における技術や考え方の影響から,自分の得意領域とは異なる患者を診る際に躊躇する傾向がある,という指摘があった。この点は,初期の医療経験が,医師の診療姿勢や医療観を形作る可能性を示唆している。

　第2に,「教えること」と「考えさせること」のバランスの難しさが明らかになった。インタビューでは,自身で仮説を立てて考えることが診療能力を高めること,教え過ぎることで自律的思考が阻害される危険性が指摘された。Cook and Brown（1999）は「現実世界と相互作用することを通して知識を創造すること」をノウイング（knowing）と呼び,「人は,他者から知識を移転されるのではなく,他者の知識や書物の知識を道具として新しい知識を作り出す存在である」と主張している。救急医の熟達を支援する際にも,若手医師のノウイングを促すことが重要であると考えられる。

　第3に,長期的に仕事を続けられる環境づくりの重要性が示された。インタビューでは,過酷な現場で働くことで疲弊し,救急医を辞めてしまうケースが多いことが指摘された。ワークライフバランスを維持できる勤務スケジュールや組織体制を築くことが救急医の熟達を支援するうえで欠かせないと考えられる。

(5) 本研究の課題

　冒頭で述べたように,本研究は質的調査をもとにした探索的研究として位置づけられる。本研究の課題として,①医師の経験年数のみで熟達レベルを判断

しており，パフォーマンスを測定していない点，②単一の病院組織の医師のみを対象としている点，③調査対象者が少ない点を挙げることができる。今後は，これらの問題点に対応しつつ研究を進める必要があるだろう。

〈参考文献〉

Abelson, R.P. (1979) Differences between belief and knowledge systems. *Cognitive Science*, 3：355-366.

秋田喜代美（1996）「教える経験に伴う授業イメージの変容：比喩生成課題による検討」『教育心理学研究』44(2)：51-61.

Brown, J.S., A. Collins and P. Duguid (1989) Situated cognition and the culture of learning. *Educational Researcher*, 18(1)：32-42.（杉本卓訳「第2章 状況に埋め込まれた認知と，学習の文化」安西祐一郎ほか編『認知科学ハンドブック』共立出版，1992年）

Collins, A., J.S. Brown and S.E. Newman (1989) Cognitive apprenticeship：teaching the craft of reading, writing and mathematics. In L.B. Resnick (ed.), *Knowing, Learning, and Instruction*：*Essays in Honor of Robert Glaser*. Hillsdale, NJ：Erlbaum.

Cook, S.D.N. and J.S. Brown (1999) Bridging epistemologies：The generative dance between organizational knowledge and organizational knowing. *Organization Science*, 10(4)：381-400.

Dreyfus, S.E. (1983) How expert managers tend to let the gut lead the brain. *Management Review*, September：56-61.

Eichenbaum, H. and J.A. Bodkin (2000) Belief and knowledge as distinct forms of memory. In D.L. Schacter and E. Scarry (eds.), *Memory, Brain, and Belief*. Harvard University Press.

Ericsson, K.A. (1996) The acquisition of expert performance：An introduction to some of the issues. In K.A. Ericsson (ed.), *The Road to Excellence*. Mahwah, NJ：LEA.

Ericsson, K.A. (2001) Expertise. In R.A. Wilson and F.C. Keil (eds.), *The MIT Encyclopedia of the Cognitive Sciences*. Cambridge, MA：The MIT Press.

Ericsson, K.A., R. Krampe and C. Tesch-Romer (1993) The role of deliberate practice in the acquisition of expert performance. *Psychological Review*, 100(3)：363-406.

Glaser, R. and M.T.H. Chi (1988) Overview. In M.T.H. Chi, R. Glaser and M.J. Farr (eds.), *The Nature of Expertise*. Hillsdale, NJ：Lawrence Erlbaum Associates.

Hayes, J.R. (1989) *The Complete Problem Solver* (2nd ed.). Hillsdale：Lawrence Erlbaum Associates.

堀進悟・太田祥一・大橋教良ほか（2007）「本邦におけるER型救急医療の実施状況」『日本救急医学会誌』18：644-651.

石松伸一（2006）「救急医療システム 本邦の救急医療の疫学：内科的視点から」『日本内科学会雑誌』95(12)：13-17.

石村善助（1969）『現代のプロフェッション』至誠堂.

鹿毛雅治・上淵寿・大家まゆみ（1997）「教育方法に関する教師の自律性支援の志向性が授業過程と児童の態度に及ぼす影響」『教育心理学研究』45：192-202.

笠木実央子・大友康裕・河原和夫（2009）「本邦における救急医療システムの多様性とその問題点に関する考察：北米ER型システムとの比較から」『日本救急医学会誌』20：349-360.

Katz, R.L. (1955) Skills of an effective administrator. *Harvard Business Review*, Jan-Feb：33-42.

河村茂雄・田上不二夫（1997）「教師の教育実践に関するビリーフの強迫性と児童のスクール・モラールとの関係」『教育心理学研究』45：213-219.

岸野麻衣・無藤隆（2006）「教師としての専門性の向上における転機：生活科の導入に関わった教師による体験の意味づけ」『発達心理学研究』17(3)：207-218.

松尾睦（2006）『経験からの学習：プロフェッショナルへの成長プロセス』同文舘出版.

松尾睦・正岡経子・吉田真奈美・丸山知子・荒木奈緒（2008）「看護師の経験学習プロセス：容分析による実証研究」『札幌医科大学保健医療学部紀要』11：11-19.

McCall, M.W. and G.P. Hollenbeck (2002) *Developing Global Executives：The Lessons of International Experience*. Boston. MA：Harvard Business School Press.

McCall, M.W., M.M. Lombardo and A.M. Morrison (1988) *The Lessons of Experience：How Successful Executives Develop on the Job*. NY：The Free Press.

Moon, J.A. (2004) *A Handbook of Reflective and Experiential Learning：Theory and Practice*. London：RoutledgeFalmer.

Norman, G., K.B.L. Eva and S. Hamstra (2006) Expertise in medicine and surgery. In A. Ericsson (ed.), *The Cambridge Handbook of Expertise and*

Expert Performance, 339-353.

岡本博照・角田透・照屋浩司ほか（2007）「救急医療と救急医に対する医学生の意識調査：パイロット研究」『日本臨床救急医学会誌』10：397-403.

大浦容子（1996）「熟達化」波多野誼余夫編『認知心理学5：学習と発達』東京大学出版会.

Patel, V.L. and A.J Groen (1986) Knowledge based solution strategies in medical reasoning. *Cognitive Science*, 10：91-116.

Patel, V L, D.R. Kaufman and S.A. Magder (1996) The acquisition of medical expertise in complex dynamic environments. In K.A. Ericsson (ed.), *The Road to Excellence*. Mahwah, NJ：LEA.

Russell, T., H. Munby, C. Spafford and P. Johnston (1988) Learning the professional knowledge of teaching：Metaphors, puzzles, and the theory-practice relationship. In P.G. Grimmett and G.L. Erickson (eds.), *Reflection in Teacher Education*. NY：Teachers College Press, 67-90.

佐藤学・秋田喜代美・岩川直樹・吉村敏之（1991）「教師の実践的思考様式に関する研究(2)：思考過程の質的検討を中心に」『東京大学教育学部紀要』31：183-200.

Simon, H.A. and W.G. Chase (1973) Skill in chess. *American Scientist*, 61：394-403.

Wagner, R.K. and K.E. Stanovich (1996) Expertise in reading. In K.A. Ericsson (ed.), *The Road to Excellence*. Mahwah, NJ：LEA.

山本時彦・井藤尚之・茂松茂人ほか（2008）「大阪府における救急病院の現状」『日本救急医学会誌』19：330-334.

山下雅知・明石勝也・太田凡ほか（2008）「日本救急医学会救急科専門医指定施設における ER 型救急医療の実施状況」『日本救急医学会誌』19：416-423.

山崎準二・前田一男（1988）「教師としての成長を支えるもの」稲垣忠彦・寺崎昌男・松平信久編『教師のライフコース：昭和史を教師として生きて』東京大学出版会.

＊謝辞：本研究は，平成20～22年度・科学研究費補助金（基盤（C）「プロフェッショナル組織における学習プロセスの実証的研究」）によって実施された。

第 8 章

公衆衛生医師の経験学習と人材育成

北川信一郎

保健所や行政機関で働く公衆衛生医師は，さまざまな経験をとおして，臨床の視点から脱却し，「公衆衛生マインド」を獲得する傾向にあった。つまり，「医療の限界」を認識した後に，健康なまちづくり，社会の問題解決といった「社会関連の信念」，および，施策化・システム化の必要性に関する「組織関連の信念」を持つようになる。こうした信念は，キャリア後期（11年目以降），つまり課長・部長級の管理職時代の経験によって醸成されていた。注目したいのは，管理職に昇進すると，組織内にロールモデル（手本となる人材）が少なくなるため，組織を越えて医師や他職種とネットワークを構築し学び合う「越境経験による学習」が重要な役割を果たすという点である。これは，保健師の経験学習（2章）とも共通する特性である。

1. 問題意識：知られざる公衆衛生医師の活動

　感染症や災害等の健康危機管理，地域の医療体制の調整など，保健所の役割はますます重要になってきており，責任者としての公衆衛生医師である保健所長の確保・育成は喫緊の課題であるとされている（宇田，2012）。しかし，保健所で働く公衆衛生医師の役割については，認知されているとは言えない現状がある。福永（2006）は，次のような2つのエピソードを紹介している。

　「さて，肩書きが医師であることがわかると，「何かのお医者さんですか」と聞かれることが多い。私は公衆衛生医師であるが，このことを説明するのに時間がかかる。残念ながら日本では公衆衛生医師という専門への理解はあまりないのが現状である」

　「とりわけ残念だった経験がある。ある町の保健婦さんに，私の専門が公衆衛生であることを告げると，大変不思議そうな顔をして，「公衆衛生って面白いんですか。変わっていますね」と言うのである。おそらく彼女らの実感は，公衆衛生領域に進む医師というのは珍しいものなのだろうが，臨床医に比べて，保健婦と同じ領域で働いている，きわめて身近なパートナーであるべき「公衆衛生医師」に対する意識は，多くはこの程度のものである」

　このように，公衆衛生医師の活動については一般に知られることが少なく，先行研究においても十分に検討されていないのが現状である。この点に関し，中原（2011）は，大学等の教育機関における学習だけでなく，医療現場における医師がどのように経験から学んでいるかについての研究が必要であると述べている。
　医療プロフェッショナルを対象とした先行研究では，看護師の経験学習については松尾ら（2008）や中村（2010）が，保健師の経験学習に関しては松尾（2010a）と松下ら（2012）が，量的・質的研究を実施しており，医師について

は，松尾（2010b）の救急医に関する研究があるのみで，公衆衛生医師の経験学習プロセスを解明した研究は見当たらない。

こうした状況を踏まえ，本研究の目的は，①公衆衛生医師は，どのような経験をとおして学んでいるのか，②どのような信念を持ち，それはいかに形成されたのか，③公衆衛生医師をどのように育成すべきかについて検討することにある。以下では，公衆衛生，保健所，公衆衛生医師の特徴について概観した後に，リサーチクエスチョンを提示し，公衆衛生医師に対するインタビューデータを分析，考察する。

2. 公衆衛生，保健所，公衆衛生医師

公衆衛生とは，Winslow（1920）によると，次のような特徴を持つ。

- 環境衛生の改善，伝染病の予防，個人衛生の原則についての衛生教育，疾病の早期診断と治療のための医療と看護サービスの組織化
- 組織的な共同社会の努力を通じて疾病を予防し，寿命を延長し，身体的・精神的健康と能率の増進をはかるサイエンスでありアート

こうした活動を担う中心が保健所である。保健所は，地域保健法に基づき地方自治体に設置される保健・衛生の専門機関であり，その業務は多岐にわたっている。具体的には，企画機能，統計調査，保健医療，健康危機管理，衛生教育，成人保健，母子保健，歯科保健，精神保健福祉，難病対策，結核・感染症・エイズ対策，医療給付助成，環境保健，環境衛生，食品衛生，保健栄養，薬事衛生など「地域の保健医療福祉機能」を包括する業務である。

保健所長としての公衆衛生医師は，広域的，専門的，技術的拠点として多様な業務を行っていることから，保健医療事情に精通し，関係者との良好な連携と協力関係を維持し，保健衛生部門全体を統括指導することが求められ，職務については図表8-1のように，組織の長としての一般的なものと保健所長特有のものに分けて整理がなされている。

図表 8-1　保健所長の職務

組織の長として一般的な職務
1. 所の業務の統括（組織運営） 2. 事業方針の決定・指示 3. 職員の指揮・監督 4. 関係機関との連携・調整・協力 5. 健康危機管理などの緊急時の対応
保健所長特有の職務
1. 地域の保健，医療，福祉についての状況把握 2. 健康危機管理に関する専門的判断に基づく対応 3. 多様な技術専門職からなる職員の統括 4. 地域の医療，保健衛生を始めとした多様な関係者等との連携・調整・協力関係の構築

出所：保健所長の職務の在り方に関する検討会報告書。

　卒後10年目までの若手の公衆衛生医師を対象に調査を実施した中村（2005）によれば，そのキャリアは，臨床医からの転職組が83.7％と最も多く，職務に興味を持ち始めた時期および職務につく決心した時期は，医学部の時期，次いで，研修医以降の臨床の時期が多くなっていることが明らかになっている。

　また，宇田（2012）は，キャリアの早い段階で公衆衛生を選択する医師は非常に少ないこと，臨床医との役割の違いや専門分野としての公衆衛生の認知度，同一県内での同世代の医師の少なさ等から，新任期に孤独感や不全感を持つことが多く，定着率を下げている要因の1つであると指摘している。さらに，採用後5年以内の退職者が多いこと，就職後5年未満の時点で，「今後も長く勤務を続けたい」と答えた若手医師が4分の1程度にとどまっていることも問題点としている。

　一方，西田ら（1996）は，職務を遂行する能力は公衆衛生学教育のみでは対応することはできないと指摘しており，それゆえ，公衆衛生医師は経験をとおした学習を行う必要がある。

3. リサーチクエスチョン

これまで見てきたように，地域の保健医療福祉機能を担う公衆衛生は重要な役割を果たしているにもかかわらず，公衆衛生医師を志望する者の数は少なく，またその熟達プロセスは十分に解明されているとは言えない。

以上のことから，公衆衛生医師の人材確保・育成に資するために，本研究では，次のようなリサーチクエスチョン（RQ）を設定した。

> RQ1：公衆衛生医師は，どのような経験をとおして何を学んでいるのか
> RQ2：公衆衛生医師は，どのような信念を持ち，それはどのように形成されたのか
> RQ3：どのように公衆衛生医師を育成すべきか

本研究は松尾の一連の研究を基盤とし，「事象（event）」と「教訓（lesson）」を区別することで経験学習プロセスを検討し，長期的な経験学習を促進する「信念」についても焦点を当てている。一方，本研究は，信念を「経験から学習する能力」として静的に捉えるのではなく，「信念もまた経験学習サイクルのなかで形成され，変化するものである」という仮説に立ち，動的に捉えているところに新規性を有している。

4. 研究方法

本研究は，公衆衛生医師の経験学習プロセスをインタビュー調査によって質的に明らかにしていくことから，仮説探索型研究として位置づけられる。

インタビュー調査は，2011年11月から2012年8月にかけて実施し，対象者（男性5人，女性5人）の選定については，研究の目的にふさわしい調査対象が集められるとされる合目的的サンプリング（瀬畠ら，2001）を用いた。具体的には，行政勤務経験が10年以上，管理職の経験があり，かつ公衆衛生医

師からの推薦のあった医師を選定することで熟達性を担保した。

　データの収集は，半構造化インタビューを採用した。質問項目は，「公衆衛生の道に進むきっかけ」，「公衆衛生活動を行うに当たり，どのような信念・価値観・こだわりを持っているか」，「公衆衛生医の人材育成方法」，さらに，学生時代から現在に至るまで，時系列に「印象に残る経験」と「その経験からの学び」について，1時間から1時間半のインタビューを行い，録音の後，文書化した。文書化に当たっては，語尾や接続詞を修正し，冗長な部分は削除している。

　また分析にはグラウンデッド・セオリー・アプローチ（Strauss and Corbin, 1990）を用いた。倫理的配慮については事前に説明書を送付し，インタビューの同意をもって調査への合意を得たものと判断した。

5. 分析結果

(1) 公衆衛生医師の経験学習

　まず，公衆衛生医師の道を選択するきっかけとなった学生時代，臨床医時代の経験と，公衆衛生医師になってからどのような経験をとおして何を学んできたかについて検討する。

①学生時代，臨床医時代の経験学習

　図表8-2, 8-3に示した数字は，各カテゴリーに該当する経験や学習内容を報告した人数であるが，10名中4名以上が言及していた箇所を網かけ（グレーの部分）で表示し，この網かけが現れた時期が早い順にカテゴリーを並べている。

　公衆衛生医師の道を選択するきっかけについて，「学生時代の経験」では，5人の医師が「社会医学・公衆衛生の実習」における教員と出会い，7人が「社会医学・公衆衛生という分野」の存在・魅力を知ったと述べている。

　一方「臨床医時代の経験」では，「難病・公害・慢性疾患の患者との関わり」から「プライマリ・ケア」を学んでいる医師が多く見られた。さらに，子育て

図表8-2 学生時代・臨床医時代の経験内容

経験内容	学生時代	臨床医時代
社会医学・公衆衛生の実習	5	
難病・公害・慢性疾患の患者との関わり	1	4
サークル活動	2	
公衆衛生修学生としての経験	2	
先輩女性医師の影響		2

注：網かけ（グレー）部分は4名以上が言及していたもの。

図表8-3 学生時代・臨床医時代の学習内容

学習内容	学生時代	臨床医時代
社会医学・公衆衛生という分野	7	2
プライマリ・ケア		4
キャリア・プラン		2
環境衛生		1

注：網かけ（グレー）部分は4名以上が言及していたもの。

中の2人の女性医師は，「先輩女性医師の影響」から「キャリア・プラン」を学んでいた。

まず，「学生時代」の経験学習についてのインタビュー内容を紹介する。

A医師は，卒業と同時に公衆衛生学教室に入り，その後，保健所と県庁に勤務することになった。公衆衛生の道に進むきっかけとして，社会医学系のサークルに所属し，そこでの教官との出会いが大きかったと述べている。

> 学生時代から，何か問題があって，それを解決するっていう心意気がありました。見て見ぬ振りができない。何かあったら何か変えたいという意識がありましたね。公衆衛生の分野の学生サークル時代に接点があって，そういう先生方に出会ったから，公衆衛生に進んだんです。

B医師は，「学生時代の経験」として，当時から公衆衛生学教室に入り浸っていた思い出と，病棟実習での難病患者との出会いを次のように語っている。

公衆衛生学教室で保健所にも出られていた〇〇先生に出会い，夏休みに，〇〇先生について保健所のいろいろな会議や訓練に参加しました。

最初に学生実習で出会った患者さんが難病の筋萎縮性側索硬化症だったのが大きいです。薬物療法の限界を感じ，ソーシャルな面でのアプローチはないのかと悩みました。相談したら，公衆衛生学の教授を紹介してくれて，「どんな道があるんですか？」って質問したんです。そうすると，公衆衛生は広くて，大学で研究する，厚生労働省，WHOで国際保健をするという道もある。君は，現場の泥臭い方が向いている。現場っていうのは，保健所というのがある，ということで，出身地の保健所長を紹介してあげるっていうことになりました。

次に，「臨床医時代」の経験学習についてのインタビュー結果を紹介したい。C医師が保健所勤務となったのは，希望ではなく人事異動によるものである。しかしながら，慢性疾患児のための治療と養護学級を併設した長期療養施設に小児科医として勤務するなかで「社会への関わり」を学んでおり，「普通の病院の小児科医とは異なる経験」として次のように振り返っている。

子どもたちは，友達とか学校でもまれていろいろな経験をして成長していきますが，この施設の子どもたちにはその過程がない。それで，教育委員会とか地域と関わっていきました。病を一生背負う子どもたちに，いまの生活を活かしたいと，教育大学の先生，児童精神科の先生，腎疾患，喘息等々を担当しておられる先生方，当直に来られる大学の小児科医……多くの先生方のお力を借りました。養護学校の先生と何度も教育委員会に話に行ったり，それと同時に軽快して家，地域に帰った子どもたちの様子をさらに詳しく知りたくて，親の会同窓会を立ち上げたりしました。

また，D医師は，臨床医時代の経験として小児喘息の治療・生活指導，新潟

水俣病患者との関わりのなかで,公衆衛生のなかでもとくに環境衛生への関心が深くなっていったという。

> 医療生協○○病院というのが,新潟水俣病の患者さんを全面的に抱えて応援していた病院なの。院長が新潟水俣病患者の治療に生涯をささげていた。新潟というのは雪が深くなって,子どもが喘息の発作を起こすと,どうしようもないことが結構あるんですよね。親子心中やったりするわけさ。そんなバカなことがあるかいなということで喘息外来を始めて,患者さん集めてアレルギー教室をやって,親の会をつくり,山や海に連れて行って。それがNHKに取り上げられ,楽しかったですよ。

> 医療生協は住民が支える病院なんさ,地域の住民の力で作った病院だし。やっぱり基本になっているのは地域の人,水俣病の患者さんたちも地域の人。病院に勤務する医者は,地域の人の健康のために働きましょうということで。基本的に医療というものは,地域医療,公衆衛生の一端を担うという使命がある。それを全部否定して資本主義的になると,本当の医療というものがどっかに飛んで行ってしまう。

一方,E医師は,臨床医時代に先輩女性医師の後ろ姿を見て,将来のキャリア・プランについて考えるようになり,保健所勤務を選んでいる。

> 正直に言うと,一番のきっかけは仕事と子育てを両立したかったからです。当時は,いまのように子育て中の女性医師の労働環境について議論されている時期ではなかったため,臨床医として働き続けるには非常勤としての働き方,または大学院進学というのが一般的でした。自分なりにしっかり働いていきたいという目標があったので,子育て中でもキャリアを積み重ねられる場として魅力的でした。

②公衆衛生医師としての経験学習

次に,公衆衛生医師になってから,どのような経験をとおして何を獲得したのかを検討したい。図表8-4に示すように,公衆衛生医師は,「上司(公衆衛生医師)との関わり」「統括的業務・プロジェクトへの参加」「社会的問題への

図表 8-4 公衆衛生医師としての経験内容

経験内容	技師級	主査・課長補佐級	課長・部長級
上司（公衆衛生医師）との関わり	4	4	2
統括的業務・プロジェクトへの参加	3	5	5
社会的問題への対応	3	1	9
管理職の経験		1	9
越境経験	1	3	8
本庁勤務・異動	2	4	7
組織上の葛藤・戸惑い	3	1	5
患者との関わり	3	2	1
他職種からの学び	2	3	
健康教室	1	2	2
大学院	3		

注：網かけ（グレー）部分は4名以上が言及していたもの。

対応」「管理職の経験」「越境経験」「本庁勤務・異動」「組織上の葛藤・戸惑い」「患者との関わり」「他職種からの学び」「健康教室」「大学院」といった経験をとおして学んでいた。

　こうした経験をとおして，公衆衛生医師は，図表8-5に示すように，「保健所・公衆衛生医師の役割」「プライマリ・ケア」「システム化」「公衆衛生活動の楽しさ・確かさ」「公衆衛生医師のネットワークの重要性」「地域づくり」「健康危機管理」「マネジメント」「公務員の役割」「組織における業務の流れ」「公衆衛生の基本的技術」について学んでいた。

　以下では，経験内容のカテゴリーに沿ってインタビューデータを紹介する。

1）上司との関わり

　影響を受けた保健所長はいない，あるいは，反面教師的なものはあったという意見も見られたが，キャリアの初期（技師級），中期（主査・課長補佐級）には，公衆衛生医師である上司から強い影響を受けている医師が多かった。B医

第8章 公衆衛生医師の経験学習と人材育成

図表8-5　公衆衛生医師としての学習内容

学習内容	技師級	主査・課長補佐級	課長・部長級
保健所・公衆衛生医師の役割	5	4	5
プライマリ・ケア	5	1	1
システム化	1	4	9
公衆衛生活動の楽しさ・確かさ	1	4	3
公衆衛生医師のネットワークの重要性	2	2	8
地域づくり	1	1	8
健康危機管理	2	2	7
マネジメント			7
公務員としての役割		1	4
組織における業務の流れ	3	3	4
公衆衛生の基本的技術	3		

注：網かけ（グレー）部分は4名以上が言及していたもの。

師は上司である保健所長を「尊師」と呼び，公衆衛生医師としての役割を身につけるうえで大きな影響を受けたと語っている。

◇**事例1**：「上司（公衆衛生医師）の影響」から「保健所・公衆衛生医師の役割」を学ぶ

「病院の治療と地域の生活を連続してみないといけない」というのが尊師の教え。病院に神経内科の勉強に行った。症状のかなり進んだ患者さんが退院するときに，一緒に退院するんです。玄関の敷居がまたげないとか，トイレが使えないとか，畳がベッドと相性が悪いとか，玄関の段差が大きすぎる，廊下が滑りやすいとか，手すりがつけられへんとか。「聴診器なんか持ってんな，巻尺持て」って。現場に行っては大工をしていましたね。ここは僕では直せないので大工を呼びましょって。当時は介護保険なんかありませんでしたから，「自らお前が作ってこい」と。昇降機が出始めだったんですけど，改造しないと車いすのタイヤがはまり込んでダメだと。木製ならなんとかなるんですけど，鉄ですから。「溶接の免許取ってこい」って，近

くの工専に電話して，「いまから溶接教えたってくれ」って。（中略）論文は結構書いていました。尊師の方針で，入った年からものすごく学会発表をさせられました。エビデンスを大切にしないといけない。阪神淡路大震災のとき，犬が吠えた，犬が逃げ出したって，やたら苦情が多いと生活衛生の人が言っていた。地震と何か関係があるんですかねって言ったら，尊師が「公衆衛生医がそんないい加減なことを言うな。淡路島に行って徹底的に調べてこい」って。淡路島の保健所で全部調べましたね。前年度比較して有意に多く，地震学会で発表しました。世界初。このことから，やるなら徹底的にやれということを学びました。

2）統括的業務・プロジェクトへの参加

F 医師は，公衆衛生医師としての立場から，プロジェクトや計画づくりに参画した経験をとおして「公衆衛生医師の役割」について学んでいる。

◇事例2：「統括的業務・プロジェクトへの参加」から「保健所・公衆衛生医師の役割」を学ぶ

結核のプロジェクトは楽しかった。何もデータないから，どうやってデータ出してこようかとかメンバーの人と考えて，形になっていくのが楽しかった。公衆衛生医師として，きちんと関わることができ，中途半端な関わりでなかったのがよかったですよね。

予防接種率の低迷による麻疹（はしか）患者発生の現状を知り，これは絶対に公衆衛生医師の仕事だと思いました。現状把握のため，予防接種率の調査を計画し，データを得たんですが，ただそれを実際に市民に還元するのにもいろいろな壁があると感じました。当然必要と思うことを実際の行動に移すことの難しさです。で，前回の反省も込めて大学院の課題研究として取り組み，保育園の職員に対しての啓発が必要と考え，調査後には全協力機関に結果と啓発文を送付しました。ワクチンの接種率でも，特に保育所に通っている子どもが低い。保育所なんてハイリスクなのに接種率が低いから，職員の人からの積極的な勧奨がいるなって思って，どの程度関与していますかって聞きたいと思ったんですね。調査だけでなく，その結果をもってして何らかの違う次の動きにつなげていきたかったので。

第8章
公衆衛生医師の経験学習と人材育成

　１つ反省は，市民健康づくりプランの妊婦さんの喫煙と飲酒の調査に基づいて，論文書かせてもらったんですけど，やっぱり若い人が吸っているし，でもそれ日本公衆衛生雑誌に出したときに，査読の先生が「それをもってして，どういうふうに市民に返しますか？」と。「私も研究をしていますが，いつもフィールドに対してどう動くかを見据えた研究をしています」って。研究だけだったら数値をこねくり回してね，自分が論文出したいって，有意差出して，そういうのってあんまり意味がないんやなって，そのときすごく思って。かと言って，あのとき私は本庁ですごい意見を言える立場でもないし。研究結果に基づいて，次の動きを考えなければならないとき，そこまで自分は強くないんですね。「これがあるから次のアクションはこれです」って，本当は言っていかなければならないけど。なかなかそれができない。これって研究のための研究やなって。

3）社会的問題への対応

　社会的問題への対応の具体例としては，和歌山の毒カレー事件，阪神淡路大震災，東日本大震災，新型インフルエンザの大流行，感染症・食中毒の施設内集団発生への対応等が含まれていた。
　Ｃ医師は，昭和60年代初頭のエイズパニック，（精神）障害者への社会的差別，阪神淡路大震災への対応から，健康危機管理の重要性，組織的解決について学んでいる。

◇**事例3**：「社会問題への対応」から「健康危機管理」を学ぶ
　　保健所に来て１年目の冬，突然「HIVの検査をせねばならない」とのお達しがあり，大慌てで準備し，ひたすら採血。一からの立ち上げ。差別のこととかもありましたね。外国人が歩いただけで，エイズ，エイズと言って指差されて。新規事業の立ち上げの大変さ，感染症の差別を痛感しました。

◇**事例4**：「社会問題への対応」から「プライマリ・ケア」「公衆衛生医師のネットワーク」を学ぶ
　　精神障害の当事者が立ち上げておられた共同作業所の面々が差別発言を聞いたと

保健所に談判に来られ，連日，1ヵ月間，話し合いが続いた。精神障害者の方々のおかれている状況，お気持ちをぶつけてこられるなかで，その深さに思いいたし，同じ地域のなかにある，親の会が立ち上げている共同作業所の3つを線で結ぶことができないのかと考え，全国の種々なやり方を調べ，そこへ多くの団体の支援をつないでネットワークづくりをすることにしました。

◇**事例5**：「社会問題への対応」から「公衆衛生医師のネットワークの重要性」「システム化」を学ぶ

　阪神淡路大震災のとき，行かなければならないことになって，仰天しましたね。どうしていいかがわからなかったんです。近畿の所長会の面々が直ちにサポートシステムを立ち上げ，兵庫と大阪にある保健所を全部解放することに決めて，なるほどなと思いました。普通だったら神戸に行くのだけど，大阪を拠点にしたのです。近畿保健所長会の日ごろのつながりの大切さを痛感しました。

4）管理職の経験

　10名中9名の医師が，管理職に昇進したことから学んでいた。C医師は保健所長になったことがきっかけで，所内全体のマネジメントの必要性を感じるようになり，コミュニケーションを工夫したと語っている。

◇**事例6**：「管理職の経験」から「マネジメント」を学ぶ

　記録を1人ずつ返すなかで，直接手渡ししてコミュニケーションを取りました。初めは向こうが警戒しますが，だんだん慣れてくる。（部下との間にいる）係長は，「なんで私を飛ばして」って怒っていましたが。文章にできないことを聞くとね，聞いてくれたっていうだけで喜ぶ人もいますからね。この人が何考えているのかを知りたいと思ったときには，意図してましたね。1年目は大人しくしてましたが，2年目ぐらいから「ちょっと言わせてくれへん」って，保健所内のレイアウトを変更しました。本棚を移動させ，執務室を所長室から見渡せるようにした。みんな嫌がってましたけど。

第8章
公衆衛生医師の経験学習と人材育成

A医師は若くして所長になったが，未経験さがゆえに，業務の目的を確認することをとおして事業のマネジメントができるようになったと語っている。

最初からマネジメントの重要性に気付いたわけではありません。30歳のペーペーがいきなり所長になったので，下積みもない。所長になったときに，次長とか課長が説明に来る。何も経験がないので，次長に「そもそもこれの狙いはなんですか」，「これやって効果はどうなんですか」って聞いたら，絶句ですよ。後で聞くと，その言葉が一番きつかったって。要するに行政なんて，いまやっていくことが当然，やれば良くなるだろうって，これまでやってきたからだとか，もうやること自体が目的化していたわけです。

いくつか気づいたなかで，「精神衛生を考える会」を立ち上げた。職員19人の小さな保健所だったけど，せっかく新所長になったので，県の精神保健衛生大会をしてくれっていう依頼があった。するとうちの職員が，「来たばかりの所長ではそんなんできるわけがない」って，断ろうっていう話になった。「断ってもいいよ，ただし断る理由を考えてくれ。所長が若いからっていって断るのはいかにも芸がない」と言ったんです。その断る理由を考えているうちにみんなでやろうってなっちゃった。これ面白いでしょ。皆が納得できる断る理由を考えると，逆にやるモチベーションにもつながる。それで，苦労してやるからには，何か残るものをつくろうって。精神衛生に関する集まりをこの地域に根づかせようって。いまもず〜っと続いています。

B医師は，下積み期間が長く，その経験から，次のような工夫を行ったという。

組織のマネジメントでいうと，私は執務室に座っていません。所長室にも入っていません。所長室は応接室にしました。次長の横にもう1つ机を置いてもらって，そこで仕事をしています。逆にこもる所長がいるんですけど，ひきこもってしまうと，事件は現場で起こりますから，起こっていることがわからん。しょうもないこととか，楽しい笑い声でも，笑い声がある職場は活性化していますよね。

一方，30年間臨床医として勤務した後に保健所長になったD医師は，所内のマネジメントに関し，事務職の課長との「役割分担」について次のように語っている。

　　臨床医はマネジメントのことなんか考えていないでしょ。医者っていうのはだいたい非常識にできていますからね。ベテランの公務員としての次長がいたからできた部分があると思う。最初の保健所に来たとき，本当に何も知らなかったものね。なんかするっていうと全部次長がお膳立てしてくれて。

5）越境経験
　越境経験とは，職場を離れての経験のことである。課長・部長級時代には，8名の医師が越境から学んでいたと報告している。代表例を紹介しよう。
　C医師は，近畿保健所長会の集まりが後に阪神淡路大震災のときの保健所の組織的対応につながったとして，ネットワークの重要性について学んでいる。

◇**事例7**：「越境経験」から「公衆衛生医師のネットワークの重要性」を学ぶ
　　近畿の保健所長会が月1でありましたから，いろんなことを相談し，話を聞かせてもらった。苦労話しながら，情報交換してね。それが後の，阪神淡路大震災のときに活きてくるんですよ。日常的に月1回，顔を合わせていましたから，気心は十二分理解ずみだったんですね。

　B医師は，国立保健医療科学院の保健所長研修や研究班への参加することで，「同じ方向を向いた仲間」に出会っている。

　　県から派遣で国立公衆衛生院の1年コースで学んだ。尊師が，公衆衛生の専門になるんだったら1年行けっていう感じで。あのときの同じ方向を向いた仲間の存在は大きい。
　　尊師に連れられて，早くから研究班に入ってました。現地視察に行ってレポート

を書いたり，アンケートをまとめたり。いま思うと，全国にその手のトップの人に顔パスというネットワークができましたね。自分以外に同じようにチャレンジしている人がいるんだって，お互い支え合えるような関係ができた。その分野の第一人者に聞けるっていうのは大きいですね。

さらに，B医師は，保健所長として医師会に参加するようになり，地域のネットワークづくりの重要性に気づくことになる。

◇**事例8：「越境経験」から「地域づくり」を学ぶ**
　　医師会と良い関係をつくれたときがありました。医師である保健所長が，地域の一番大きな団体である医師会とのつなぎ役，パイプになったんです。保健所も，地域全体がすごく良くなって，大きく動いた。新型インフルエンザのときも特にそう。日本全国の情報を聞きつつ，新しい世界の論文を読んで，死亡率がそれほど高くないなかで，医師である保健所長が直で医師会と話をして，できるだけ地域の先生に診察してもらえるように方針転換していきました。

このように，越境経験をとおして公衆衛生医師は，人的ネットワークを構築する傾向にあった。

6）本庁勤務・異動
　F医師は，本庁と兼務になった経験から，役所における業務の流れが理解できたことについて，次のように語っている。

◇**事例9：「本庁勤務・異動」から「組織における業務の流れ」を学ぶ**
　　意見をすごく求められることが多くなったような気がしますね。いままで，下りてきた事業だけをやっていたのが，こんなふうにつくられているのかというのがなんとなく見えて，そういう流れのもとで，自分たちはやっているのかというのが理解できてきました。

また，G医師は，本庁への異動経験をとおして，施策化の必要性を学んでいる。

◇**事例10：「本庁勤務・異動」から「システム化」を学ぶ**

　本庁には少ししかいなかったのですが，自治体の職員なので，当時保健所にいたときに，難病対策とかいくつかモデル的だと僕自身が考えたり，全国から見学に来てくれるような活動をし始めると，結局問題は，私が異動をするとそこの保健所の活動がつぶれていくという批判があり，そのとおりだったんですね。そのときに考えたのは，やはり公衆衛生的な視点から正しいと思ったものについては，政策的な整理をして，普遍性のあるものにして，県レベルの施策にすべきだとずっと考えていました。いくつかの難病対策なんかは，どこの保健所でもできるようなガイドラインを作るとか，精神科分野では精神病院への実地指導は一定のこういう枠組みですべきやとか，自分が保健所で実践したものを，県のなかで施策提言するような形で，担当部局と相談して，それを施策化するようなことをやっていきました。

7）組織上の葛藤・戸惑い

　自治体の一員として働く公衆衛生医師は，「組織上の葛藤・戸惑い」から多くのことを学ぶ傾向にあった。入職初期の葛藤・戸惑いについてF医師は次のように語っている。

◇**事例11：「組織上の葛藤・戸惑い」から「保健所・公衆衛生医師としての役割」を学ぶ**

　事務室に座っているのが苦痛。白衣も着ないし，「私って何者やろ」って感じでしたね。することないし，所長のところへ行って，「何かすることあったら言ってください」って言いに行った気がします。周りも，ある意味，試しているじゃないですか。「若いのに何してくれるんだろう」って。役所のなかでの公衆衛生医師の役割について，真剣に考えましたね。

同様に，C医師も次のように語っている。

いまでこそ，「公衆衛生に導かれていた」って思いますがね。やっぱり初めは，自分の領域だけをずっとできる臨床を羨ましく思った。なんでいっぱいあれこれあれこれ勉強せんならんのか，どれも浅くて，深まらないような，焦りみたいなものがあったんですけどね。でも逆に，公衆衛生医師としての仕事のやり方みたいなものを知ることによって，任せて，ゆだねていくのがいいのかなと思いました。

次に，管理職になってからの葛藤・戸惑いについて，F医師は医務業務以外の業務が増えたと指摘している。

◇**事例12**：「組織上の葛藤・戸惑い」から「公務員としての役割」を学ぶ

課長になるまでは，自分の保健所のなかのことだけを考えていたらよかったんだけど。いろんな会議とか，行事とかがど〜んときて。あ，なんか役所の一員なんだと思うようになりましたね。でも，嫌なんだったら，ここにはいれない。それが納得いかないんだったら，自分がいないという選択をすればいいんだから。そこで働く以上は，嫌だとかいいとかいう問題じゃないとは思っているんです。そこまで，負担に思わない方がいいかもしれないと最近は思うようになりました。

一方，E医師は，公務員組織特有の組織風土に対し，次のようなジレンマを抱えていると語っている。

組織との葛藤は毎日ですね。日常業務が大変なのはわかるんですが，何か1つでも新しいことをしてもらおうと思うと大変。その人の仕事じゃないことを。たとえば，調査研究なんか。民間だと，そんなことはないと思いますね。本庁から事業が下りてくるとするでしょ。しょうもないエネルギーがいるんですよ。で，協力してくれそうな個人に頼むことになってしまう。組織としての学びが少なくなって，ジレンマ。調査研究なんか，なかなかラインで下せない。ワーキンググループをすると，その人が異動してしまうと困りますし。とりあえず，うちのところだけができていなくて，格好悪いというのを思ってもらおうと思う。

8）患者との関わり

　患者との関わりからの学びは，主にキャリア初期や中期において報告された。ここでは1つの事例を紹介する。E医師は，小児科の臨床医として6年間のキャリアの後に，保健所に異動してきた。臨床医的なものから公衆衛生の発想に転換していったこと，虐待ケースに関わるなかで保健所・公衆衛生の役割を学んでいったことを語っている。

◇事例13：「患者との関わり」から「保健所・公衆衛生医師の役割」を学ぶ

　　地域のアトピーの子どもの自主サークルを支援していて，地域との関わりが面白いなって。でも，臨床医の視点からでしたね。いまから思うと。公衆衛生医師の視点ではなかったですね。

　　虐待はしょっちゅうありますね。子どもを保護しに行ったことがあって，児童相談所は外で待っていましたよ。現場に行って見るのは全然違う。ケースは，会議でいっぱい見聞きするんだけど。

9）他職種からの学び

　患者との関わりと同様に，他職種からの学びは，キャリア初期・中期で見られた。G医師は，ある作業療法士との出会いから，人間関係が一気に広がったことを語っている。

◇事例14：「他職種からの学び」から「保健所・公衆衛生医師の役割」を学ぶ

　　市に面白い作業療法士がいまして，その人に会って地域リハビリテーションに出会った。そのなかで，いろいろな研究者，地域リハの世界ではカリスマみたいな人たちに出会った。その世界の人たちから見ても保健所って意味があるよねって。地域全体を見るときに，精神障害者の地域ケアのシステムをつくりたいって言ったら，「精神障害者みたいな偏見や差別の強い障害者を受け入れられるような地域なんてすぐにはできない」と言われた。「脳卒中後遺症者だったり，いろいろな人たちが受け入れられるような地域活動を確立しないと，精神障害者を受け入れるような地域なんて受け入れられないよ」って。

この経験から，保健所・公衆衛生医師の役割に気づくことができ，後の自身のライフワークに影響があったと言う。

また，C医師も事務職の上司や保健師長から，地域づくりの大切さを学んでいる。

◇**事例15**：「他職種からの学び」から「地域づくり」を学ぶ

　区長がすごい地域の面倒を見る人で，女性会，福祉協議会に一緒に連れて行ってくれた。地域のいろんな人とのつながりの重要性に気づきました。警察署長なんか，いかめしい顔をしているのに，すごく面白い話をしてくれたりした。

　保健師長さんは，前に福祉事務所で勤務していたりして，地域の人をよく知っていました。「こんなアイデアがあるんですが，実践できずにいるんですけど」って相談すると，適切なアドバイスをくれましたね。

10) そのほかの経験

数は少なかったものの，健康教室の主催や大学院での学びを報告する公衆衛生医師もいた。

D医師は，中学校での健康教室を行った経験から，一緒に活動を創り上げていく楽しさを学んでいる。

◇**事例16**：「健康教室」から「公衆衛生活動の楽しさ・確かさ」を学ぶ

　エイズの予防の取り組みとして，中学校に行って，命の教育と称して，エイズのお話して，キルト作ったり，ポスター作りをやったり，養護の先生と連携して，一緒にやったんですよ。その後，小学校の性教育の一環として，校長先生と一緒になって，PTAの人たちへの講演とかに取り組んだんですよ。保健師も一緒に連れて行って，養護の先生も取り込んでいくと，養護の先生独自の取り組みをするでしょ。子どもたちが自分から考えていくような教育に変わっていくんですね。単に講演しておしまいじゃなくて，発展していくんですね。ともに創り上げていく活動の楽しさと確かさを学んだんですね。

F医師は，公衆衛生大学院に進学し，そこで，公衆衛生の基本的な技術を学んだと言う。

◇**事例 17:**「大学院」から「公衆衛生の基本的技術」を学ぶ

　公衆衛生大学院で学んだことは，研究するためのデザインとか統計的なことで，自分が何かをやりたいときに，倫理委員会とかをどうやって通したらいいのかとか，研究計画書がどうだとか，手続き的なことを具体的に教えてもらえたことが良かったですね。そういうの，全く聞く機会がないじゃないですか。

(2) 公衆衛生医師の信念とその形成過程

　これまで経験とその学びについて分析してきたが，次に，公衆衛生活動や，知識・スキルの獲得に影響を与える高次な知識としての「信念」に焦点を当てたい。

　公衆衛生医師の職務志向について，「医師としてのプロフェッショナル志向」を横軸に，「マネジメント志向」を縦軸にとると，インタビュー対象となった10名は図表8-6のように「ベテラン管理職群」「若手管理職群」「長い臨床経

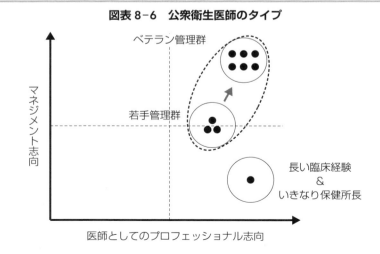

図表 8-6　公衆衛生医師のタイプ

験+いきなり保健所長」の3つに分類することができた。

長年臨床医として勤務した後に、いきなり保健所長になったケースでは、医師としてのプロフェッショナリズムは高いものの、保健所内のマネジメントに関しては、事務職に任せ、役割分担を行っていた。一方、若手管理職群は、職位の上昇とともにマネジメントを学び、やがてベテラン管理職群に移行していくものと考えられる。また、医師としてのプロフェッショナル志向は、保健所勤務当初の経験を振り返り、「でも、臨床医の視点からでしたね。いまから思うと。公衆衛生医師の視点ではなかったですね」と語られているように、経年的に臨床的なものから、公衆衛生的なものへと質的に変化していた。

次に公衆衛生医師の信念とその獲得プロセスの分析結果を図表8-7に示す。

信念の形成には、学生時代、臨床医時代、公衆衛生医師の経験が影響し、経験学習サイクルのなかで、内省をとおして形成されていた。また、「患者関連」「社会関連」「組織関連」「自己関連」の4つの信念のカテゴリーが抽出されたが、これらが公衆衛生医師の信念、すなわち公衆衛生マインドである。これら

図表8-7 公衆衛生医師の信念と形成プロセス

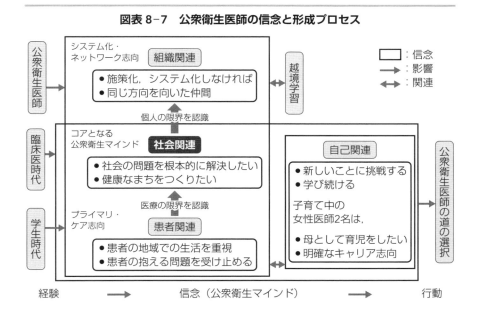

4つの信念について簡単に説明したい。

まず「自己関連の信念」は，「新しいことに挑戦する」「学び続ける」といった考え方であり，子育て中の2人の女性医師からは，仕事と子育ての両立と明確なキャリア志向が抽出された。「患者関連の信念」は，「患者の地域での生活を重視する」「患者の抱える問題を受け止める」といった，いわゆるプライマリ・ケアと関連した信念である。「社会関連の信念」は，「健康なまちをつくりたい」「社会の問題を根本的に解決したい」といった「コアとなる公衆衛生マインド」であり，インタビュー対象となった10人すべての医師が言及していた。「組織関連の信念」は，「施策化，システム化しなければ」「同じ方向を向いた仲間」といったシステム化・ネットワーク志向に関する考え方である。

「組織関連」を除く3つ信念は，公衆衛生医師としての道を選んだきっかけと関連して述べられることが多かった。また公衆衛生マインドの形成においては，当初から「社会関連の信念」を持つ医師もいたものの，経験を積むにしたがって，「医療の限界」や「個人の限界」を認識することで，「患者関連の信念」から「社会関連の信念」，さらには「組織関連の信念」へと変化する傾向が見られた。

まず，「自己関連の信念」について取り上げる。F医師は，前述のように，大学の学生実習で公衆衛生という分野の存在を知り，その後，研修医時代に，女性医師として子育てと仕事の両立を考えるようになったという。

> 勉強し続ける。何かを吸収しようと思う姿勢がなくなれば，その時点で医師としての自分は終わると思っています。公衆衛生大学院に進学したのも，公衆衛生の分野で生きていくには，しっかりした基礎を固める必要があると考えたからです。そのうえでいま思うことは教えてもらうだけでもダメで，その基礎を持ったうえで，自分で考え，実践しなければ意味がないということです。それがさらに難しい！

次に公衆衛生マインドが「患者関連」「社会関連」「組織関連」へと変化していった典型的事例を取り上げる。

B医師の場合，患者の地域での生活を見ることから「患者の声こそ真実であ

る」という信念が形成され、問題意識からソーシャルな解決を考えるようになる。そして、その方法として組織的な解決を模索する姿が語られている。

> 難病患者と一緒に退院し大工仕事をした経験があるから、地域を回り、寝たきりの高齢者を起こしまくって、「起こし屋」と言われるいまにつながっている。輸入したベッドが大きすぎて日本人には合わないといったときに、工務店に行って、自分で溶接したり、してもらったり。製図書いたり。体の幅とか高さか、理学療法的な知識とかそれなりに要るのですが、現場で症例と理学療法士と作業療法士から学びました。「患者の声が真実」、現場に行って聞いてくる。そこからケアが始まる。認知症でも言われてますけどパーソン・センタード・ケアというのが、当たり前のことですけど、どんなニーズとか声を発しているのか。
> 医療、保健、福祉という世界があって、医療は分単位ですぐ結果がわかりますわね。保健というのは、日、週、月単位で動いていますわね。福祉は、年単位で、時間の動きが違う。それは、症例をとおしてだんだんわかってきたんですが、制度全体を変えないと、モグラ叩きみたいになって、らちが明かんぞと。補助金を創設するとか、症例から社会を変えていく。福祉の制度を変えていくとか。尊師が言っていたんだけど、「大きい石はなかなか動かんけど、ゆっくりでも動き出したら転がるんや」と。「最初、動かんでも頑張ってでもエネルギーをかけろ」と。制度を変えるにも、医者が根拠を持ってやっていく努力がいる。社会を動かす。「声なき声を具現化する」と思うようになってきた。事例から、声なき声を感じられるように、そしてシステム化できるように。保健所長は、地域全体のお医者さんだと。

同様に、D医師は「医療の限界」を認識しつつ、患者や地域住民の健康を一番に、地域保健活動を行っていくべきであるとする信念を語っている。

> 医学は日々進歩し、治療内容は変化する。それまでやっていた治療は、偽りだったということもあります。全部ウソだった。神経芽細胞種[1]もそうだし。しかし、基本は、患者にとって最良の道を常に選んでいくことしかないんです。その人の置かれた生活環境のなかで、健康な生活をすることができることが大切であり、地域

保健活動を行うに当たっても，真に地域の人々の立場に立っているかどうか，常に原点に立ち返り，点検・反省することが大切になります。

6. 人材の育成のあり方

前節までは，公衆衛生医師自身の学びについての分析であったが，本節では，どのように公衆衛生医師を確保・育成すべきかについての各医師の持論を紹介する。この持論のなかには，上述した経験学習プロセスや公衆衛生医師としての信念が色濃く表れている。

（1）臨床の視点からの脱却と公衆衛生マインドの育成

A医師は，「医療の限界」を知ることが，社会的な解決に目を向けさせることにつながるとして，次のように述べている。

いまの若い医者に，医療の限界を知らしめること。まるで結核は抗結核薬で減ったって思われているけど，とんでもない[2]。医療に限界があるということを知っていたら，自分が何をすれば患者にとってハッピーかということがわかってくる。医療がどこまでやれるのかということを知ること。医学教育を変えること。患者も知らんといかん。これが医療崩壊の防止にもつながる唯一の方法で，医療への依存度を下げる。死ぬ間際に，医療なんていらないよ。キーワードは「医療を生活資源に」。面白いでしょ。当たり前のように思うけど，医療を生活資源にする。隔離されたところで治療するのが医療ではありません。生活の場で医療を。まさに生活の場で医療をし，どうしようもないときに入院というシェルターのなかで治療を受けるわけです。

---

[1] 乳幼児の神経芽細胞腫のスクリーニング検査のこと。昭和48年に京都市で開始され，昭和59年度以降，全国で実施されてきた。しかしながら，厚生労働省の検討会は，この検査による死亡率減少効果の有無が明確でない一方，自然に退縮する例に対して手術などの治療を行うなどの負担があると判断し，平成15年に中止となった（厚生労働省，2003）。
[2] 結核による死亡率は抗結核薬が発見される前から大幅に減少しており，医療よりもむしろ公衆衛生活動による影響が大きいとする説（Lorenz and Davis，1981）。

B医師は，患者の退院後の現場を体験することで，「臨床医の発想から脱却」することができると述べている。

　退院後の現場を見せる。外来とは全く逆転するということを知らないといけないですね。外来は向こうから来ますから。往診とか訪問とかはこっちから行くわけですから，まず，靴はちゃんと脱がないかん，トイレを借りるにも「トイレを借りていいですか」とか，手を洗うにしても「洗面所はどこでしょうか」とか。公衆衛生をする以上，自分が出ていかないといけない。ベクトルが逆転するんですわ。大病院の院長さんが保健所長として来ると，「わしのところにみんな挨拶に来よるに決まっとるやないか，なんでわしが行かなあかんのや」って。それでは，もう関係性がつくれません。

一方G医師は人材確保に関する異なった視点からの持論を持ち，医師免許を持っているからといって臨床医を保健所長に充てるような人事はすべきではないと指摘している。

　臨床できなくなって保健所に来るのは止めてほしい。臨床でね，それなりの成果を上げて，視点として「自分は臨床のなかでできなかった限界を公衆衛生の視点からやりたい」と思って来てくれる先生はいいんですが，臨床もできへんような人に，保健所長のようなマネジメントを含めた政策的なことはできませんよね。

H医師は，公衆衛生医師になるかならないかにかかわらず，公衆衛生マインドの教育が大切だと述べている。

　一番大切なのは，公衆衛生マインド。だから，それがどうやったら，ちゃんと伝わるかなんですよ。われわれの教育は，専門学校の教育ではなく，大学の教育なんですよ。だから，技術とか医学的知識を伝えるだけではなく，マインドがちゃんと伝わることが大切。臨床医でも公衆衛生マインドを持っている人がいる。とても大

事なこと。逆に、公衆衛生の人も臨床の視点でも見られることが大切です。地域の、特に臨床医さん達に、公衆衛生の視点がもっとあれば、精神保健対策なんかも、もっとダイナミックになっていくのではないかと。

E医師は、「医療全体を見る」ことで、公衆衛生の重要性がわかるようになると述べている。

　大学で主治医をしていたとき、ガンの子どもが多くて、もちろんそれは重要。しかし、やっぱり小児科全体で見るとガンはすごく少ないし、小児科でこれから一番力を入れていかないといけないのは小児保健じゃないかと、漠然と思っていた。後期研修医のときから。臨床にこだわるっていう気持ちがあまりなかったのかもしれない。本当に臨床が好きで、一生ずっと臨床やりたいという人は、そういうことをあまり思わないのかもしれない。「木を見て森を見ず」、全体を見なければって、たぶんそう思う人が公衆衛生に来るんじゃないかな。

A医師も同様に、現在の公衆衛生活動は目的を見失っているとし、本当の公衆衛生マインドを取り戻す必要があると述べている。

　「何かを解決したい」、行政マンはそう思わんといかん。それが公衆衛生マインド。西洋医学は全部個人にいっちゃった。結局、ターゲットは個人になっちゃった。たとえば高血圧を何とかするために健診や健康教育があったりしましたが、いつのまにか「降圧薬で血圧が下がるよ」ってなって、公衆衛生が高血圧の人を見つけて病院に送るのが仕事になってしまい、公衆衛生マインドが崩れていった。治療が必要な人には治療なんだけど、それは1つの手段であって、本来はその地域になぜ血圧の高い人がいるのか、それを改善するのが公衆衛生。社会水準を上げたり、それは個人であろうが、集団であろうが一緒です。あくまでその地域で起きている課題を、個人や集団やいろんな見方のなかで、普遍性を見つけて、一緒に改善していく。それをしようと思うと1人ではできない。地域のあらゆる資源が動かないと。これが公衆衛生マインドなんだけど。いつの間にか、公衆衛生が予防になってし

まって。しかも「太っているお前が悪い，感染症お前が悪い，糖尿病血糖値をコントロールできないお前が悪い」というなかで，個別指導になってしまっています。

（2）人的ネットワークをとおして学ぶ

インタビューでは，ロールモデルが近くに存在しない公衆衛生医師の場合，ネットワークを構築し，そのなかで学び合うことを重視する声が多かった。C医師は，若手医師が集まり，相互に学ぶことが大切になると指摘している。

> 後輩の育成経験について，私の場合，できるだけ関わっている地域の人たちの集まりに一緒に誘ったりして，地域が悩んでいる話を，直接，聞いてもらうようにしました。すぐには答えは出ませんが，考え続けると，何かきっかけみたいなものが得られます。

> 若手医師の会の集まりがなくなってきましたね。昔は，しょっちゅう集まって，若手医師の動きに感動しました。近隣の他府県の先生とのネットワークは作らないと。苦労話を聞けたのはすごい収穫でしたね。臨床と違って，ロールモデルが近くにはいないので。公衆衛生の特殊性について言うと，地域でどろんこになって悪戦苦闘した生の話とかね，地域ってそんなもんですしね。いくらきれいごとを言っていてもね。どろんこにならないと。

F医師も同様に，保健所の医師が2名から1名に減員となったことに触れ，公衆衛生医師が集まり，事例検討会を行うことの必要性を指摘している。

> 人材育成って，現場にはないですよね。だから，もっと医師職が集まって，いろいろな事例について検討会みたいなものをしないと。そうじゃないと，それぞれがバラバラにやっていても，そこにいる医者の判断で全く基準の違うことをやっているし，経験を持っている先生の言葉を聞く機会が全くなくなったわけじゃないですか。前だったら，まだ所長を見て，そのときはそういう判断をするんだって。ガイドラインどおりなら誰でもできるけど，グレイゾーンの微妙な判断には経験値がい

る。だから，プロジェクトでの成功体験みたいな楽しい経験が必要ですよね。公衆衛生って難しいですよ，範囲が広いから。行動力を持つこと，組織で仲良くやっていくということ。そのためにも，外の世界に常に触れ続けて，勉強し続けるっていうのがいいんですよ。それがあるから，自分の職場でもモチベーションが保ち続けるんじゃないですか。役所の中だけで働いていると，どんどん気持ちは落ち込みますし。

D医師は，30年間小児科臨床医として病院に勤務し，その後，人事異動で保健所長となった経験を踏まえて，「学会に参加し，群れながら学ぶ」ことの重要性を語っている。

　金勘定しないで，住民のために何かやろうと考えて行動できたことが楽しかったんじゃないかな。結局ね，医者っていうのは常識がちょっとズレているんですよ。だから，それを押しと通すと，公務員としてはみ出してしまうから，まずいんですね。はみ出ないようにして，いかに楽しむかが大事なんかな。自由度をおいとかんと，時間から時間までビチーッと管理されたらね，それはもう嫌になっちゃう。医者には研修というものが絶対に必要だということが，理解できない事務職がいるじゃない。学会なんて遊びに行くぐらいに思っているでしょ。でも医者は，学会に行くと医者としてのスキルが上がって，成長するっていうことをわかっているから。公衆衛生学会に行くと，「やろう！」って，元気になって帰ってくるでしょ。公衆衛生の仕事は範囲が広くて，保健所の医者はそれぞれ専門が，精神保健，母子保健，感染症と多様だから面白いでしょ。だから医者は集まらんといかんのよ。群れんといかんのよ。

（3）人材育成の難しさ

人材育成の難しさについて指摘する声もあった。2つの事例を紹介しよう。E医師は，これまでの自分の経験を振り返り，現場での教育について次のように述べている。

所長も，全然公衆衛生の人じゃなくて，臨床の先生がポッと来たりした感じだったので，OJTなんかまったくなかった。だから，係長から課長になってという下から昇進し，実地で現場がわかっている先生が必要ですね。ただ，育成ってすごく難しい。思い返すと，私自身が何が公衆衛生かわかっていなかった。公衆衛生って，臨床と違って実感できないし。スキルが上がるって，知識が増えるっていっても，そんなに増えへんしね。前の保健所のときに，地区診断したんですね。全部，統計資料を見ながら一所懸命考えたんですよ。初めてかな，公衆衛生らしいことをしたの。だから係長級の先生には，今年はこれをやってもらおうと思っている。

　G医師は，成功体験を積ませることが大切だとしながらも全体を見ることができる人材の育成は難しいとし，解決策の１つとして地道に同世代でネットワークをつくることが重要だと語っている。

　自分たちの発想でした仕事が地域で受け入れられて成功するという積み重ねがないと。いろんな成功体験をしてモチベーションが上がっていく。後輩医師の人材育成，一番不得手なところなんです。能力の問題と，いま，まさに公衆衛生ということで，すごくゼネラルにものを見られるように育てようとすると難しい。もっと全体のことを伝えていったらよかったなって。そこが，若い先生が複数いたりすると，僕に聞くのではなく同世代で相談し合うといいですよね。

　以前，近畿保健所若手医師の会とかがありましたが，あの当時はこの人たちが保健所長にみんななっていったら公衆衛生は変わるのではないかと思いましたが，ちょっとそれはうまくいっていない。なぜなんだろう，それはみんなが変わっていった部分もありますが。一時期，私のいた自治体とかでは，システムとして公衆衛生医師を熱心に育成していた。ああいうのって，すごく手間暇かかるのですが，つぶすのは簡単。そういう意味では，近畿圏ではうまく持っていけば，公衆衛生医師の育成の土壌があるように思うのですが。

7. 考察

(1) 発見事実

　公衆衛生医師は，地域の保健医療福祉機能のマネジメントという重要な役割を担っているにもかかわらず，その成長プロセスは検討されてこなかった。本研究では，10名の公衆衛生医師に対するインタビューの分析から，次の3点を明らかにすることができた。

　第1に，公衆衛生医師は，「上司の影響」「統括的業務・プロジェクトへの参加」「社会的問題への対応」「管理職の経験」「越境経験」「本庁勤務・異動」「組織上の葛藤・戸惑い」「患者との関わり」「他職種からの学び」といった経験をとおして，「保健所・公衆衛生医師の役割」「プライマリ・ケア」「システム化」「公衆衛生活動の楽しさ・確かさ」「公衆衛生医師のネットワーク」「地域づくり」「健康危機管理」「マネジメント」「公務員としての役割」「組織における業務の流れ」「公衆衛生の基本的技術」を学んでいた。

　第2に，公衆衛生医師の信念として，「自己関連の信念」「患者関連の信念」「社会関連の信念」「組織関連の信念」の4つのカテゴリーが抽出され，特に，「社会関連の信念」がコアの信念であることがわかった。また，これらの信念は，学生時代，臨床医時代，公衆衛生医師の経験が影響し，経験学習サイクルのなかで，内省をとおして形成されていた。

　第3に，公衆衛生医師を育成するためには，臨床医としての視点から脱却し，公衆衛生マインドを醸成すること，ほかの医師とのネットワークを構築し，学び合うことが重要であることが明らかになった。

(2) 理論的インプリケーション

　次に，以上の発見事実がどのような理論的インプリケーションを持つかについて述べたい。第1に，公衆衛生医師になってからの経験では，11カテゴリーが抽出されたが，救急医の研究（松尾，2010b）と同様に，McCall et al.（1988）の「課題」「苦難」「他者」という類型におおむね対応していた。ただし，「組織

上の葛藤・戸惑い」「社会的問題への対応」「越境経験」は，臨床医には見られない公衆衛生医師特有のものである。葛藤・戸惑いを乗り越え，公衆衛生医師としての役割を学び，社会的問題に対応していくなかで，健康危機管理や社会的な解決の必要性を認識し，そのために職場という狭い世界に閉じこもるのではなく越境経験を積み，そこで出会った「同じ方向を向く仲間」と切磋琢磨し合っている様子をうかがい知ることができた。

　第2に，公衆衛生医師の信念である公衆衛生マインドは，その涵養が重要であると指摘されており（中川，1979），「臨床医とは異なり，技術的事項よりも総合的な人間性が求められる」との理由から，公衆衛生の分野では，「自己啓発と強い動機付けが必要である」と言われている（拝野・相澤，2005）。これまでの既存研究では，信念に焦点を当てた調査はあるものの，その形成過程に焦点を当てたものはあまりなく（藤木，2008），公衆衛生医師の信念である公衆衛生マインドの形成過程を明らかにした点も，本研究の特徴と言える。

　第3に，公衆衛生意識の育成に関しては，越境経験による人的ネットワークの形成により，同じ方向を向いた仲間との出会いが重要になることが明らかとなった。このことは，職場において少数・単独職種であることの多い公衆衛生医師のモチベーションの維持につながっていると推察される。同様の結果は，保健師の研究（2章）でも報告されている。モチベーションの維持の必要性については，本研究においても，大学などの行政以外のキャリア・パスも念頭に置くこと，公務員としてはみ出さないようにしながら楽しむこと，外の世界に触れ続け学び続けることが必要であるなどさまざまに語られており，拝野・相澤（2005）の「自己啓発と強い動機付けが必要である」との主張を裏付けるものである。

(3) 実践的インプリケーション

　以上のことを踏まえ，図表8-8に示すように経験学習のリニア・モデルを提示したい。学部時代，研修医時代から，工夫された実習，サマーセミナー，プライマリ・ケアの経験を，また，公衆衛生医師になってからは，専門研修・教育をベースにしたうえで，プロジェクトへの参加，地域のネットワークへの参

加,異動・本庁の経験,保健所長の経験,さらには越境経験を,体系的,段階的に行うものである。この間,医師同士のネットワークを構築し,学び合うことが欠かせない。

人材を確保・育成するためには,保健所の業務について具体的で十分な情報の提供が必要であり,公衆衛生医師がどのように成長していくのかというキャリア・パスを明確にすることが重要である。こうしたモデルをベースに,体系的な経験学習の導入を図ることで,公衆衛生マインドの涵養を行い,効果的な人材の確保・育成が可能になると考える。

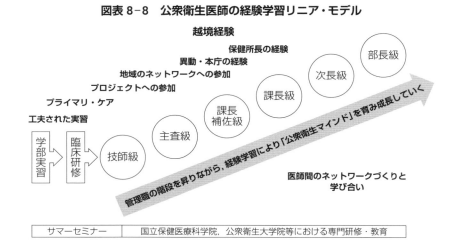

図表8-8 公衆衛生医師の経験学習リニア・モデル

(4) 今後の課題

最後に,今後の研究課題について述べておきたい。第1に,本研究においては,入職後の経験学習だけではなく,それ以前の学部時代にまでさかのぼった調査を行ったものの,医師の場合,大学を受験する段階において,すでに職業の選択を行っており,医学部を目指すそもそものきっかけが,公衆衛生マインドと関係していることが考えられる。リーダーシップの育成は,生涯発達の観点から考えると,より早期から捉える必要があり(金井・守島,2009),特に

公衆衛生医師の人材の確保・育成のためには，学部以前を含めた調査が必要となると考える。

第2に，藤木（2008）が教師の研究において今後の課題として述べているように，信念は熟達に正の影響のみを与えているとは限らない。信念が強すぎるゆえに，組織上の葛藤・戸惑いが大きくなり，離職につながっている可能性も否定できない。したがって，可能な範囲において，組織風土と離職した公衆衛生医師の理由に関する調査も必要である。

最後に，熟達のレベルの判断の問題は，ピア・レビュー，すなわち，公衆衛生医師からの推薦によることで担保しているとは言うものの，そもそも公衆衛生の分野は範囲が広く，熟達の判断には推薦者の主観によるところがある。また，自治体によって，公衆衛生医師に求められる職務が異なるという問題もあるが，この点に関しては，対象者を増やし，県型・政令市型で整理することで対応が可能であると考えられる。

〈参考文献〉

藤木和巳（2008）「熟達する教師を支える信念の成長：教師の信念体系モデルの構築」『授業開発の研究：子どもの認識構造に根ざした新しい授業開発と実践』鳴門教育大学授業実践・授業開発ウェブ・ラーニング．

福永一郎（2006）『生草医師のひとりごと：おちこぼれ医公衆衛生医師のエッセー』保健計画総合研究所．

拝野貴之，相澤好治（2005）「特集／臨床研修後の進路：研修必修化2年を経て公衆衛生分野への進路」『医学教育』36(5)：297-300．

金井壽宏・守島基博（2009）「漸成説からみた早期よりのリーダーシップ発達：教育・人事制度への含意」『組織科学』43(2)：51-64．

厚生労働省（2003）「神経芽細胞腫マススクリーニング検査のあり方に関する検討会報告書」〈http://www.mhlw.go.jp/shingi/2003/08/s0814-2.html〉．

Lorenz, K. Y. N. and D. L. Davis（1981）*Strategies for Public Health*. Van Nostrand Reinhold Company.

松尾睦・正岡経子・吉田真奈美・丸山知子・荒木奈緒（2008）「看護師の経験プロセス：内容分析による実証研究」『札幌医科大学保健医療学部紀要』11：11-19．

松尾睦（2010a）「保健師の経験学習に関する探索的研究」『神戸大学 Discussion Paper』.

松尾睦（2010b）「救急医の熟達と経験学習」『国民経済雑誌』202(4)：13-44.

松下光子・石丸美奈・山田洋子（2012）「行政保健師が実践経験を通して得ている保健師活動についての学び」『岐阜県立看護大学紀要』12(1)：25-32.

McCall, M. W., M. M. Lombardo and A.M. Morrison（1988）*The Lessons of Experience: How Successful Executives Develop on The Job*. NY：Free Press.

中川米造（1979）「特集／衛生学・公衆衛生学教育：はじめに」『医学教育』10(4)：206.

中原淳（2011）「医療学習論の構築に向けて」『医療職の能力開発』1(1)：35-40.

中村桂子（2005）「厚生労働省科学研究費補助金 厚生労働科学特別研究事業 平成16年度 総括研究報告書「臨床研修必修化を踏まえた公衆衛生医師の確保方策の在り方に関する研究」」.

中村由子（2010）「配置転換による中堅看護師の「一皮むけた経験」」『日本看護研究学会雑誌』33(1)：81-92.

西田茂樹・揚松龍治・佐々木健・緒方剛・三浦公嗣（1996）「特集：医師の卒後公衆衛生教育 公衆衛生医の卒後教育研修の現状」『公衆衛生研究』45(3)：240-245.

瀬畠克之，杉澤康晴，大滝純司，前沢政次（2001）「質的研究の背景と課題：研究手法としての妥当性をめぐって」『日本公衛誌』48(5)：339-343.

Strauss, A. L. and J. Corbin（1990）*Basics of Qualitative Research*. Newbury Park：Sage.

宇田英典（2012）『平成23年度 地域保健総合推進事業 全国保健所長会協力事業「公衆衛生に係る人材の確保・育成に関する調査および実践活動報告書」』.

Winslow, C.E.A.（1920）The untilled fields of public health. *Science*, 51(1306)：23-33.

第 9 章

病院長のマネジメント：医療の質と経営効率の両立

築部 卓郎

　他章とは異なり，本章のテーマは，病院組織のトップマネジメントが「医療の質」と「経営効率」をいかに両立すべきかである。13名の病院長・病院事業管理者に対するインタビュー調査により，「医療の質と経営効率は異なる時間軸でマネジメントすべき」であることが示唆された。すなわち，医療の質を向上させるためには，長期的な視点に基づいて，人材育成を中心にチーム医療を促進することが重要になるが，経営効率は，施設の効率的運用やコスト削減によって短期的に改善しうるものであることが示された。「医療の質向上や人材成長には長期的な視点が必要である」という考え方は，本書全体の共通点である「11年目以降のキャリア後期に学びが深まる」ことと対応している。

1. 問題意識：医療の質と経営効率のはざまで

　1996年のとある冬の日の夜11時，ボストン小児病院救急外来での1コマ。子ども（男児4歳）が熱を出し脱水症状を心配したある日本人医師が，患者でごった返す救急外来を受診した。そこでの看護師との会話は「どうしましたか」「4歳の息子が夕方から熱があって嘔吐と下痢がひどいのです」「体温は102度（38.9℃）ですね。お呼びするまでお待ちくださいね」と去って行った。そして診察室に呼ばれたのは7時間後の午前6時であった。両親はぐったりとしていたが，7時間がたち結果的に絶飲食となった男児は嘔吐や下痢も収まり安眠していた。その後，簡単な診察がなされ処方箋が渡され膨大な医療費が請求され（すべて保険でカバーされたが）帰宅となった。

　これはアメリカの医療の実際の1コマである。加入している保険（HMO：アメリカの会員制医療組織）によって夜間受診できる病院が限定されているために，患者の集中が起こり，最初のトリアージで軽症とみなされると何時間も待たされることになる。そのときに憤っても，ほかの病院を受診する選択肢はない。待ち時間の間に「大丈夫ですか」と声をかけられることもなかった。「このような医療が日本で主流になったら恐ろしいことになる」というのが筆者の率直な感想である。

　筆者はアメリカの医師免許を保有していて，ハーバード大学医学部の関連病院であるベス・イスラエル・ディーコネス医療センターに4年間在職し，そのうち2年間を心臓外科医として実際に 臨床医として働いた経験がある。アメリカの医療はオペレーション，マネジメントに関しては見習い，導入すべき点も大いにあるが，一方では「患者志向か？」という点で疑問点も多かった。医療では提供される治療結果は非常に重要な点ではあるが，患者満足度を含めた医療の質と経営収支とのバランスといった点で地域差，国による違いなどあるのではないかと感じたのである。

　日本において最高の医療を提供するといった場合，医師や看護師達はときに

第 9 章
病院長のマネジメント：医療の質と経営効率の両立

は医療費を顧みずに「最良である」と思った治療を選択し，懸命にその責務を果たし，病院はその医師達をサポートしてきた。こういった関係は，国の経済が上昇し，医療費がまだ少なかった時代には，容認されていた。そのため，本邦では医師や看護師は 1 人ひとりの患者の病気を治すために，またさらには死線をさまよう患者を救うために自らの Quality of Life（生活の質）を犠牲にし，たとえ超過勤務手当が支給されないような経済的な支援がない状態でも，献身的な治療を行った[1]。また，「患者のためにいまできることをできる限り（コストを度外視して）実行する」ことで，医師や看護師の達成感を向上させていったのである。

しかし現在は，日本の経済成長が止まり，高齢化社会となり，現在ならびに将来の医療費の高騰が社会問題となった。いつしか，医療費が多くかかるが，獲得しうる効果がそれに見合わない場合には，患者負担あるいは保険者負担を考慮する時代となり，コストを削減し収益を上げるという経済的要素が強まっていった。各疾患の標準的な治療法がガイドラインで出され，本邦でも「医療の質と効率を高めよう」という動きが始まり，診断群分類：Diagnosis Procedure Combination（DPC）が制度に導入され全国に普及している。日本も Donabedian（1988）の言及した「医療の質すなわち quality と effectiveness（効率性）とは，ほぼ同義語となった状況」を追随してきていると思われる。

世界一の長寿を達成した日本は，平均寿命の長さと新生児死亡率の低下というアウトカム（成果）から見れば世界最高の結果を達成しているにもかかわらず，医療費の抑制および経営効率化という面から，経営の欧米化が求められているようにも思える。しかし，病院経営は欧米，とくにアメリカのまねではなく，日本型の病院経営があると考えられるのである。

本章の目的は，医療の質と経営効率を両立するために，病院のトップ・マネジメントである院長は，どのように組織を運営しているかを明らかにすることにある。

---

[1] 20 時間ルール：自治体病院では（以前は）超過勤務手当の支給額は最大で 1 月当たり 20 時間とされていた。

2. 医療の質と価値

医療の質については、いまだ決まった定義はない。しかし、1966年にDonabedianが提唱したStructure（構造）、Process（過程）、Outcome（結果）の3つの視点から医療の質を評価する方法は、アメリカならびに本邦でも、医療の質を論じるに当たり最も標準的な定義である（図表9-1）。

図表 9-1　ドナベディアンによる医療の質と患者満足の関係

出所：Donabedian（1980）をもとに作成。

構造とは、どのような設備、人員で医療を行うかという視点であり、医療施設の設置基準、あるいは加算や管理料等の算定基準で評価されるが、医療スタッフや組織の質、管理構造なども含まれる。構造は、パフォーマンスの制限要因となり、医療の質を支える要素である。

過程とは、当該疾患に関してどのような過程で医療が行われたかを評価する視点である。Evidence based medicine（EBM）の診療ガイドラインへの準拠や、時間軸でのパフォーマンスは最も重視される視点であり、クリニカルパスの活用はこの過程を標準化することで医療の質向上および効率化を実現することを目的としている。

結果とは、治療成績等の予後を評価するもので患者の視点からは最も重視されている。しかしながら、不確実性を回避できない医療においては、結果を絶対的な評価指標として用いることはしばしば困難を生じるとしている。また、多くの場合、時間を追ってフォローしなければならない点も挙げられ、短期的な視点で結果を見るか、長期的な視点が重要であるかはあいまいな点である。

一方、Porter and Teisberg（2004）はアメリカにおける医療システムの高コストについて検討を行っている。従来、米国民はこのコストを優れた医療に対する対価だと思い込んでいたが、高いコスト、医療の質の低下、制限付のア

クセスという3つの問題が相まって、現行の医療システムでは誰も満足していないことを述べ、その解決方法として「患者にとっての医療の価値を追求すること」を医療システムの主目的と捉え、図表9-2に示すような、価値を向上させる競争の原則を示している。

図表9-2 価値を向上させる競争の原則

- コスト削減だけではなく、患者にとっての価値にも着目する
- 診療実績に基づいて競争する
- 病態を軸とし、ケア・サイクル全体で競争する
- 質の高い医療は低コストである
- 医療経験者の診療経験、診療規模、学習が価値を高める
- 地元地域だけではなく地方全域、国全体で競争する
- 医療の価値を向上させるために、診療実績に関する情報を広く提供する
- 医療の価値を高めるイノベーションに手厚く報いる

出所：Porter and Teisberg（2004）をもとに作成。

とくに、質の高い医療は低コストであるとし、多くの場合、質とコストが同時に改善するとしている。さらに医療においては「コストと質のトレード・オフは避けられない」という考え方や行動をしないことがきわめて重要であり、質とコストは同時に改善できる余地があるとしている。その理由には、現在の米国の医療提供の大部分は最新の知見から後れを取っており、したがって、質とコストを短期的にでも同時に改善する余地がたくさん残されているとしている。

3. 医療サービスのマネジメント

病院組織は医師、看護師、薬剤師、検査技師などの専門職集団の集まりであるが、いずれも高い意識を持ち、患者志向などの理念を共有している。松尾（2009）は、医療組織は多様な特性を持つことから、大きく2つの機能が必要となるとしている。第1に、医療機関はさまざまな分野における専門家が連携しながらプロフェッショナル・サービスを提供しているがゆえに、専門スタッ

フと管理スタッフ間，専門スタッフ同士のコミュニケーション・連携が必要となる。第2に，専門スタッフは顧客と密接に接触し，個別ニーズに応じたサービスを提供することから，専門スタッフは高い能力を備えていなければならず，彼らの能力を高めるための支援構造が存在していなければならないとしている。

このように医療組織の形態から医療の質を考える場合，患者満足度につけ加え職員のコミュニケーション・連携の意識や満足度が重要である。病院で行われている治療行為を医療サービスと考えると，患者は顧客であり，医師や看護師などの専門職集団も職員（サービスの提供者）であることから，病院におけるサービスの質と経営効率はサービス・マネジメントのフレームワークに置き換えることができる（図表9-3）。Norman（1990）は，品質について良い循環と悪い循環について示しているが，サービス企業の良い循環としてコア・サービスの卓越性とともに自尊心を持ち動機づけられた職員の重要性を強調している。また，サービス・マネジメントの中心により完全に近づけるためには，そのなかに指導的な原理・アイデアまたは「文化と理念」を組み込まなければならないとしている（図表9-3）。

このモデルによれば，病院が長期間にわたって質の高いサービスや継続的な改善を促すためには，質の高いサービスや上手に設計されたサービスプロセスだけではなく，組織文化や理念に対する配慮が必要である。

医療の質と経営効率については医療組織の人員の特性や組織文化などを考慮すべきであり，とくに日本では重要になると考えられる。しかし，従来の日本では病院のコスト管理は十分になされてこなかっただけでなく，コスト管理で初歩的と考えられる部門別原価計算ですら，定期的に継続して実践している病院は非常に少ないのが現状である。病院では，医師をはじめとする医療従事者を中心に，医療の質を盾に収益性を後回しにする傾向があり，数字に基づく管理に対する抵抗感が根強いことが一因にある。そうしたことから医療組織のマネジメントを考える場合，それぞれの病院の組織風土や組織文化の視点が重要になると思われる。

しかし，一般企業の経営管理技法をもってすればわが国の病院の効率化ができるという考えに対し西田（2011）は，疑問を投げかけている。医療法には医

図表 9-3　サービス・マネジメント

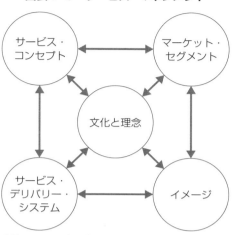

出所：Norman（1990）をもとに作成。

師や看護師などの専門職の配置基準があり，病院設置基準が設けられている。これらを無視して，自動車会社のような「カンバン・システム」によって，自らは最小限の在庫で済ませ，残りはすべて外部に準備させるといった徹底した合理化や費用削減を行うと，ぎりぎりの診療体制となってしまい，市民の健康と生命を守り社会に安心を提供することはおぼつかないとしている。

4. リサーチクエスチョン

　医療の質と経営効率は二律背反でないとの理論的検討がなされているものの，日本の現在の医療，とくに病院組織における医療の質と経営効率の両立という点では十分に解明されているとは言えない。とくに，コストに対する効率性を重視しているDonabedian（1966）やPorter and Teisberg（2004）のフレームワークが日本の組織に適応できるかどうかは定かでない。本研究は，医療組織の院長・副院長・病院事業管理者に対するインタビュー調査に基づいて，医療の質と経営効率の両立に関する信念について分析し，日本の病院組織におけ

るトップマネジメント[2]の役割について検討する。

本研究のリサーチクエスチョン（RQ）は以下のとおりである。

> RQ：医療組織のトップマネジメントとして，医療の質と経営効率を両立させるために必要なことは何か

5. 研究方法

本研究では，2012年3月から6月の期間に，地方自治体病院，公的病院，大学病院，民間病院の院長あるいは副院長ならびに病院事業管理者の13名の医師に対してインタビュー調査を行った。主な質問は「医療活動に関する信念・価値観・こだわり」「医療の質の意味」「病院の経営についての信念・価値観・こだわり・問題点」「トップマネジメントとしての信念・こだわり」「トップマネジメントとして必要な能力」「人材育成の方法」である。インタビュー時間は1時間から2時間であり，平均1時間20分であった。インタビュー内容は対象者の許可を取ったうえで録音され，その内容は文章化された。分析結果のセクションにおいてインタビュー内容を一部紹介したが，その際，語尾や接続詞を修正し，冗長な部分は削除することで，読みやすい形に直した。自由記述調査およびインタビュー調査の対象者の氏名，プロフィールは図表9-4のとおりである。なお，個別のインタビュー内容の表記に関しては一部で実名の公表を辞退されたため匿名化した。

インタビュー対象の院長の選考に当たっては，所属病院の形態，病院の規模，ならびに病院を取り巻く環境を考慮した。共通の特徴として，いずれの病院も急性期医療を行う総合病院であり地域の医療の中心的存在である。また2病院以上で院長等の管理職を経験されておられる対象者が5名含まれている。

---

[2]「トップマネジメント」という用語は，一般に「経営層」「経営陣」の意味で使われることが多いが，本章では，病院における主な経営陣の1人である院長あるいは副院長を指す言葉として用いている。

第 9 章
病院長のマネジメント：医療の質と経営効率の両立

図表 9-4　インタビュー対象者のプロフィール

医師（敬称略）	年齢（歳）	トップ・マネジメント経験等
小川　恭一	77	元神戸赤十字病院　院長 元兵庫県立姫路循環器病センター長 元兵庫県立こども病院　院長
守殿　貞夫	70	前神戸大学病院　院長・教授 前神戸赤十字病院　院長
後藤　武	69	元兵庫県立病院管理者 兵庫県立大学教授
小澤　修一	66	神戸赤十字病院　院長 前兵庫県災害医療センター長
相澤　孝夫	65	慈泉会相澤病院　理事長・院長
山本信一郎	63	福井県立病院　院長
大野　徹	61	高砂市病院事業管理者兼高砂市民病院院長
上田　裕一	60	天理よろず相談所病院　院長 前名古屋大学病院　副院長・教授
佐々木順子	60	三菱重工三菱神戸病院　院長
澤田　勝寛	60	慈恵会新須磨病院　院長
家永　徹也	56	愛仁会高槻病院　院長
大西　祥男	55	加古川東病院　院長 前兵庫県立柏原病院　院長
向井友一郎	52	愛仁会千船病院　副院長

注：前は前職，元は元職（そのほかは現職）。年齢はインタビュー当時。

　なお，医療の質や経営効率について検討する際には，病院の経営主体や病床数によっても違いがあると考えられる。そのため，対象病院は，大学病院は 2 病院，自治体病院は 8 病院，公的病院は 1 病院，医療法人が 4 病院，公益財団法人が 1 病院，企業立病院が 1 病院で合計 17 病院と幅広く選択した。また，本研究では個別の院長の業績評価などの個人のパフォーマンスに関わる検討については，時代背景や経営環境などの違いのため比較も困難でもあり差し控えている。

6. 分析結果

(1) 発見事実の概略

データの詳細分析の前に,発見事実の概略について説明しておきたい。急性期病院のトップマネジメントは,図表9-5に示すように,「経営責任」と「理念・Mission/Vision」を基盤とし,そのうえで「人材」→「成長」→「医療の質」を順に積み上げる形で組織をマネジメントしていた。なお,「経営効率」は短期的な視点であるのに対し,医療の質は長期的な視点に基づいて考えられていた。

まず重要なことは,経営の権限と責任の所在である。病院の形態にもよるが,私立病院では理事長あるいは院長に経営の権限と責任があるのに対し,自治体病院や公的病院では形態が違う。

次に基本理念や Mission/Vision が基礎にあり,病院職員全体がその理念などに沿って同じ方向を目指しているかが重要な点である。医師や看護師など医療従事者からなる専門職集団をまとめるには共有できる理念やビジョンが大変

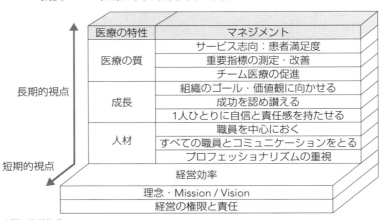

図表 9-5 医療の質と経営効率を両立させるマネジメント

出所:筆者作成。

重要であり，これらが提示されることで病院の組織風土が形成されている。

　この「経営の権限と責任」と「理念・Mission / Vision」が基礎にあり，その上に「人材」があり，「人材の成長」の上に初めて「医療の質」が位置づけられるのである。人材とは，職員を専門職集団として認め，正しく評価することであり，彼らのプロフェッショナリズムを重視し，職員1人ひとりとコミュニケーションをとることで職員満足度やモチベーションを高めることにつながるのである。次の段階として，専門職集団の人材を成長させるために1人ひとりに責任感を持たせ，成功を認め評価することが欠かせない。その評価には，金銭的な評価や非財務的評価も含まれる。さらに個人の行動を病院組織の価値観とゴールに向かわせることが重要で，院長のリーダーシップにも関わるところである。このように人材とその成長が土台にあって，初めて医療の質の向上が果たされる。医療の質は，年月をかけて少しずつ成熟していくものであり，長期的な視点で捉える必要がある。その結果，チーム医療が促進され，臨床指標の改善がなされ，最終的には患者満足度につながるのである。

　一方，財務の改善はより短期に成果の出る方策を繰り返し行うことで達成されるものである。現行の医療制度から財務改善に必要なテクニックを学びとり実施していくことを，短い期間において繰り返すことで，実現されるものである。つまり，医療の質は長期的な視点でつくり上げていくものであるのに対し，経営の改善は短期的な視点であり，この両者は時間軸が違っていると言える。

　以下では，図表9-5に示したそれぞれの内容について，インタビューデータに基づいて解説する。

(2) 経営の権限と責任

　医療の質や経営効率を求めた病院経営を考えた場合，まず基本的に重要なのは，トップマネジメントに権限と経営責任があるかという点である。自治体病院の場合，院長の権限は限られていて，多くは自治体の長が病院の経営責任を有している。地方公営企業法が適用されている場合でも，一部適用の場合は院長の権限は限定的である。まず，地方公営企業法一部適用の自治体病院の院長は，権限のなさが結果的に経営の質の低下を招いており，全部適用が必要であ

ると考えている。

　医療の質を維持しようとしても，院長に決算権がないから思うようにならない。たとえば看護基準は，周りの病院は全部7対1になっているが，うちだけ10対1です。看護師さんもアップアップで働いているので，入院患者に対するサービスは落ちていると思う。「医療の質を維持しようとするのは無理ではないですか？」と言っても地方公営企業法一部適用なので，権限がない。医療の質と経営とを問い詰められれば病院のなかで，科長会議，連絡会議で集まるようなところで，とくに「院長は医療の質と安全と経営効率をどうお考えですか」と聞く人はよくいる。「経営効率は二の次だ。まず医療の質と安全を重視してほしい」と強く言っています。ただ，県立病院だから，事務が強いんだけど，事務はまず経営効率というのが滲み出ているね。院長と事務方とは一枚岩になれない。あえて，相対するような方向でバランスをとっている。
　　　　　　　　　　　　　　　　　　　　　　　（自治体病院院長　A医師）

以上のように，院長の権限が少ないために，院長と事務職との連帯感は希薄である。院長は医療の質を求め経営は二の次と明言しているにもかかわらず，事務方はまずは経営効率としており，整合性に乏しい。次に，院長在職中に病院事業管理者となった院長のコメントを見てみよう。

　一番大きいのは管理者（病院事業管理者）になったこと。平成19年6月に院長になって，平成21年10月に地方公営企業法の全部適用の管理者になった。自治体病院では管理者にならなかったら病院は変えられない。病院の事務職は院長の言うことは一切聞かない。市役所や県庁の方を向いているということだが，管理者の言うことは聞く。管理者になってからは，院長は病院の事務職員の上司となり事務職員の上級職2人の勤務評定を僕がするようになった。
　　　　　　　　　　　　　　　　　　　　　　　（自治体病院院長　B医師）

地方公営企業法において「全部適用」に変更になったことで，病院事業管理者としての院長に，人事面や予算面での権限が与えられた。これによって，職

員の任免や給与などの権限が病院事業管理者となった院長に移譲され，院長と事務職とのコミュニケーションが活性化されたという。この点に関し，B医師は次のように述べている。

> 管理者になってすぐにしたのは，事務局長を代えた。医事課長も1年ごとに変わっていたが，それはアカンということで制度を変えたし，いまの課長はものすごく若い人になった。人事にも口を出している。一番何が変わったかと言えば，帰るときに，「お先に失礼します」と言うようになった。いままでは，お金のことだとか経営の話だとかは事務所のやることで，院長は「一切口を出さんといてくれ」ということやった。ところが，管理者になると組織が変わった。院長が資料がほしいと言ったら，いままでは邪魔くさいなという感じだったんですが，いまは管理者様とつけサッと持ってくるようになった。いろんな意味で，僕の意見が事務所に通るようになった。　　　　　　　　　　　　　　　　　　　　　　　　（B医師）

管理者になったことで，院長の権限が強くなり，さらには看護部長を副院長に指名したこともあって，院長，事務局長，看護部長からなる経営幹部の一体感は強くなったという。しかし，県立病院12病院を統括して管理を行っていた元病院事業管理者のC医師は，全部適用になったからといって必ずしも効果が上がるわけではないと，次のようにコメントしている。

> 平成14年度から全適用に移行したが，地方公営企業法が全部適用されると，管理者が予算原案を作成し，管理者限りで各種の契約を結ぶことも可能になる。制度上，管理者は自治体の長から独立した権限を多く有するようになる。知事から管理者に移る権限としては内部組織の設置，職員の任命・給与等の身分取扱い，予算の原案・証明書の作成，資産の取得・管理・処分，契約の締結，資金の一時借入があり，新たに労働契約の締結なども行われる。このため経営に習熟した者が管理者に任命された場合，効率性の追求によって収支の改善や医療サービスの向上が期待できると考えられるようになった。ただし，（経営に習熟していない管理者が任命された場合には）果たしてそれだけの効果が表れるかは疑問である。（元県立病院事業管理者　C医師）

一方，自治体病院や特定機能病院の経営の難しさについて，医療法人院長のD医師は地方公営企業法全部適用となったとしても，さらに独立行政法人化となったとしても，意思決定のスピード感が遅いことが問題であると指摘している。

　公立病院がなぜうまくやれないのかを考えたときに，トップがダブル制になっていますよね。院長を置きながら，たとえば市長や知事がいると，この人が最高責任者なのでさまざまな権限を握っているわけですから，二重制になっちゃっている。これがうまくいかない原因ではないかなと思います。それと10年以上前は，医療を取り巻く環境はそんなには大きくは変わってきてなかったと思うのです。ゆったりしたペースで5年しても10年してもそんなに激変はしない。いまここにきて，ほんとに短い間隔で診療報酬が変わり，医療法が変わり，しかもかつ日本の社会状況が変わり，患者さんや住民の方々の意識が変わり，大きなスピードでさまざまなことが大きく変わっている，そういう環境の激変というのがあると思うんです。どう考えても普通の会社とか経営だったらこの環境の変化に関して自分たちを変えていかないと，そこで適応できないとギャップが起こる。だいたいギャップが起こった会社というのはつぶれるというのが世のなかの常識ですよね。ところが，医療だけはまだギャップがあるまま続いているわけなんですね。経営とは世のなかの変化に適切に対応して，適正な対応をできるだけすばやく行うことだとある人が書いているのですが，そうすると変えられるような組織のマネジメントをしていないと，だめだと思う。
　　　　　　　　　　　　　　　　　　　　　　　　（医療法人院長　D医師）

　以上のインタビューデータから，根幹にあるのは院長の権限と経営責任の所在であり，自治体病院ではそのことが方針や意思決定を遅らせ，社会情勢に合わせた変革が十分にできてこなかったと考えられる。この点は，従来の日本の医療組織ではあいまいにされてきたと言える。
　また，民間病院と自治体病院，公的病院，大学病院では，院長の権限や経営責任が異なる。さらに，独立行政法人化された公的病院，地方公営企業法が全

適用されている病院,あるいは一部適用の病院での権限と経営責任の違いがある。こうした権限の違いが,病院の組織構造,人事,給与などの点でトップマネジメントがどこまで変革できるか,あるいはどこまでスピーディーに実施できるかに大きく関わっている。しかし,自治体病院の場合,公務員である事務職員は自治体の首長と県庁や市役所の意向を重視するために,院長の権限は小さく,いくらやる気を持ってトップマネジメントを目指したところで成功は難しいのが現実である。

(3) 基本理念・ミッション・ビジョン

医療組織の場合,各病院が掲げる基本理念は,表現の違いは多少見られるが,「質の高い医療を提供する」といった理念はほとんど共通である。

しかし,インタビューのなかで理念やミッションの共有が図れた状況として,①財政赤字で経営が逼迫し存続の危機の状態,②独立行政法人に移行し,独立採算になる状態,③新病院の建設がなされ,移転する状態,④災害(震災など)で病院が未曾有の被害を被った状態が挙げられた。

つまり,内的あるいは外的なイベントにさらされた場合に,院長の交代などを含めた大きな人事異動,組織変革,コストカット,原価計算などの管理制度を導入しやすくなると言える。これらは短期的に急激な業績アップを目指す場合には,必要不可欠な要素である。とくに私立病院では,赤字で経営が逼迫した場合に,病院が倒産するという現実が見えてくることになる。そのような状況から,立ち直る際に理念やビジョンを掲げ浸透させていくことの重要性について,医療法人院長のD医師は以下のように述べている。

> この病院は順調にきているわけではなくて,私は4代目の院長ですが,3代目の半ばまではバブル期で,医療もほとんど経営がいらなかったのですね。しかし,ちょうどバブルが崩壊した昭和の終わりくらいから平成の1,2年くらいまでに何が起こったかというと医療費も上がらない,薬価もどんどん下がって薬価差益で病院を運営することもできないとなったときに,うちの病院は変化についていけなかった。そのときに年間5億近くの赤字を5年間くらい続け,そのなかで70床の

内科病床を閉鎖しなくてはいけないとなったときに，私が副院長だったんですが，こりゃあかんと，私の祖父がつくって私の父が育ててきた病院がつぶれるというところまできました。私は経営のことに詳しくないので，一般企業向けの勉強会に参加しました。7日間「カンヅメ」だったのですが，さまざまな観点から経営のことを教えてもらったのです。人をどう動かすかということを中心にやっていて，私の課題も「職員のやる気をまず何とかしないとどうしようもない」と思っていました。ただ簡単に，給料を増やせばいいとか，仕事の環境を改善すればいいというのではなくて，やはりまず経営というのは理念というものがあって，それに対してビジョンというものがあって，ある程度詳しく書いてあげれば職員は誰でもこういう姿の病院になるのだという像をつくることができて，そのつくられた像というものと勤めている人みんなが同じになったときに物事というのは動き始めます。そのためにはどうしたらいいのかというようなことを教えてもらいました。人と組織のマネジメントが重要なのだということを教えていただいて始まったのが改革で，平成3年くらいから始めました。もう最初は教えられたとおりにやったのですね。

(D医師)

　また，震災時に，大きな被害を受けた病院の院長は病院の構造的な被害からの立て直しとともに，皆が有事に対して一致団結したことで一体感が生まれ，さらに人事面での改善につながったとしている。

　震災のときは，病院が倒壊し，たくさんの死者が運ばれてきました。無力感を覚えつつも，とにかく1人でも多く救わなければならないと，医療に携わるものとして皆それぞれがそのとき自分にできることを，自分にできる方法で一心不乱に遂行し続けました。災害時には人の本質がようわかりました。多くの人は自主的にできることを進んでやりました。でも，正当な理由なく長期欠勤した人や働きが悪い人もいました。そういう人には震災後，冷たくしました。当然いづらくなって辞めていかれましたわ。院長もこの機に変えることができました。

(医療法人院長　E医師)

第9章
病院長のマネジメント：医療の質と経営効率の両立

　悪い状況から立ち上がった病院においては，いわゆる「地獄を見た」経験が教訓となり，組織の一体感が醸成されるとともに，組織風土が形成されていくと考えられる。この点に関し，D医師は次のように振り返っている。

　　立ち上がった病院で，共通するのは落ち込んでから立ち上がるというのは結構強いんですよ。地獄を見たというか，究極のひどい状況を見たわけですね。そうなると，そういう具合にはなりたくないという強い反発心が生まれるのです。だから，非常に，ある意味において，僕はラッキーだったと思うのです。財政的にも大変だ，給料もどうやって払おうかという状況に陥ったのと，人がどんどんバラバラ辞めていって組織として崩壊に近い状況になったというのが私にとってはすごいラッキーだった。何とかしようとする一緒に働いている職員がこれじゃあかんという気持ちを持ってもらったことがいい機会になったと思いますね。公立病院というのはそういうところにいくまでに，大変だ大変だと言って税金とか投入される。僕は甘くすれば反発心は生まれないし，何とかしてやるという闘争心も生まれないと思うんです。
　　　　　　　　　　　　　　　　　　　　　　　　　　　　　　（D医師）

　反発心や闘争心は組織風土となり，職員のモチベーションを上げることが可能であるが，自治体病院や公的病院ではその機会が失われているとしている。しかし，自治体病院でも財政的に大赤字で病院の存続の危機に直面したときに，職員全体を集めてアンケート調査を行い，意見を広く聞きとり，全員の危機感を共有させたことが後の改善につながった事例もある。

　　職員を全員集めて，「この病院は死にかけている。皆どうしたいか？　癌の治療にたとえれば，外科手術をするのか，化学療法をするのか，見捨てるのか，どうしたいねん」と問いました。痛い思いをして根本的に治療するのか，完全に治らないけれど延命処置をするのか，それともあきらめて死を待つのかと聞いたわけです。そうして，「この病院をどうしたいのか？」というアンケートを出したら「日曜日を空けて，水曜日くらいを休日にしたらいい」とか「土曜日に外来をする」とかの意見が出てくる。その後に，「いまやったら皆が頑張れば何とかなるよ」と言って

皆が安心して頑張ろうかという話になった。　　　　　　　　　（B医師）

　存続の危機に直面した際に，トップマネジメントが基本的な理念を掲げ，皆が組織のために同じ方向を向くようにすることが重要であることがわかる事例である。

(4) 人材

　多くのトップマネジメントは，「病院経営で一番重視すべきことは病院で働く人材である」という信念を共有していた。「良い人を集めることに尽きる」（A医師），「いかに気持ち良く働かせるか」（E医師），「組織は人なり」（自治体病院院長F医師）など，表現は違うが，病院組織で重要なのは，そこで働く人材であることが強調されていた。具体的には，プロフェッショナリズムを重視すること，すべての職員とコミュニケーションを十分にとること，職員満足度やモチベーションを重視し，それを中心に置く，という意見が出された。

①プロフェッショナリズムの重視

　医師，看護師，検査技師などの国家資格を持った専門職集団のモチベーションを維持し，チームとして働くためには，プロ意識を持たせ，それを尊重することが重要である。

　　医師，看護師のモチベーションを上げる工夫をすることが大事やね。災害の現場に派遣したり，ドクターカーに乗ったり，また常に見学を受け入れていて，現場での経験や見られているとういうことがモチベーションにつながっている。しかも疲弊しないようにすることも大事だね。　　　　　　（公的病院院長　G医師）

　医療法人院長のD医師は，プロフェッショナリズムを尊重するということは，仕事を認め，対価としての地位の昇進や金銭的な報酬で応えることであり，そのためには人事制度や給与体系などの変革が必要であるとしている。

第9章
病院長のマネジメント：医療の質と経営効率の両立

　医療というのは医療の技術だとか，最低限必要なものがあるわけで，それはきちんとプロとして腕を磨いていくことをしなくてはいけなくて，それが多分人事制度というものになってくると思います。結局，年功序列だとかで，技術の進歩もないのにどんどん給料が上がっていくのはおかしいんじゃないかと。やっぱりあることをクリアしたときに上げていくという制度をつくらないと僕はいけないと思います。
(D医師)

　数年前の日本の病院では，医師は経済的に対価がなかったにもかかわらず，無給でも徹夜して患者の治療にあたっていた。これに対し，医療法人院長D医師は次のように話している。

　昔はね，清貧に甘んじて患者さんに尽くすという時代はあったが，いまはそういう時代ではないと思う。価値観も違って，昔は清貧に甘んじてそういうことをやっているのが，なんて言うのかな「プロだ」みたいなのがあったんですけど，僕はプロというのはちゃんとした仕事をしたら対価をくれよというのが当たり前だと思っています。どんどん請求してほしいなあと思いますし，多分それだけではなくてその要求というのはお金もそうなんだけれども，やっぱり自分を認めてほしいというのが，日本人の根本的な欲求だと思うんですよね。それが多分，組織への帰属感につながっていくんでしょうし，それが病院のプロ同士のチームとして，よりよいものをつくって患者さんがあそこに行けばいいんだぞと言ってもらえれば，それがまたみんなの励みになっていくし，僕は絶対順回転でいくものだと，思っているんですよ。
(D医師)

　プロフェッショナリズムに対する対価としては，給与面だけではなく，認めるということが大変重要であるという信念がある。日本人の特徴についても，認められることが根本的な欲求であるとしている。

　順回転をつくりたいと思っています。もちろん給与は高い方がいいし勤務時間だってきちっと終わる方がいいのだけれども，そうではなくて自分たちのやったこ

とを認めてあげるんです。職員が出張の復命書を書いてきますよね、僕は全員分を読んで必ずコメントをつけています。これだけでも、「院長は俺たちを認めてくれている」と思うんですよ。こんなことくらいなら自分の時間を割いてやればいいことだし、こんなふうに「僕ら経営陣というのはちゃんと見ているんだよ。やったこと評価しているんだよ」というこまめな姿勢のような気がするんですよね。

(D医師)

医療法人院長のE医師も「認める」ことは、職員を気持ち良く働かせるために重要であるとしている。

看護師が研究会などに行ってきて復命書を書いてきたら、必ず直筆で返事書いて返すんや、万年筆で。必ず、「期待しています」と書くんや。 (E医師)

このように、基軸は人であるとの考えのもと、医療従事者のプロフェッショナリズムが重視され、職員の働きに応じ直接的に評価されることで職員のモチベーションの向上につながっている。医療組織の人材マネジメントには、ますます合理的な人事評価システムの導入が必要になるのである。

②すべての職員とコミュニケーションをとる

上記内容にも関連しているが、多くの院長はすべての職員とコミュニケーションをとることも重視していた。

院長になってから毎日、朝と晩に病院内をくまなく巡回して挨拶をしている。最初は、院長の徘徊だとか、仕事が中断して困るなどの悪口もあったけれど、だんだん相談事などいろいろ直接話ができるようになっています。 (G医師)

また、元自治体病院H院長は、病院機能評価の導入によって、昔と比べ医師以外の職員の意見が出しやすい環境になっていることを指摘している。

> 毎週1回のラウンド（病棟巡回）をして病院をくまなく回りました。とくに医師，看護師，検査技師，事務職を公平にみて全部の意見を聞いてきました。昔と一番違うと思うのは，病院機能評価の導入後は病院全体の取り組みとして患者目線においた医療の標準化が目標となったでしょ。病院の職員の参加意識が向上し，いままでは医師が中心であったのが，病院職員の皆が意見を出せるようになり，反映されやすくなっている。
> （自治体病院元院長　H医師）

院長が定期的に臨床の現場を回り，医療従事者と直接コミュニケーションをとることで，専門職としてのモチベーションが向上し，また病院に対する帰属意識が高まっていくと考えられる。

③職員の満足度とモチベーションを高める

病院のなかで一番重要なのは人材であるということが強調されるなか，職員満足度をいかに高めるかについて，E医師は次のように述べている。

> 満足には3つある。体の満足，頭の満足，心の満足。頭の満足とはたとえば試験に通るとか，体の満足とはおなかすいてご飯いっぱい食べるとか，心の満足とは人に何かをしてあげたとき。たとえば，献血した，お年寄りに席を譲った，目の不自由な人に手を携えるとか気持ちいいやろう。人にしてあげるということは気持ちいいやろ。それが心の満足で，自分が人の役に立っているということが一番満たされることなんや。医療は毎日がそうやろう。職員にずっと言うねん。「幸せにも3つある。してもらう幸せ，できる幸せ，その上にいくと人にしてあげる幸せ」だと。それがずっとつながっている。医療というのは日々の仕事のなかで人の役に立っているというのがあんねん。ずっとそのことを職員に言っていくことが大事，ことあるごとに，医療はイイデ，イイデ，イイデとずっと言うねん。「あんたらいいことしてる」と言い続けている。
> （E医師）

また，医療法人院長のI医師は，スピーディーに対応することが職員の満足度につながるとしている。

給与面の改善はもちろんである。そのほかに，細かいことでもすぐに対応することが重要です。たとえば，当直室の布団が汚い，朝，ご飯を食べるところが不便である，など問題が上がれば，1つひとつレスポンスし，すぐに手を打っているということを出せないとダメ。すぐに対応することで，職員は気持ち良く働いてくれます。
　　　　　　　　　　　　　　　　　　　　　　　　　　　（医療法人院長　I医師）

　一方，市民病院の病院事業管理者兼院長 B 氏は医師の給与を見直したことで，医師の満足度とモチベーションが高まり，病院経営が急激に改善したとしている。某市民病院では 2007 年度には経常収支は 11 億 8 千万円のマイナスであり，26 億円の不良債務を抱えていた。経営状態が悪いために病院職員の給料が一律 10％カットとなり，医師が多数辞職し，さらに病院経営を悪化するという負の循環に陥っていた。

　まず，初めにしたことは医者の給料を上げた。それまではものすごく低く，全国で同等規模の自治体病院 80 病院のなかで下から数番目くらいの低さやった。市の経営健全化のときに，医師の給料も 1 割カットしたんや。だから忙しいのに待遇が悪いということでどんどん辞めていった。そこで医師診療手当てをつくりました。財源は，超過勤務手当てはやめるかわりに，毎月の診療報酬の 5％を医師の皆で分けようということにした。診療報酬が月 4 億としたら 5％は 2 千万円で，そのなかから救急呼び出しや土日手当てなどを全部引いてその残りを医師は 35 人くらいいたので，皆で分けようということになった。配分は全体の 30％を医師の頭数で分けて，残りの 70％を稼働額に応じて診療科ごとに振り分けて，各科ごとに人数で割って支給しようということになった。この方法だと，皆頑張っただけ給料増えるわけ。この導入のときに，医師 1 人ひとりと個別に話をして，皆に納得してもらった。その結果，入院患者数も増えて病院収支も 3 年目で黒字になった。10 年目くらいの内科の先生が，週 1 回当直して，年収 1,800 から 1,900 万円もらっているよ。信じられへんやろ。こうなると，医師が集まってきて数が増加していった。
　　　　　　　　　　　　　　　　　　　　　　　　　　　　　　　　（B 医師）

第 9 章
病院長のマネジメント：医療の質と経営効率の両立

　医師の職場満足度を上げるための，医師診療手当の創設を行い，働きに応じて給料を上げる給与体系にしたことが，短期間での病院経営の改善につながった例である。制度の規定などがあり，公的病院では給与体制の変更は困難なところではあるが，病院事業管理者となったことで可能となった例である。公立病院の給与について医療法人院長のD医師は以下のように述べている。

　　マネージャーシップというのは，たとえば仕組みだとか，仕かけだとか，規則だとかをつくって物事を動かすということだと思うのです。そこの1つに，多分人事制度だとか，給与制度があると思うのです。本質ではないのですが，それがあった方が，人がやる気になって動くという面があって，それがなかなか公立病院ではできない。公務員法で決まっていて給料はこういう順番でしかできないんですとか，人事の制度も変えたいのだけれども結局公務員法に縛られて変えられないと，だから無理なんですという話になるんです。そのなかでも多少の工夫はできないでしょうかというと，そういえばという話になるんですね。根本的な解決は無理としても，たとえば，いろいろなお金をうまく運用する。何パーセントかはうまく運用することによって，たとえばボーナスのときに差をつけるとか，それも大きな差ではないですよ。この人は1万5千円だけど，あの人は5千円だとかというようなことにする。人間はやったことを認めてもらいたいという欲求はすごく強いと僕は思うのですね。それは，1つは職位という地位ですよね，もう1つはなにかの形で示してもらうことだと思うのです。それはやっぱり僕は重要なことだと思っていまして，なんとか工夫できませんかと言ったら，それこそ1万円から何千円くらいの範囲でしょうが工夫されていて，公立病院でも大変よくやっておられる先生を見ると，そこであきらめてしまうのではなくて，マネジメントできるさまざまな工夫をされてやっておられるということがあります。
　　　　　　　　　　　　　　　　　　　　　　　　　　　　　　（D医師）

　以上をまとめると，職員満足度およびモチベーションを高めることが病院の中心であると言える。そのためには，正しく評価し，功績を認め，その対価として報酬を出すことが重要となる。ただし，職員満足度およびモチベーション

の面から，診療科ごとの原価計算の導入については否定的な意見が多かった。D医師のコメントを見てみよう。

> 僕のところは診療科別の原価計算はやらないんですよ。そういうつまらんことはやらない。それもちゃんと相対で合わせてうまい結果を出すのが経営者の役割と僕は言い切っているもんだから，そういう科別のことはやらない。それで病院がある程度の成績を出せばそれは皆さんに返っていくわけですから，あそこの科は頑張ってないとかもう少し何とかなるだろうというのは診療部のなかだけでやってもらって，自分らが何とかやらないといけないぞということで自立努力，自律作用を働かせることであってそれがプロフェッショナリズムと私は思っているんです。だから経営幹部はそこまで立ち入らないようにしている。　　　　　　　　（D医師）

このように診療科ごとや医師ごとの財務分析を行わず，各人に任せる方針としている。一方，この組織では，医療法人全体としては管理会計手法を取り入れているが，臨床現場ではプロフェッショナリズムの尊重を優先している。

> でも病院全体では評価しますよ。たとえば病院の回転効率を上げるために1日新入院患者さんの数の目安だとか平均在院日数の目安だとかいっているのですけど各科に振り分けているのではないのです。病院全体では考えていますが，各科別に収入はいくらにするのかは割り当ててないんですね。たとえば心筋梗塞の人が入ってきてそしたら糖尿病がありました，腎臓が悪かったなどがあると必ず紹介するわけですよ。場合によっては，心筋梗塞は治って腎臓だけ悪いのが残って腎臓内科に入院することもあるわけですよね。それが病院医療の一番いいところですよね。いろいろな人が協力してやっていくんだと。だから一切診療科ごとの評価とかはやっていない。短期的に大赤字だから何とかしないといけないということで原価計算みたいなことがその策の1つではあるとは思うんですが，ただ永続するかどうかは疑問です。というのは，そのやり方では，大切なところを無視してしまっていると思うんです。そして医師も看護師もプロとしての自分たちのやる気というかモチベーションがどっかに行ってしまうんですよ。それはやっぱり患者さんのために俺たち

は良いことをしたい，良いことをして患者さんにちゃんとしたことをしたい，早く治したいというのが，僕は医療人の一番の神髄だと思うんですよ。それを何とか大切にして持ってもらうようにするためには，仕組みがどうあるべきかというのを考えていかないといけないと思うんです。　　　　　　　　　　　　　　　　（D医師）

このように，職員満足度とモチベーションを維持させ，病院全体として患者の治療にあたる体制づくりこそが重要であり，診療科別の原価計算などの管理会計手法は阻害因子になるという考えもあった。この点については医療法人院長　E医師も同様の意見を述べている。

よその病院で，医者の給与を年棒制にしたところ，それまでチーム医療を各科横断的に仲良くやっていたのが，一気になくなったということがあるんや。ある公的病院では医療行為の際に伝票にどれだけ名前書いているかで評価して，固定給とプラスアルファの分をそれで決めることにしたところ，処置するのも2人より1人の方が点数が高いから，1人でするようになったんやって。患者本位とは言われへんなぁ。報奨制度はほんまに難しいんやで。ほとんど病院では各科の毎月の売り上げを出しているが，うちは出さない。たとえば耳鼻科なんかは売り上げが小さいけど，いい医者がいる。でも売り上げが小さい。一方，透析なんかはしょうもない医者でも，スタッフが多いし売り上げが大きい。そしたら具合は悪いで。　　（E医師）

職員満足度とモチベーションを維持しながら，病院経営における管理会計的な経営手法の導入を成功させるには，現段階では診療科別や各医師別の導入には否定的である。医療従事者のモチベーションを維持するのは必ずしも金銭的なインセンティブではないという意見もあった。

医師や看護師はただの生活のために必要な金銭を得るための職業ではない。夜間手当や緊急対応への加算などをつけていけば，適応のない手術をやるかもしれないし，給料をより多くするためにいらない無用な手術をするかもしれません。夜間の手術手当をつけると明日やってもいい手術を今日にやってしまうかもしれない。決

して給料を上げるためだけを職員満足度にしてはいけない。本来，医師あるいは医療者が自分の矜持として持っていなきゃいけない心意気をやっぱり持ってほしいと思うんですね。　　　　　　　　　　　　　　　　　　　（公益財団法人院長　J医師）

(5) 成長

　病院のトップマネジメントは，集めた人材をいかに成長させるかを考えなければならない。具体的には，1人ひとりに自信と責任感を持たせる，成功を認め讃える，個人の行動を組織のゴール・価値観に向かわせる，といった点が挙げられた。医療法人理事長兼院長は人の成長と医療の質とのつながりを以下のように述べている。

　　トップは大変ですけど，やっていて楽しいですし，やっていると人が育ってくるっていうのが楽しいですよね。「あー成長したなぁ」とか，「去年までと言っていることが全然違って，今年はこんなこと言ってるなぁ」とか思うとそれが一番の経営者の楽しみですよ。僕の感触ではね，それが高まっていくと，病院も結果的にいい方向に行くんだろうと思っていて，人が育っていくというのが医療の質だと思うんですよ。　　　　　　　　　　　　　　　　　　　　　　　　　　　　（D医師）

　職員の成長が医療の質であるということは，医療の質は時間をかけて向上していくものであると言えるだろう。企業立病院院長K医師は人を育てる重要性と時間について以下のように述べている。

　　医療の質を高めるために人を育てるのは，長期戦だと思う。チーム医療もそれに入ると思う。そういうのがちゃんとできるようにしておくには時間がかかる。それが患者さんの信頼だとか世の中の信頼につながっていくことだと思う。
　　　　　　　　　　　　　　　　　　　　　　　　（企業立病院院長　K医師）

　さらに，人材の成長に関しては以下のような意見も見られた。

第9章
病院長のマネジメント：医療の質と経営効率の両立

　親に大事に育てられた子どもはな，エエ子に育つ，優しい子になるやろう。職員もそうや。その職場で大事にされていたら患者に親切や。ほんま，そない思うで。

（E医師）

　学べる病院を目指してというキャッチフレーズを掲げて，スキルアップできる病院を目指しています。離職率があんまり高いのも困るし，新人さんが辞めるのは最低です。

（F医師）

　また，若い職員の成長が医療の質の向上に果たす役割について，公益財団法人院長J医師は次のように述べている。

　若い層が多いというのはうれしい。僕は若い人を後ろ機関車と呼んでいる。リーダーは前の機関車で，引っ張るのだけだと，坂道に来た，前の機関車だけではスピードが落ちる。そのときに後ろ機関車がたきつける。平地を走っているときでも，後ろ機関車がたきつけることが必要。後ろ機関車がいないとそこは定常状態になってしまう。だから若い人が来たいという診療科はどんどん高回転している。「お前ら後ろ機関車や」とレジデント（研修医）に言ったのは，病院内をローテーションするのでレジデントは各科をみんな経験するでしょ。レジデントの評価というのは正直で，ICU（集中治療室）がないとか，麻酔科が弱いとか，ここでは入門レベルは良いけどスペシャリティーを極めていくときには弱いという評価をしていく。

（J医師）

　このように，医療の質を高めるためには職員の成長は重要なのである。

①1人ひとりに自信と責任感を持たせる

　経営状態が悪化した病院では，士気が低迷するとともに，職員が自信をなくしていくことが多い。そこで，自治体病院院長のB医師は月1回の院内勉強会を開催し，診療科の近況や各部署の活動報告，専門職の紹介を始めた。持ち場を越え，いま何をしているのかを知り合うことで，改革の一歩となっていると

いう。

　とりあえず病院の職員がみんな自信をなくしていて，経営が赤字やとか，また脳外科が撤退したとか，そんなことばっかり新聞に書かれて，前の院長のときにかなり新聞社と険悪になった。そうすると新聞記者も悪いことしか書かんのよな。隣の市民病院のニュースはいいことが出て，ここの市民病院は悪いことが出るみたいになって，みんな自信をなくしていたから，まず自信を回復するために考えたのが院内勉強会だったわけよ。毎月1回，第4木曜日に1時間，院内勉強会をして，いろいろな人に発表してもらう。それをずっとやってるんやけど，だんだんそのおかげで，今度の全国規模の緩和ケア学会の発表なんか看護師や調理師さんが6題もしてくれるんやで。
　　　　　　　　　　　　　　　　　　　　　　　　　　　　　　　　　（B 医師）

　月1回の院内勉強会における発表をとおして，病院職員が自信を回復し，成長を遂げていくのである。実際に病院内ではさまざまな講習会が開かれている。医療安全講習会，接遇の講習会，院内感染の勉強会などその代表的なものである。インタビューを行ったすべての病院にて同様の院内講習や発表会が実施されており，安全，安心な医療を実施するうえで職員1人ひとりに責任感を醸成していた。

　人材のセクションで詳述したように，職員を正しく評価し「認める」ことがプロフェッショナリズムの尊重に欠かせない。さらに，人材の成長を院内で認め，皆で讃える仕組みをつくっている医療法人もあった。

　うちは新スマイル賞と，院内勉強会（寺子屋）とか，ほかの研究会に参加したら評価するダビンチ賞を，マリー・キュリー賞，ニュートン賞，これは半期に一度やっていて，表彰するようにしている。インセンティブは，お金ではやってないで。
　　　　　　　　　　　　　　　　　　　　　　　　　　　　　　　　　（E 医師）

②個人行動と組織のゴール・価値観
　職員の満足度とモチベーションを尊重し，その成長を促進させることが重要

第9章
病院長のマネジメント：医療の質と経営効率の両立

であるが，さらにトップマネジメントは病院に対する帰属意識を醸成し，多様な個人の行動を同じゴールに向けさせなければならない。元公的病院院長のM医師は，退任直前のインタビューで「病院のために働く人は少なかった」と述べているように，開院時には皆が同方向を向いていたものの，長期的に維持することは困難である。一方で，医療法人院長のD医師は個人行動を組織のゴール・価値観に向かわせることについて以下のように述べている。

　人という資源は最も大切な資産であると思うのです。それをどうしたら，やりたい方向にみんなが向いて最大の力を発揮してくれるかということが，経営の1つの側面であると僕は思うんです。そのときに必要なのは当然，トップが何をすべきかということなのです。さまざまな意見があると思うのですが，僕は2つに分けられると思っていて，1つはリーダーシップで，1つはマネージャーシップだと思うのですよ。
（D医師）

このように，病院の職員を同じ方向に向かわせるためには，人材を大切にすることが重要ではあるが，さらに院長のリーダーシップが求められる。D医師は次のように語っている。

　リーダーシップというのは「ある状況にしよう」という，自分だけではなくて周りの職員も含めて，あるいは患者さんも含めてあるいはご家族も含めて「もっといいものをやろうよ」という強い意志と強い情熱を持っていないと何も変えられないと思うんですね。もちろん資質だとかさまざまなものがありますけれど，僕は「やっぱりこの人だったらついて行ってもいい」って思ってもらうということがすごく重要であって，それは従業員に対する思いやりや優しさであったり，ハッとするようなビジョンを立てられることであったり，いろいろあるんです。そして院長としては，確実に成果を上げていかないと，信用してもらえないので，そこはとっても重要なことではないかと思います。そのためには，つまらないことでも，いまよりもほんの少し変わったことでも，確実に成功することを目指してやり，みんなで成功体験として「こんなに病院は変わってすごいことになったよね」ということを積み

重ね，何回か成功を積み重ねていくと「あの人は戦い方を知っている」，「戦っても負けない」という神話が生まれるわけですよ。これはとっても重要なことです。自分のリーダーシップをいかに発揮しやすくするかということの，仕組みとかしかけとかいうのは重要で，結局そういう努力はしてきたと思うんですよ。　　　（D医師）

院長に求められるリーダーシップについては信頼されるとともに，実績を出すことが求められる。特定機能病院では診療科ごとの独自性が強いために院長のリーダーシップは特に重要であると考えられるが，元副院長のJ医師は以下のように述べている。

独法化（独立行政法人）に向けて人員の再配分を行うことになったときに当時の院長はまず自分の科の人員を減らして，ほかの部署に振り分けられました。リーダー自らが自分のところを守るということのない無私の人だったんです。リーダーが哲学的なこととか経営学的な手法をいくら整えたって多分うまくいかなくて，身ぎれいさというか「あの人は言うこととやることが同じや」という人でないとついてこないよ。とくに大学教員のように作文の上手な人はついてこないよ。僕もそうで，大風呂敷は広げられない。　　　　　　　　　　　　　　　　　（J医師）

それぞれ専門性の高い職員をまとめるためには静かなるリーダーシップが必要であるという意見も見られた。I医師のコメントを見てみよう。

とにかくみんなをうまく働かせ，ヒーロー的なことをしないリーダーシップが求められていて，これもありかなと思う。昔はカリスマ性があってガッといけたんだが，いまはいろんなことが多すぎてカリスマでは行かないことが多い。院長に求められるリーダーシップ像とは？　自分が全部コントロールできるところ。たとえば外科なんかだったらあれせい，これせいと言って怖くできるんだが，たとえば循環器内科だったら，わからないからものすごく気をつかうんやね。その辺がジレンマで。
　　　　　　　　　　　　　　　　　　　　　　　　　　　　　　（I医師）

(6) 医療の質

次に，医療の質について尋ねたところ，インタビューを行った13名の院長はいずれもが，治療成績の向上と患者満足度について言及していた。医療の質を向上させるために，トップマネジメントの役割として，次のような意見が挙げられた。

> いろいろな医療の環境が変わってきているという形はあるけれども，医療の質というのは最高の医療を提供して短期間の入院で，合併症もなく効率的に元の生活に戻してあげることで，患者さんにやさしい良質な医療を提供することじゃないかな。
> （公的病院院長　L医師）

> 医療の質を向上させるには職員が気持ち良く働けることや。ええ医療機械入れてな，気持ち良く働ける職場をつくることや。それをいつも僕は思てるで。医者も看護師も，どう考えても人が大事。職員に「ゆとり，誇り，勇気」を持たす，それが院長の役割や。医療の質やで，まずは。医療の質は患者満足。（E医師）

> マネジメントという言葉を聞くときに，どうも経営効率を良くすることがマネジメントと思われているけれども，そうではない。一番最初に，プランはわからないけれど，目指すことは医療の質を上げること。それさえすれば，おのずと患者さんが集まるのは間違いないし，患者さんからの評価はさらに上がる。医療の質が何かと言われれば，できる限りの親切で笑顔で患者さんに接しなさい，それでできる限りの医療を提供しましょう，ということ。（J医師）

> 医療の質は，結局は患者さんやご家族にどう思ってもらえるかであって，「俺たちは正しい医療をやっているんだ」と言っても，全く通用しないわけなのですよ。
> （D医師）

このように，医療の質とは患者の安心や満足度が中心であり，納得できる治

療を行うことである。医療の質を高める要素は，チーム医療の促進，重要指標の測定・改善，サービス志向・患者満足度に分けることができる。

①チーム医療の促進

　病院は専門職の集まりであり，チーム医療が重要であると指摘する院長は多い。従来は，病院内での医師の権限が大きかったことから，医師が独自の経験や好みなどで診療が行われることが多かった。しかし，病院のIT化や診療内容の標準化が進むにつれ，個々の医療内容が明らかとなってきている。また，医療内容がますます専門化，複雑化し，さらに安心・安全な医療が求められており，チームの重要性が強調されているのである。コメントをいくつか紹介したい。

　　医療はすごいなぁと思うのは，皆その道のプロなんですよ。プロなんで，変なところに行くと大変な縦割りになってしまうんですね。でもプロだからこそチームがちゃんと組めるんだと思うんです。プロとは決して相手を排除することではなくて，相手のいいところをとり入れて自分も成長していくというのがプロだと思っています。もともとプロである人を抱えているというのはとってもすごいことだと思うんですね。その人たちが，本当にプロってなんなのと目覚めたときにはチームだとか組織だとかがもっともっと活性化していくんだと思うんですよね。　　　　(D医師)

　　チームといってもいろんな医者がいる。だからチーム医療がうまくできるように，薬剤師，リハビリテーション（理学療法士）を中心としたチーム編成を新たにつくり直して，医師頂点の組織構造を変えることをトップダウンでやりました。

　　　　　　　　　　　　　　　　　　　　　　　　　　　　　　(F医師)

　さらに，チーム医療を行い医療の質を向上させるには，同僚評価を正しく行い，それを言い合える必要性があると公益財団法人院長J医師は述べている。

　　内科は各専門科にわかれているけど，レジデント終了後に毎年医師がはいる科と

全く入らない科がある。レジデントには「for myself で考えているけど，for hospital, for patients で考えたらどうなん？」と言っている。全く入らない科は，レジデントから見て魅力がなく実力が弱いということやろ。「隣のあの患者さんかわいそうやなぁ」と思いながら，みんな身内だから口に出してないけど，この病院に入院した患者さんでしょ？　医療の質はそこから始まる。自分の科はちゃんと見ているけど，「あそこの科はひどいよね」と見ているが同僚評価を暗黙のうちにお互い言わない方がいいという雰囲気になっている。でもこれはおかしいでしょ。for myself だといいけど，for patients, for hospital の観点からするとおかしいでしょ。

(J 医師)

この点に関しても医療法人院長のD医師はチーム医療では自浄作用のようなものが必要であると述べている。

　プロの集団がお互いに協力し合って，しかも患者さんの状況や現場の状況に応じてみんなが集まって，最高のパフォーマンスを発揮するのが僕は現場だと思っているんですよ。1つのチーム発想ですよね。そのためには，お互いプロでなくてはならないわけでして，プロだからこそお互いの必要なこともわかるし相手の必要なこともわかるし，相手にやってほしいこともわかるわけです。それが僕はチームだと思っていて，だから1人ひとりがいつでもプロとしてのものをしっかりと持っていないとチームになれない。

(D 医師)

チーム医療を促進するために，医師，看護師，検査技師などの専門職集団の結束は重要であることは上述したとおりであるが，さらにチーム医療における事務職員の貢献についても言及されていた。

　今までどうしても疎外されていたのが事務系の人達なんですね。事務系のプロとは何なんだというのがあって，やっぱり事務系としてプロ集団というのをつくっていってほしいというのがあって，そういう組織の形にしているんです。チームとして本当に機能していくために，病院として機能していくために事務系もないとだめ

だと思うんですね。　　　　　　　　　　　　　　　　　　　　（D医師）

　事務方がどこまで経営の視点を院長に示すか。もともとわれわれは教育されてないやんか。医師に経営の視点を持たせるかというのが事務方の能力。また外科医は自分で手術して症例を増やしたいというのがあるやんか。こんな機器がほしいというのがあると，事務方はそれをサポートしないとあかんねんけれど，購入したのちに実際にどのくらい症例が増えたのか，購入時に立てた目標を達成できたのかどうか，などフィードバックなんかがあるはな。　　　　　　　　　　　　　（I医師）

　事務職員を含めたプロフェッショナルから構成されるチーム医療が，医療の質を高める鍵となるのである。

②サービス志向・患者満足度
　医療の質とは，「治療成績を上げることにより顧客である患者の満足度を上げることである」という考えが多く挙げられた。コメントを見てみよう。

　医療の質とは，治療成績を上げること，すなわち患者満足度を上げること。満足度のなかにはコミュニケーションやサービスなどがあるけれど一番大きなのは治療成績である。　　　　　　　　　　　　　　　　　　　　　　　　　　　　（E医師）

　経営的なものは違ってダメになるかもしれないけど，求めていることの間違いはないという信念があって，間違いなく医療の質は上がり，患者さんは来る。遠いところからも来るようになってもらわないと困る。　　　　　　　　　　　（J医師）

　一番大事なのは患者とのより良い信頼関係を築くこと。当たり前のことを当たり前のようにして，当たり前に結果を出していくことが大切なこと。
　　　　　　　　　　　　　　　　　　　　　　（医療法人副院長　M医師）

　病院は患者さんが来てくれれば何とかなるものだと思います。患者さんが選択し

第9章
病院長のマネジメント：医療の質と経営効率の両立

てくださることだと思うんですね。おそらくそれは短期決戦ではなく，長期的なことで，自分たちのある意味ではブランドといいますか，信頼をつくり上げていくことが必要です。
(D医師)

このように患者満足度を高めるためには，医療のレベルを上げて治療成績を上げることが重要であるが，患者との良好な信頼関係を築くことが欠かせないと言える。そのためには，長期的な視点に立って職員に研修を行い，職員を育てていかなければならない。この点について，D医師は次のように述べている。

　患者との良い関係づくり，信頼できる関係づくりをしておくことも大切ではないか。人間と人間との信頼づくりの一番の最初はたぶん正直であるということと謙虚であるということだと思うんです。そうでありながら，正直すぎると相手を傷つけたり，あんまり謙虚になりすぎると，本当のこと，真実のことが伝わらなかったりするので，相手にどうやって伝えていくか，要するに内容は同じなんですがどう伝えていくかが非常に大事だと思っています。そういったことも訓練をし，皆でやっていこうと思いますが，そちらの方はちょっと長期戦で，短期にそういうものって結果が出ないもんです。毎年そういう医師の研修をしたりですとか，看護師の研修をしたり，事務系の人の研修をしたりして，人を育てていくということをやっています。
(D医師)

人間と人間との信頼づくりという言葉は，単に医療の質の向上を含む病院組織のマネジメントの一部だけではなく，一般社会の人と人とのつながりを示している言葉である。医療法人院長D医師のインタビューをとおして得られるものは，病院組織に理念やミッションを掲げ，職員をプロフェッショナルな集団として認め讃え，同じ方向に向かせるような組織風土をつくり上げ，さらにさまざまな教育や訓練などをとおして，知らず知らずのうちに医療法人内に適切な組織文化が醸成されるという点である。医療の質の探求という目標へ向けて，組織変革や人事制度改革などさまざまな手段を講じることにより，トップマネジメントは組織文化を育んでいると考えられる。

(7) 経営効率

インタビューにおいては，医療の質と経営効率の両立について意見が微妙に分かれた。大別すると「医療の質を求めた結果で経営効率が改善する」という意見と，「経営が安定しないといい医療は求められない」という意見に区分できる。病院経営が赤字状態であると新しい機器などの購入はできないために，医師集めにも苦労し，ますます経営状態が悪化するといった悪循環となる。そのために，最低限の黒字が必要であるということは共通認識であった。まず，医療の質が経営効率につながるとする考え方について見てみたい。

> 医療の質を求めて，経営については後からついてくるはずであって，両方の向上を目指しているわけではないけど最低限の黒字は必要です。　　　　　（E 医師）

> 医療の質が上がれば患者満足度が上がり経営が良くなって職員満足度も上がるというサイクルがあります。　　　　　（F 医師）

一方，経営の改善が医療の質を高めるためには欠かせないという意見もあった。コメントを紹介したい。

> 良い医師を集めるためには経営改善が必要であり，先を見据えるビジョンを持つ必要性を重視しています。良い医師を集める。黒字にならなければ機器も購入できない。経営努力をすればいい人が集まります。　　　　　（K 医師）

> 単純に言うと，経営がしっかりしてないと，物も買えない機械も買えない。経営があって資本があるから新しい CT が入れられるし，手術用のロボットなども購入できるようになります。　　　　　（J 医師）

> 経営効率という言葉が悪いと思う。効率というとネガティブな印象があるな。経営がないと質は上がれへんし，完全に右上がりになる。経営効率という言葉が悪

い。健全な経営と言うべきだし，健全な経営があって，初めて物が動く，質が追求できるということです。　　　　　　　　　　　　　　　　　　　　　　（I 医師）

このように，健全な病院経営が，医療の質の向上につながっているという考え方がある一方，経営には各医療機関の努力だけでは解決できない側面もあるとの指摘がなされた。

　過疎化地域の自治体病院に，何ぼえらい人連れてこようが，経営は改善しない。それはそういう仕組みになっているからで，そこでいくら優秀な院長を持ってこようが，そこの市の予算やスタッフの構造にも問題がある。　　　　　　（I 医師）

さらに，経営状態が悪く赤字が続くと，職員の士気が低下し自信を失うために医療の質にも影響が出ることが多い。医療法人院長 D 医師は以下のように述べている。

　そうなると財政的な危機もそうですが，だんだんだんだん病院のなかの職員がやる気を失って，トップのやる気も大丈夫かという雰囲気になってきて，これはもう伝染病のようにワーッと広まっていくのです。職員はやる気はないわ，疲れた大変だと自虐的になり，そうすると患者さんもそういう暗い病院には来なくなる。患者さんは減ってくるわ，そしてもうあの病院はつぶれたんだと言われました。財政的には大変，職員の士気もどうしようもない，病院が潰れるというところまできました。　　　　　　　　　　　　　　　　　　　　　　　　　　　　　　　　　（D 医師）

また，財務的な改善は急を要するが，職員の士気を上げ，医療の質を向上させ，患者満足度が上がり，結果的に患者に選ばれる医療機関にするには時間がかかるという意見も多く見られた。

　経営の改善には1つひとつのことは小さなことでも積み重ねていくことが重要。一歩目は絶対失敗したらダメなんで，小さなステップでいいと思う。　（B 医師）

医療の質というものと経営の質というものは必ずつながっていくものだと思っています。収益性というのは短期勝負で，1年で何とか成果を出さないといけないことが多いですね。医療の質というのは長期戦で，だからついついおろそかにしちゃうことがあるのです。医療の質と経営効率の両方がバランス良く進んでいくのが，その病院の質ではないかなあと僕は思っていて，そういう病院がどんどん生き残っていけるようになったら，日本は本当にいい医療ができるようになるんではないかと思います。
（D医師）

　上記の医療法人D院長は，トップマネジメントは短期的な視点と長期的な視点を持つことが重要であると指摘している。すなわち経営の改善は短期的な成果の繰り返しであるが，医療の質は長期的な視点に立って改善しなければならないという考え方である。

　短期に成果が出ないと，「あいつかっこいいことばっかり言っているけど，成果はちっとも上がらないじゃないか」と言われるとこれはもう全く信頼感が失われますので，短期的には成果が出ることをしっかりとしていかなければならないと思うんです。両方の組み合わせで，こちらが効率化だとか，生産性の向上だとか多分そういうことになると思うんですが，これは短期的成果を積み重ねていくことによって，経営の継続性・永続性を保つお金がある程度できますので，それは必ずやっていかなければならないと思います。仕組みの変更にしても，何かやったらよかったと思ってもらわないと続いていかないので，これは短期戦なのですね。長期戦では，医療の質を高めるために人を育て，患者さんの信頼だとか世のなかの信頼につながっていくことだと思うんですね。医療の質と経営効率は両立できるものだと思います。ただスパンの違いというものがあります。いい医療をやっているんだけれども，赤字がどんどん出てくるようではいけないんで，赤字が出ないように短期戦でどんどん改善をやっていく。
（D医師）

　さらにD医師は，経営効率の短期戦での取り組みの具体例として，手術室の

第9章 病院長のマネジメント：医療の質と経営効率の両立

効率的な運用を挙げている。

　　たとえば，僕のところで取り組んだのは　手術室の効率化で，以前は調べてみると手術室は午前はガラガラで，午後は全室埋まっているような状態で忙しくなる。どう考えてもこれは経営効率から見るとおかしいと。でも患者さんは午後から手術してもらわなくても午前中からでもいいわけですよね。安全な手術ができるならば。午前中何とかならないかと，そうすれば効率は上がりますよね。外科医が6人いたとして，みんな午前中は外来をやっているわけですよね。そしたら3人は午前に外来，3人は午前に手術，午後は3人が外来，3人が手術とすれば，外来も午前だけで午後はガラガラだったわけですので効率が上がりますよね。外来は高いお金をかけてつくっているし土地代もかかっているわけだし，外来は2時も過ぎるとガラガラになってしまうわけです。病院は5時半までやっているわけでして。そしたら，みんなが少しずつ譲り合って工夫するなかで，効率性というのは高められるよね。こういうのは，短期戦で成果が出るんですよ。そうすると手術待ちが3ヵ月だったのが，1ヵ月になる。患者さんにとってもよかったじゃないかということになる。そういうのはいくらでもつくれると僕は思っていて，効率が上がると収益が上がりますよね，当然。同じ人数でただ仕組みとやり方を変えただけでできるわけですよ。

(D医師)

短期的な経営改善に関し，3年間で経営立て直しに成功した自治体病院のB院長は以下のように述べている。

　　病院事業管理者になり，医師への診療手当を開始させ，事務局長の変更など病院改革を行ったところ，経営が良くなって，赤字がどんどん減っていった。12億の赤字が翌年6億の赤字に減ったが，1年目は事務局長が頑張って経費の削減が4億，収益増が1.6億円だった。市議会では赤字額については「1年目はとても12億が8億にまでいけへんやろう」と，10億くらいと思われていたが，6億にまで減ったんや。そしたら2年目には，内科の先生が3人きたんや。2年目は，赤字はまた5億改善した。内訳は収益が4億増えて，経費削減は1億になった。まずSPD（院

内物流管理システム）を入れ在庫管理を行ったことや，薬品をジェネリック（後発医薬品）に変えるなどを行った。2年目には赤字が7千万くらいになって，そして3年目には6千万の黒字になった。一気に改善した。皆が頑張ったからやけどな。
(B医師)

　具体的には，医師の給与体系を見直したことと，経費の削減に本気で取り組んだこと，ジェネリック薬の採用など，短期的に経営収支の改善のために変更可能なことを行い，経営状態のV字型回復を果たしている。このように経営効率は短期的な視点で，できることから行い成果を上げていく必要があるという。
　一方，元県病院事業管理者のC医師は，現行の医療システムに合わせて，収益目的で病院を変えていくことに対しては疑問があると述べている。病院の収入は診療報酬に大部分が頼っており，DPC（包括医療費支払制度）導入となってからは病院の係数が収入に大きく影響し，制度が変わるたびに収益が変わっていくのが現状だからである。

　医療のシステムから変えないといけない。患者満足度を求めたら経営が成り立つようなシステムにしなければいけない。診療報酬をちょっといじるだけで，すぐ赤字に転落したり，黒字になったりするからな。「何を人に努力させるんや」という感じやった。また，経営改善を図っても，DPCの係数が少し変わっただけで，県レベルで50億円ぐらいすぐに減るのだから求めてもしょうがない。　　(C医師)

さらに本質的な意見として，日本の医療制度についても言及している。

　経営の改善というと，現状では「どないしたら診療報酬をたくさんとろうか」ということになってくるんやな。そのために結局，同じ医療圏内で無駄な取り合いをしている。経営の効率を考えるのならば，医療全体の効率を考えないといけない。医療システム，医療提供体制というのをきちっとしたうえでどうするのかというのがあるんやろうな。いま，バラバラにやっている間は，質と効率を議論してもあんまり意味がないのではないか。　　(C医師)

同一医療圏で，多数の病院があり，効率的な医療ができていないのが現状であるとの指摘である。さらにC医師は，以下のように述べている。

　医療の質をどのように定義するかということもあるけれども，経営とか医療費の問題はね，経済とも連動しているわな。経済が伸びているときは医療費が上がって，経済が落ち込んできたら医療費も減っていくようになっている。だから，医療の質と関係なく医療費は下がっていくところが問題である。

(C医師)

つまり，医療の質とは別に，診療報酬制度の改定によって医療費が下がっていくことが問題であるという考え方である。医療機関の経営効率を論じる場合には，医業収益の大部分が診療報酬制度によって決められており各医療機関は結局制度に合わせざるを得ない。診療報酬制度は2年に一度の変革がなされており，各医療機関は次回の診療報酬改定に戦々恐々としているのも，現実である。このような状況において，医療の質と経営効率を同じ時間軸でその関連を論ずることには限界があるという点も指摘された。

7. 考察

(1) 発見事実と理論的貢献

本研究は，「医療組織のトップマネジメントとして，医療の質と経営効率を両立させるために必要なことは何か？」という問いを立て，13名の院長および病院事業管理者に対するインタビューデータを分析した。その結果，病院のトップマネジメントは，医療の質と経営効率は両立しうると考えているが，医療の質の向上と経営効率の改善は時間軸が違うことが示唆された。すなわち多少の意見の違いはあるものの，医療の質の向上は長期的な視点で捉えられるものであるのに対し，経営効率の改善は短期的な視点で捉えることが可能である。具体的には，①病院経営に関しては，短期間に成果が出ることを確実に選択し実

行する必要があること，②医療の質の向上を果たすためには，人材の育成を中心に置き，医師，看護師，技師などの専門職集団だけではなく事務部門も加えた，チーム医療を促進させることが欠かせないと言える。

次に，こうした発見事実が，理論的にどのような意義を持つかについて述べたい。医療の質と経営効率は両立できるのかという問いに対しては，医療の質と経営効率は，それぞれを捉える時間軸が異なっていることが見出された。従来の研究においては，医療の質の効率が経営効率の改善をもたらし，さらに経営効率の向上がさらに医療の質の向上につながるといったように，従来は同一の時間軸で考えられてきた（Porter and Teisberg, 2004）。また，Donabedian（1988）は医療の質と効率はほぼ同義語としており，医師がより有効にかつより効率的な診療方法（医療戦略）を採用するならば，質改善は追加的なコスト（原価）なしで，あるいはコストを削減しても生じうると主張している。このように，医療の質とコストを考えるにあたり，時間的視点は考慮されてこなかったのである。

これに対し本研究では，施設の効率的運用やコスト削減によって短期的な効果は得られるものの，長期的には人材を育成し，チーム医療を促進することが患者満足となり医療の質の向上につながることが導き出された。つまり，人材を中心に置いて，患者志向，学習志向の組織風土をつくり出すことが，長期的に医療の質の改善を促進しているのである。病院組織において，医療の質と経営効率を両立するためには，短期・長期という異なる時間軸を考慮する必要があることを示したことが，本研究の理論的貢献である。

(2) 実践へのアドバイス

次に，発見事実に基づいて，病院マネジメントに関する実践的アドバイスを提示したい。

第1に，病院経営において医療の質を改善し，経営効率と両立させることは病院の存続のために必須である。病院のコアである人材をプロフェッショナルとして尊重し，その業績に応じ評価をし，認め，対価を払う必要がある。そのためには，人材マネジメントとして人事管理制度を見直すことと，報奨制度の

ための原資を確保する工夫が必要である。こうした施策によって医療従事者のモチベーションを上げることが重要である。また，医療の質の改善は長期的に取り組む必要があり，たとえば定期的に院内での講習や研究会の開催などをとおし医療従事者を育て，医療従事者間のコミュニケーションをはかり，チーム医療の体制づくりが必要である。さらに病院組織の組織風土づくりを始め，長期的には医療の質の向上は病院の組織文化の浸透に関連づけられると言える。

　第2に，病院経営において経営効率の追求は，短期的な方策を繰り返し積み上げていくことで達成できるものである。経費削減やジェネリック薬品の使用，あるいは手術室と外来の効率的な運用など，1つひとつは小さなことではあるが，その積み重ねが経営効率の改善をもたらすのである。また，管理会計などの経営手法の導入は，短期的にはカンフル剤的な効果は十分期待できる。しかし，長期的な運用では医療従事者のモチベーションの低下やチーム医療に及ぼす影響があり，情報の開示方法に工夫を要すると考えられる。

(3) 本研究の課題

　最後に，本研究の課題として3つ挙げることができる。第1に病院長のパフォーマンスを個別に測定していない点である。パフォーマンスの違いを検討項目にすることで，研究成果はより信頼の高いものになるのではあるが，在職年代が違うこと，医療環境が個々の病院で違うこと，医業収益率のような経営手法以外のパフォーマンスの測定が困難であること，さらにいずれの院長も筆者から見ると尊敬できる先輩であり能力に優劣をつけることがはばかられることなどがその要因である。第2に各組織の組織図，人事制度，報奨制度などの具体的な経営手法については比較検討されていないことが挙げられる。人材を中心と考えた場合，新たな人事制度の導入は重要な点である。第3に，調査対象は13名であるが，年齢，各病院の背景などが違うため，比較検討するための調査対象としては少ない点を挙げることができる。これらの問題点は，いずれも医療の質と経営効率を検討する際には重要な点であり，今後の研究において対処しなければならないと考えられる。

〈参考文献〉

Donabedian A. (1966) Evaluating the quality of medical care. *Milbank Mem Fund Q.* 44: 166-203.

Donabedian, A. (1980) *Explorations in Quality Assessment and Monitoring, Volume I : The Definition of Quality and Approaches to Its Assessment.* The Foundation of the American College of Healthcare Executives. (東尚弘訳『医療の質の定義と評価方法』健康医療評価研究機構, 2007年).

Donabedian, A., J.R. Wheeler and L. Wyszewianski (1982) Quality, Cost and health : An Integrative Model, *Medical Care*, 20: 975-992.

Donabedian A. (1988) Quality assessment and assurance : unity of purpose, diversity of means *Inquiry*, 25: 173-192.

松尾睦 (2009)『学習する病院組織：患者志向の構造化とリーダーシップ』同文舘出版

西田在賢 (2011)『ソーシャルビジネスとしての医療経営学』薬事日報社.

Norman,R. (1990) *Service Management : Strategy and Leadership in Service Business*, John Wiley & Sons.

Porter, M.E. and E.O. Teisberg (2004) *Redefining Health Care : Creating Value-based Competition on Results.* Harvard Business School Press. (山本雄士訳『医療戦略の本質：価値を向上させる競争』日経BP社, 2009年).

医療プロフェッショナルの
経験学習

松尾　睦

前章の院長インタビューで示されたように，医療組織における人材の成長は，長期的な視点に立って捉える必要がある。本書では，さまざまな医療プロフェッショナルの経験学習プロセスを検討してきたが，ここで，全体のリサーチクエスチョン（RQ）をもう一度確認しておきたい。

> **RQ**：各分野の医療プロフェッショナルは，キャリアの各段階で，どのような経験から，いかなる能力を獲得しているのか。

　章ごとに調査方法は異なるものの，キャリア時期を区分したうえで，「経験」と「能力（知識・スキル）」の対応関係を分析してきた。その結果，領域を超えて共通に見られた学習プロセスと，各領域に特有な学習プロセスを明らかにすることができた。以下では，本書における発見事実を簡単にまとめたうえで，その内容を考察する。

1. 共通した学習プロセス

(1) 能力獲得の順序性（技術→対人→概念）

　各職種に共通して見られた特性は，次の2点にまとめることができる。第1に，キャリアの初期から後期にかけて，各プロフェッショナルは，おおむね「技術的（テクニカル）能力→対人的能力→概念的（コンセプチュアル）能力」の順で能力を獲得する傾向が見られた（図表10-1）。

　たとえば，看護師は，「基礎的・専門的な看護技術→コミュニケーション・メンバーシップ，リーダーシップ→看護観・自己管理」という順で学んでおり，救急救命医も，「基本的技術→専門的技術→他者との関係管理→システム的視点・社会との関わり」という流れで能力を獲得していた。ただし，コミュニケーションなど対人能力に関する学習は，11年目以降も継続されていた。

　こうした学習プロセスは，Katz（1955）のモデルと対応するものである。彼は，テクニカルスキルは職位が低い段階において中心的な役割を果たし，上位職になるほどコンセプチュアルスキルの重要性が高まり，ヒューマンスキルは

職位に関係なく必要になると述べている。しかし，本書の分析において，多くの医療プロフェッショナルは，キャリア後期においても，高度なテクニカルスキル（業務を遂行するために必要な専門知識やスキル）を獲得し続けていた。この結果は，テクニカルスキルを「認知スキル」と「ビジネススキル」に分け，上位職においてはビジネススキル（事業を運営するうえで必要となる専門的なスキル）が必要となることを示した Mumford et al.（2007）の研究と一致する。

図表 10-1　キャリア段階と能力獲得の順序性

キャリア初期（1～10年目）	キャリア後期（11年目以降）
	概念的能力
	対人的能力
技術的能力（基礎）	技術的能力（専門）

(2) 10年を境とした学習深化

　第2の共通点は，11年目以降のキャリア後期に，経験学習が深化することである。ここでいう「学習深化」とは，経験と能力の関係性が強くなり，難易度の高い経験から学ぶ傾向を意味している。

　たとえば，キャリア後期において，看護師は「患者・家族からのネガティブな関係（苦情等）・患者の急変・死亡」，保健師は「困難事例・管理職の経験」，薬剤師は「変革経験・越境経験」，診療放射線技師は，「多様な患者，難しい患者の検査」，救急救命士は，「他組織における他職種との連携」，病院事務職員は，「挑戦的業務・越境経験」，救急救命医は「事業の立ち上げ」，公衆衛生医師は「社会問題への対応・管理職の経験・越境」から学ぶ傾向が見られた。

　これらの経験は，「発達的挑戦」（DeRue and Wellman, 2009；McCauley et al., 1994）と呼ばれる経験に相当する。熟達論においては，「各領域における熟達者になるには最低でも10年の経験が必要である」という10年ルールが

提唱されているが (Ericsson, 1996), 本研究の結果は, 10年ルールとは若干異なるメカニズムが存在することを示している。すなわち, 最初の10年間は, 熟達者になるための準備期間であり, 真のプロフェッショナルになるためには, 11年目以降において挑戦的経験を積む必要があると言える。もちろん1～10年目のキャリア初期においても, 発達的挑戦の経験から学ぶことはあるが, このタイプの経験からの学習が活性化するのがキャリア後期なのである。こうした発見事実は, 挑戦的な課題から学ぶためには, ある種の「レディネス(準備性)」(Avolio and Hannah, 2008) が必要となることを示唆している。つまり, 「10年で一人前」ではなく,「10年を超えたときからプロフェッショナルとしての真の学びが始まる」と言える。同様の傾向は, 営業担当者を対象とした研究によっても報告されていることから (松尾, 2006), 「10年を境とした学習深化」は, 幅広い分野においてみられるプロセスであるかもしれない。

2. 職種ごとに異なる学習プロセス

次に, 職種ごとに異なる学習プロセスについてまとめたい。こうした独自性は, 各職種の役割や置かれた状況によるものであると考えられる。具体的には, 各分野のプロフェッショナルは, ①キャリア初期において, 独自の「鍵となる経験」から学び, ②キャリア後期において独自の学習課題に直面し, ③3つのパターンからなる「他者からの学習」形態をとおして学んでいた。

(1) 鍵となる初期経験

キャリア初期 (1～10年目) における「鍵となる経験 (成長を促すうえで中核となる経験)」は, 職種ごとに異なっていた。図表10-2に示すように, 看護師は「患者・家族との関係 (難しい症状を持つ患者の担当, 患者からの感謝)」, 保健師は「地域支援 (地域におけるボランティア活動や健康事業の推進)」, 薬剤師は「同僚からのクレーム」, 診療放射線技師は, 「他職種 (主に医師) との関わり」, 救急救命士は「同職種との連携」, 病院事務職員は「部署異動」, 救急救命医は「上司の指導, 重症患者の担当」, 公衆衛生医師は「上司の指導, プロ

終章
医療プロフェッショナルの経験学習

図表10-2　キャリア段階と学習プロセス

キャリア初期（1〜10年目）	キャリア後期（11年目以降）
基盤となる能力の獲得 **鍵となる経験** 看護師＝患者・家族との関係 保健師＝地域支援 薬剤師＝同僚からのクレーム 診療放射線技師＝他職種(医師)との関わり 救急救命士＝同職種連携 病院事務職員＝部署異動 救急救命医師＝上司・重症患者の担当 公衆衛生医師＝上司・プロジェクト参加	**挑戦的経験による学習深化** 患者・家族からの苦情 困難事例・管理職経験 変革・越境 多様な患者、難しい患者の検査 境界（組織）を越えた連携 管理職経験・プロジェクト参加 事業の立ち上げ 社会問題への対応

ジェクトへの参加」であった。

　このように、キャリア初期において鍵となる経験が異なるのは、身につけるべき中核スキルや役割が職種ごとに異なるからだと考えられる。すなわち、看護師は「看護ケアのためのコミュニケーション力」、保健師は「地域の健康を増進するという保健師の役割認識」、薬剤師は「薬剤に関するテクニカルスキル」、診療放射線技師は「診断に必要な画像撮影力」、救急救命士は「救命活動の基本スキル」、病院事務職員は「病院の機能や業務の知識」、救急救命医は「蘇生のための判断力・仮説構築力」、公衆衛生医師は「プライマリケアや保健所の役割認識」を身につけるために、上記の経験が必要になると考えられる。

　同様の傾向は、IT技術者の研究においても見られた（松尾, 2006）。すなわち、同じIT技術者でも、プロジェクトマネジャーとコンサルタントでは、キャリア初期における経験が異なっていたが、これは両者の中核能力の違いによるものと解釈できる（松尾, 2006）。

（2）キャリア後期の学習課題

　図表10-3に示すように、キャリア後期において、各医療プロフェッショナルは異なる学習課題を抱えていた。
　看護師は、キャリア後期になると患者・家族とのネガティブな関わり（苦情

等）からコミュニケーション力を学ぶ傾向にあった。苦情等から前向きに学ぶことができるかどうかが試されていると言える。また，管理職等の指導的役割に就くことで，看護観や専門的看護技術に関する学びが減少する傾向が見られたことから，マネジメント力と看護ケアの向上をいかに両立するかが課題になると考えられる。

保健師は，看護師と異なり，職場に同職種が少ない状況に置かれている。したがって，他職場の保健師とネットワークを構築し，研修会や勉強会において互いの経験を共有したり，直面している課題について検討することが能力向上に欠かせない。また，管理職に昇進することで幅広い学びを得ていたが，責任の増大にともない，家庭との両立問題にも直面すると予想される。そのためにも，組織を越えて学び合い支え合う体制づくりが必要となるだろう。

薬剤師の中核スキルは，薬剤に関するテクニカルスキルである。このスキルを有する薬剤師は，変革や越境を経験しやすいのに対し，専門スキルが不足している薬剤師は，そうした挑戦的経験を積むことが難しくなる。したがって薬剤師は，キャリア初期で培った専門知識・スキルに満足することなく，キャリア後期に入った後も，変革や越境の経験をとおして専門スキルを磨き続ける努力が必要となる。

診療放射線技師は，日々進化し続ける検査機器の構造や操作方法を理解する

図表10-3　各職種の学習課題

職種	キャリア後期の学習課題
看護師	看護ケアを深化させ，マネジメントとケアを両立する
保健師	ネットワークを構築し，管理職として学ぶ
薬剤師	テクニカルスキルをベースに変革・越境に挑む
診療放射線技師	同僚・他職種と教え合い，学び合う
救急救命士	基盤をつくり，連携の範囲を広げる
病院事務職員	専門職から学び，専門職を導く
救急救命医師	生と死のジレンマに対処する
公衆衛生医師	ネットワークを構築し，公衆衛生マインドを持つ

とともに，医師が必要とする画像を撮影するために，解剖や病理に関する知識を学び続けなければならない。そのため，キャリア後期になっても，同僚と教え合い，医師をはじめとする他職種から積極的に学ぶ姿勢が求められる。このように，「教え合い，学び合う」体制を構築できるかどうかが，診療放射線技師として成長し続けることができるかを左右すると言える。

救急救命士は，病院や自治体におけるさまざまな人々と連携しながら仕事を実施しており，ときに大規模災害における救急救命業務に携わる。分析においても明らかになったように，「組織内同職種→組織間同職種→組織内多職種→組織間多職種」と，連携の範囲はキャリア後期になるほど拡大していく。他職種や他組織と連携するためにも，同職種や同組織における連携をとおして救急救命士としての実力を高めておく必要がある。

病院事務職員は，医療専門職を支援することで医療の質を高め，病院組織のマネジメントを高度化することで効率性を向上させる役割を担っている。そのため，病院事務職員は，激動する経営環境に対処するための専門的なマネジメントスキルを習得しつつ，医療専門職から学び，彼らを導いていくことが求められる。この「専門職から学びつつ，専門職を導く」能力を身につけることが，病院事務職員のキャリア後期における学習課題である。

救急救命医師の使命は，重篤な状況にある患者の命を救うことにある。しかし，ときに患者の命は救っても社会復帰が望めない状態に陥り，結果的に家族や国に経済的負担をかける結果になることも多い。そこで求められるのは，家族とコミュニケーションをとりながら，「意義のある死」を迎えてもらうことである。キャリア後期における救急救命医師は，こうした「救命」と「意義ある死」のジレンマ状況のなかで，適切な意思決定を支援する対人スキルと死生観を獲得するという学習課題に直面することになる。

公衆衛生医師のキャリア後期における学習課題は，臨床の視点から脱却し「公衆衛生マインド」を獲得することである。つまり，課長・部長クラスとなって「医療の限界」を認識した後は，健康なまちづくり，社会の問題解決，施策化やシステム化の必要性に関する信念に基づいて，地域の健康・福祉を増進する活動を実践することが求められる。その際，組織内に同職種が少ないため，

組織を越え,公衆衛生医師同士がネットワークのなかで学ぶことが必要となる。

このように,各医療専門家は,キャリア初期で身につけた中核能力をさらに発展させるために,キャリア後期においては,それぞれ独自の学習課題に取り組むことで,プロフェッショナルとしてさらに成長していた。領域が異なれば知識の構造も異なることを領域固有性（domain specificity）と呼ぶが（Hirschfeld and Gelman, 1994）,本書は,それぞれの分野における領域固有の学習プロセスを明らかにしたと考えられる。

(3) 他者からの学習の形態

第3の相違点は,「他者からの学習」において次の3つのパターンが存在したことである（図表10-4）。すなわち,上司や先輩から1対1で指導を受ける「徒弟的学習」,職場・組織において同職種や他職種から学ぶ「集団的学習」,組織を越えて同職種や他職種から学ぶ「ネットワーク学習」である。なお,これらの学習形態が並列的に存在するケースも見られた。

救急救命医師は,指導医・先輩・上司から1対1で学ぶ「徒弟的学習」によって学ぶ傾向があったのに対し,看護師,薬剤師,診療放射線技師,病院事務職員は,同じ組織の同僚や他職種との協働に基づく「集団的学習」をとおして成長していた。また,職場に同職種が少ない保健師は,他組織の保健師と勉強会・研修会を開き,組織を越えて学び合う「ネットワーク学習」に従事するケー

図表10-4　他者からの学習の形態

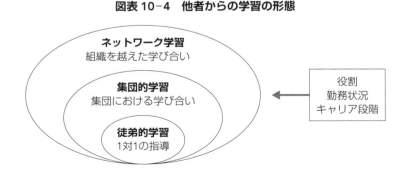

スが多かった。公衆衛生医師の成長プロセスにおいては，キャリア初期には1対1の指導である「徒弟的学習」，キャリア後期では組織を越えて医師同士が学び合う「ネットワーク学習」が見られた。さらに，救急救命士は，キャリア初期には「集団的学習」によって，キャリア後期には「ネットワーク学習」によって学ぶ傾向が見られた。

こうした学習形態の違いは，各専門職の役割や置かれた状況によると考えられる。たとえば，医師は，治療の最終責任を負い，個人的な意思決定が求められるため，個人から個人へ知識・スキルが移転される一子相伝的な徒弟制が有効になると解釈できる。また，ネットワーク学習は，身近に指導してくれる同職種やロールモデルが存在しないという状況的な理由により生じると思われる。ただし，専門職として熟達が進んだキャリア後期において，より高度な問題を解決するため，また，より高度な学びを得るためにネットワークを形成するケースもある。

1対1の徒弟的学習は，「認知的徒弟制（cognitive apprenticeship）」（Collins et al., 1989），集団的学習は「職場学習（workplace learning）」（Garavan et al., 2002；中原，2010），ネットワーク学習は，Engeström（2004）が「水平的学習（horizontal learning）」と名づけたプロセスに対応している。本書の貢献は，これら3タイプの学習形態が，各職種の役割，勤務状況，キャリア段階によって規定されていることを明らかにした点にあるだろう。

3. 実践へのアドバイス

以上の発見事実や理論的考察に基づき，3つの実践的アドバイスを提示したい。第1に，第9章の院長インタビューでも強調されていたように，各分野の医療プロフェッショナルを育成するためには，長期的視点に立つ必要がある。とくに，最初の10年間において専門家としての基盤をつくり，11年目以降において，それぞれの学習課題に向けて能力を深化させるような育成プログラムを構築すべきである。その際，本書で明らかになった学習メカニズムを参考に，ジョブローテーション計画，研修プログラム，OJTプログラムを開発すること

ができるであろう。

　第2に，研修やOJTプログラムを開発する際には，各分野においてどのような知識・スキルが必要となり，それらを習得するためにはいかなる経験を積む必要があるかを明示すべきである。具体的には，各章において提示した経験リストや能力リストを基にガイドラインを作成することで，学習プロセスが可視化され，より効果的なプログラムを開発することができると思われる。

　第3に，チーム医療をよりスムースに実施するためには，自職種の学習プロセスだけでなく，他職種の学習プロセスを学ぶ必要がある。同じ施設で協働していても，職種が異なると，他職種の活動内容を十分に理解できないことも多い。本書をベースに，職種横断的な勉強会や研修プログラムを実施することで，お互いの世界を知ることができ，より高度なチーム医療を実現することが可能になると考えられる。

4. 本研究の問題点と今後の課題

　最後に，本書が抱える問題点と今後の課題について述べたい。第1に，各章のモデルや分析方法が同一ではない点が挙げられる。定量分析と定性分析を組み合わせている章もあれば，定性分析のみの章もある。また，同じ定量分析であっても，サンプル数や分析方法も異なる。したがって，今後の研究においては，サンプリングや分析方法を統一したうえで分析結果を比較する必要があるだろう。

　第2に，本書の大部分が，回答者の過去の記憶に基づく「回顧的手法」を用いてデータを収集・分析しているため，想起バイアスが生じている可能性がある。ただし，10年以上にわたる長期間の経験や学習を時系列的に分析することは難しく，過去の研究も回顧的手法を採用していることを考えると，この問題は，経験学習研究全体が抱える問題であると言える。

　第3に，本書が検討していない医療プロフェッショナルも存在する。また同職種であっても科や領域が異なると，学習プロセスも異なることが予想される。たとえば，同じ看護師であっても，勤務する組織が急性期病院，慢性期病院，

クリニック，老人保健施設では，それぞれ独自の成長プロセスが見られるであろうし，内科医と外科医では経験学習プロセスが異なるだろう。今後の研究においては，そうした下位領域による学習メカニズムの違いについても検討する必要があると思われる。

〈参考文献〉

Avolio, B.J. and S.T. Hannah (2008) Developmental readiness: Accelerating leader development. *Consulting psychology Journal: Practice and Research*, 60, 4, 331-347.

Collins, A., J.S. Brown and S.E. Newman (1989) Cognitive apprenticeship: Teaching the craft of reading, writing and mathematics. In L.B. Resnick (Ed.) *Knowing, learning, and instruction: Essays in honor of Robert Glaser*. Hillsdale, NJ: Erlbaum.

DeRue, D.S. and N. Wellman (2009) Developing leaders via experience: The role of developmental challenge, learning orientation, and feedback availability. *Journal of Applied Psychology*, 94, 4, 859-875.

Engeström, Y. (2004) New forms of learning in co-configuration work. *Journal of Workplace Learning*, 16, 1/2, 11-21.

Ericsson, K.A. (1996) The acquisition of expert performance: An introduction to some of the issues. In K.A. Ericsson (Ed.), *The Road to excellence*. Mahwah, NJ: LEA.

Garavan, T.N., M. Morley, P. Gunnigle and D. McGuire (2002) Human resource development and workplace learning: Emerging theoretical perspectives and organizational practices. *Journal of European Industrial Training*, 26, 2-4, 60-71.

Hirschfeld, L.A. and S.A. Gelman (Eds.) (1994) *Mapping the mind: Domain specificity in cognition and culture*. NY: Cambridge University Press.

Katz, R.L. (1955) Skills of an effective administrator. *Harvard Business Review*, January-February, p.33-42.

松尾睦（2006）『経験からの学習：プロフェッショナルへの成長プロセス』同文舘出版.

McCauley, C.D., M.N. Ruderman, P.J. Ohlott and J.E. Morrow, (1994) Assessing the developmental components of managerial jobs. *Journal of Applied Psychology*, 79, 4, 544-560.

Mumford, T.V., M.A. Campion and F.P. Morgeson (2007) The Leadership skills strataplex: Leadership skill requirements across organizational levels. *Leadership Quarterly* 18, 154–166.
中原淳（2010）『職場学習論：仕事の学びを科学する』東京大学出版会.

おわりに

　私（松尾）が初めて医療人を対象に経験学習を研究したのは，今から10年以上前，札幌医科大学・保健医療学部にて在外研究を行っていたときにさかのぼる．その後，研修，研究会，大学院をとおして，さまざまな方々と出会い，医療プロフェッショナルの経験学習プロセスが徐々に明らかになり，こうして一冊の本にまとめることができた．

　本書を編集する過程において，2つのことが印象に残った．1つは，各分野の魅力と奥深さである．それぞれの分野に，独自の価値観・哲学・世界が広がっており，分析結果やインタビュー内容をとおして，それらを感じ，深い感銘を受けた．

　もう1つ印象に残ったことは，人材の成長プロセスを大きな視点で捉えると，医療の世界にも民間企業の世界にも，共通したメカニズムが存在しているという点である．すなわち，最初の10年間において鍵となる経験から基盤となる能力を身につけ，11年目以降に，挑戦的な経験をとおして自身の能力をより深めていくというプロセスは，職種を越えて共通していた．そして，このプロセスのなかに，各職種独自の学習パターンが埋め込まれているのである．

　最初の段階では書籍化の計画はなかったが，偶然の出会いの連続と，不思議な縁によって本書が生まれた．この本が，各分野の医療プロフェッショナルの成長や育成のきっかけになれば幸いである．

　　2018年5月

著者を代表して
松尾　　睦

【執筆者紹介】（編者，執筆順）

松尾　睦（まつお・まこと）[編者，序章，第1章，第2章，第4章，第7章，終章]
編著者略歴参照

正岡　経子（まさおか・けいこ）　　　[第1章]
札幌医科大学保健医療学部教授，同大学専攻科助産学専攻教授

吉田真奈美（よしだ・まなみ）　　　　[第1章]
北海道労働金庫保健師，元札幌医科大学保健医療学部助教

丸山　知子（まるやま・ともこ）　　　[第1章]
札幌医科大学名誉教授

荒木　奈緒（あらき・なお）　　　　　[第1章]
札幌市立大学看護学部・助産学専攻科教授

岡本　玲子（おかもと・れいこ）　　　[第2章]
大阪大学大学院医学系研究科教授

澤井　恭子（さわい・きょうこ）　　　[第3章]
外資系IT企業　ヘルスケア＆ライフサイエンス　インダストリーコンサルタント
シニアマネジャー

小笠原克彦（おがさわら・かつひこ）　[第4章]
北海道大学大学院保健科学院教授

武藤　浩史（むとう・ひろし）　　　　[第4章]
大手監査法人パブリック・ヘルスケアグループ　シニアスタッフ

高橋　平徳（たかはし・よしのり）　　[第5章]
愛媛大学教育・学生支援機構教職総合センター准教授

的場　匡亮（まとば・まさあき）　　　[第6章]
昭和大学大学院保健医療学研究科准教授

北川信一郎（きたがわ・しんいちろう）[第8章]
元滋賀県健康寿命推進課長（医師）

築部　卓郎（つくべ・たくろう）　　　[第9章]
神戸赤十字病院心臓血管外科部長・副院長，神戸大学医学部臨床教授

＊所属・肩書は執筆時（2018年6月30日）のもの

【編著者略歴】

松尾　睦（まつお・まこと）

青山学院大学経営学部教授。
1988年小樽商科大学商学部卒業，2004年英国Lancaster大学からPh.D. (Management Learning) を取得。岡山商科大学商学部・助教授，小樽商科大学大学院商学研究科・教授，神戸大学大学院経営学研究科・教授，北海道大学大学院経済学研究院・教授を経て現職。

主著は，『経験からの学習』（同文舘出版，2006），『学習する病院組織』（同文舘出版，2009），『経験学習入門』（ダイヤモンド社，2011），『経験学習リーダーシップ』（ダイヤモンド社，2018），『仕事のアンラーニング』（同文舘出版，2021）。

Eメール：makotomatsuo2@gmail.com
ブログ：http://blog.goo.ne.jp/mmatu1964

平成30年6月30日　　初版発行
令和7年8月1日　　　初版4刷発行　　　　　略称：医療経験学習

医療プロフェッショナルの経験学習

　　　　編著者　Ⓒ松　尾　　　睦
　　　　発行者　　中　島　豊　彦

発行所　**同文舘出版株式会社**
東京都千代田区神田神保町1-41　〒101-0051
営業（03）3294-1801　　編集（03）3294-1803
振替 00100-8-42935　https://www.dobunkan.co.jp

Printed in Japan 2018　　　　　　　　DTP：マーリンクレイン
印刷・製本：萩原印刷
装丁：藤田美咲
挿画：松尾希代子

ISBN978-4-495-39018-1

JCOPY〈出版者著作権管理機構 委託出版物〉
本書の無断複製は著作権法上での例外を除き禁じられています。複製される場合は，そのつど事前に，出版者著作権管理機構（電話 03-5244-5088, FAX 03-5244-5089, e-mail: info@jcopy.or.jp）の許諾を得てください。

本書と ともに

学習する病院組織
―患者志向の構造化と
リーダーシップ―

松尾　睦［著］

A5判・296頁
税込 3,520円（本体 3,200円）

経験からの学習
―プロフェッショナルへの
成長プロセス―

松尾　睦［著］

A5判・272頁
税込 3,520円（本体 3,200円）

仕事のアンラーニング
―働き方を学びほぐす―

松尾　睦［著］

A5判・224頁
税込 2,200円（本体 2,000円）

同文舘出版株式会社